W0095715

Henriette Kuhrt & Sarah Paulsen
Im Dschungel des menschlichen Miteinanders

GOLDMANN
Lesen erleben

Das Buch

In den vergangenen Jahren hat sich unsere Gesellschaft rasant gewandelt: Die Digitalisierung, flachere Hierarchien im Job, neue Moderegeln und ein verändertes Geschlechter- und Familienbild machen unseren Alltag auf der einen Seite zwar interessanter und vielfältiger, gleichzeitig stellt sich aber auch eine gewisse Überforderung ein. Wie richtige Kommunikation, guter Stil und Benehmen im Dschungel des Lebens ablaufen, weiß niemand mehr so richtig. Sarah Paulsen und *NZZ*-Stil-Kolumnistin Henriette Kuhrt benennen in ihrem ersten gemeinsamen Buch die wichtigsten Herausforderungen – vom korrekten Dresscode in jeder Lebenslage, hin zu Gendersprache und richtigem Umgang mit Social Media. Clever und unterhaltsam: das Survival-Pack, mit dem wir uns einen sicheren Weg durch das Dickicht des Verhaltensurwaldes schlagen können.

Henriette Kuhrt & Sarah Paulsen

Im Dschungel des menschlichen Miteinanders

EIN KNIGGE FÜR DAS 21. JAHRHUNDERT

GOLDMANN

Dieses Werk ist ein Sachbuch. Es beruht auf Erfahrungen, Erlebnissen und Recherchen. Wir geben hier unsere persönliche Sicht wieder, die keinen Anspruch auf Richtigkeit oder Vollständigkeit hat.

Sollte diese Publikation Links auf Webseiten Dritter enthalten, so übernehmen wir für deren Inhalte keine Haftung, da wir uns diese nicht zu eigen machen, sondern lediglich auf deren Stand zum Zeitpunkt der Erstveröffentlichung verweisen.

 Dieses Buch ist auch als E-Book erhältlich.

MIX
Papier aus verantwortungsvollen Quellen
FSC
www.fsc.org
FSC® C014496

Penguin Random House Verlagsgruppe FSC® N001967

1. Auflage
Originalausgabe April 2021
Copyright © 2021 by Wilhelm Goldmann Verlag, München,
ein Unternehmen der Penguin Random House Verlagsgruppe
Neumarkter Straße 28, 81673 München
Copyright © 2021 by Henriette Kuhrt und Sarah Paulsen
Umschlaggestaltung: UNO Werbeagentur, München,
unter Verwendung einer Illustration von © Tara Deacon, Berlin
Redaktion: Dr. Marion Preuß
MP · Herstellung: IH
Satz: Uhl + Massopust, Aalen
Druck und Einband: GGP Media GmbH, Pößneck
Printed in Germany
www.goldmann-verlag.de
ISBN: 978-3-442-31554-3

Besuchen Sie den Goldmann Verlag im Netz:

Für unsere Mütter Barbara und Sabine,
die den Kampf gegen die Ellbogen
nie aufgegeben haben.

Inhalt

Vorwort –
Brauchen wir noch gute Manieren?

Wurden Sie jemals zu einem Dinner eingeladen, weil Sie Garnelen perfekt mit Messer und Gabel schälen können? Haben Sie Ihren letzten Karriereschritt deshalb getan, weil Sie wussten, dass ein promovierter Arzt einem adligen Arzt ohne Doktortitel zuerst vorgestellt wird, der adlige promovierte Arzt aber zuerst dem unadeligen Träger eines Doktortitels? Und sind Sie deshalb so beliebt bei Ihren Schwiegereltern, weil Sie allen Familienmitgliedern die Torte in der richtigen Reihenfolge servieren?

Wir meinen, dass es nicht so ist. Wir glauben, dass Sie bei Ihren Freunden eingeladen werden, weil Sie ein angenehmer, unterhaltsamer, hilfsbereiter, kluger und charmanter Mensch sind. Dass Sie beruflich erfolgreich sind, weil Sie gute Arbeit leisten und über eine integre Persönlichkeit verfügen. Und dass Ihre Schwiegereltern Sie mögen, weil Sie ein liebenswürdiger Ehemann (oder Ehefrau) sind und nicht ständig auf Ihr Handy starren, wenn Sie mit Ihrer Familie am Tisch sitzen.

Wir würden sogar behaupten, dass es den meisten Menschen so geht. Damit möchten wir nicht sagen, dass Benimmregeln heute nicht mehr nötig wären, im Gegenteil: Durch die Verdichtung in den Städten wird das menschliche Miteinander zu einer Dschungelprüfung im Kampf um Wohnungen, Jobs, Parkplätze, einen Platz im Kinderturnverein und die ruhige Ecke im Stadtpark. Wenn hier alle die Ellenbogen ausfahren,

9

wird unsere schöne Utopie von einer freundlichen, toleranten Gesellschaft zu einem endlosen Reibungsverlust. Schmerzhafte Menschenfeindlichkeit und Verlust der eigenen Würde wären das Resultat, von der Unfähigkeit, ein erfolgreiches Leben zu führen, ganz abgesehen. Denn Grobheit und fehlende Manieren sind eine schlechte Strategie, um überhaupt ein Ziel zu erreichen – wir würden sogar behaupten, dass schlechte Manieren schlichtweg in die Kategorie des selbstverletzenden Verhaltens gehören. Man tut sich einfach keinen Gefallen, wenn man die eigene Identität mit Gezeter, schlechten Gedanken und Hass auflädt.

Die Hölle, das sind eben nicht nur die anderen plus Donald Trump, sondern manchmal auch man selbst. Bei allem liberalen Laissez-faire werden wir bestimmt niemandem ans Herz legen, die Regeln des guten Benehmens bei der nächsten Wertstoffinsel zu entsorgen. Weder werden wir Sie ermutigen, unpünktlich zu sein, noch Crocs in die Oper anzuziehen. Oder mit Crocs in die Oper zu gehen und dann, Gott bewahre, auch noch unpünktlich zu erscheinen.

Gute Manieren sind als Schmierstoff unseres Alltags wichtig – trotzdem sind wir der Meinung, dass die aktuellen Benimmregeln erneuert und an den Zeitgeist angepasst werden müssen. Denn dieser hat sich in den letzten Jahren rasant verändert und völlig neue Verhaltensweisen hervorgebracht. Die amerikanische Vizepräsidentin Kamala Harris hat ihren Wahlkampf hauptsächlich in Sneakern bestritten, wir werden nicht nur mehr von IKEA, sondern auch von unseren Spitzenpolitikern geduzt, und der aktuelle Gesundheitsminister Jens Spahn von der CDU ist mit einem Mann verheiratet.

Zum Glück sind Sexismus, Rassismus und alle anderen Formen der Diskriminierung in unseren Fokus gerückt. Alltagsrassismus ist nicht mehr das Problem der Betroffenen oder der USA, sondern wird breit diskutiert. Sich abfällig über trans

Menschen zu äußern sorgt nicht mal mehr beim Karneval, der letzten Hochburg des Herrenwitzes, für Lachsalven und Juxkanonen.

Im Privatleben werden WhatsApp-Dramen in der Kindergartengruppe wichtiger als das korrekte Ausspucken eines Olivenkerns, Gastgeber fragen sich, wie sie ein ethisch vertretbares Menü kochen können, und im Büro Jeans zu tragen ist zwar in Ordnung, den Jeanshintern der Kollegin zu kommentieren hingegen nicht.

Selbst wenn Sie zum Sommerfest beim Bundespräsidenten eingeladen sind, würden wir Ihnen auch nicht ans Herz legen, sicherheitshalber den promovierten Adligen vor seinem bürgerlichen Kollegen zu grüßen. Nach unserem Demokratie- und Menschenverständnis gibt es auch keinen Grund, einem adligen Arzt mehr Respekt entgegenzubringen als seinem bürgerlichen Kollegen. Ohnehin – kommt Ihnen die Situation nicht so hochgradig konstruiert vor, dass sie vermutlich nur in Ihren surrealistischen Fieberträumen oder im Abschlusstest eines Knigge-Wochenendseminars stattfinden würde?

Unser imaginärer promovierter adliger Arzt hat hoffentlich genügend Verstand, um seinen Familiennamen nicht mit Privilegien zu verbinden. Und wenn Sie es bis zum Tee mit der Queen, an den Tisch der Bundeskanzlerin oder die lange Tafel des Nobelpreisträger-Ehrendinners geschafft haben, dann sind sowieso ganz andere Dinge wichtig, die Sie in Ihrem Leben geleistet haben.

Die Zeiten sind schön und fragil zugleich: Den meisten Menschen auf der Welt geht es besser als vor zwanzig Jahren. Es gibt weniger bewaffnete Konflikte, noch nie waren die Menschen weniger gewalttätig als heute. Mittlerweile ist es in unserer Gesellschaft inakzeptabel, Kinder oder Tiere zu schlagen, stattdessen werden ihre Bedürfnisse ernst genommen. Vegetarier und Veganer gelten nicht mehr als Spinner, sondern sind in der Mitte der Gesellschaft angekommen. Noch nie wurde Minderheiten so viel Respekt entgegengebracht wie heute. Selbst das Personenstandsgesetz kennt mittlerweile mehr als die binäre Geschlechterzuordnung, gleichzeitig wird über passende Anreden und Toilettenumbauten diskutiert.

Auf unser alltägliches Miteinander heruntergerechnet bedeutet das, dass nicht nur viele Gewissheiten veraltet sind, sondern dass auch viele Fragen zum ersten Mal gestellt werden.

Der jahrzehntelange Überfluss und die weltweite Klimakrise stellen unsere Konsumkultur und das damit verbundene Ritual des Schenkens vor neue Herausforderungen, wir haben ohnehin kaum noch Wünsche, die ein Geschenkbudget erfüllen könnte. Die Dynamik der niedrigschwelligen Kontaktmöglichkeiten über Facebook, Instagram und WhatsApp führt zu Missverständnissen, die unsere Großmütter an ihren Damensekretären niemals geahnt hätten. Überhaupt ist in Zeiten von Hatespeech und Fake News ein reflektierter und couragierter Umgang mit dem öffentlich geschriebenen Wort wichtiger denn je, nicht nur für das eigene Image, sondern auch für den Gesellschaftsfrieden.

Wenn alles im Wandel ist, woran soll man sich denn überhaupt noch orientieren? Wer legt denn fest, was der gesellschaftliche Konsens ist? Und die gute Gesellschaft – wo und was soll das denn überhaupt sein? Wer bestimmt denn noch, was gutes Benehmen ist und was nicht?

Früher war der Adel lange Zeit maßgebliches Vorbild für das Verhalten des Bürgertums, mit seinen Benimm- und Sprachcodizes schuf er Standards. Mit dem Verlust seiner politischen und gesellschaftlichen Macht hat er auch seine Vorbildfunktion eingebüßt. Doch wie ist es nun um die bürgerlichen Eliten bestellt, die die Lücke schließen könnten? Die sogenannte wirtschaftliche Elite unseres Landes hat ein derart entspanntes Verhältnis zu den Primärtugenden Ehrlichkeit, Redlichkeit und Verantwortungsbereitschaft, dass sie ihre guten Manieren im Umgang mit der Staatsanwaltschaft, im Gerichtssaal oder in Einzelfällen gleich im Strafvollzug unter Beweis stellen kann. Und wenn sie den großen, den geschliffenen Auftritt dort ganz sicher beherrschen, dann mag das gut gelernt und antrainiert sein – doch wir alle wissen, dass es hier um alles Mögliche geht, nur nicht darum, ein anständiger Mensch zu sein.

Ordnung, Fleiß, Disziplin und Zuverlässigkeit haben seit den 1960er Jahren stark an Wert verloren, hängt ihnen doch die Tauglichkeit bei der Organisation eines Weltkrieges rufschädigend an. Natürlich helfen sie weiterhin dabei, den Haushalt und die eigene wirtschaftliche Existenz am Laufen zu halten, sind einem jedoch wenig nützlich im Umgang mit anderen Menschen (obwohl Reinlichkeit natürlich schon eine gute Grundvoraussetzung ist).

Schwarze Pädagogik hat sich glücklicherweise aus unserem Alltag verabschiedet und Platz für kreativitätsstärkende Spaghettipartys im Stil Pippi Langstrumpfs gemacht. Wir erziehen unsere Kinder heute zu starken Individuen, die schon im Kindergarten Vokabeln für ihre Gefühlswelt lernen und Mobbingbeauftragte in der weiterführenden Schule werden. Dass dabei die saubere Heftführung zweitrangig ist und der Ellbogen auf dem Tisch nicht mehr korrekturbedürftig erscheint, nehmen wir in Kauf. Eine in der ersten Interaktion bemerkbare »gute Erziehung« hat an Wert verloren, denn auch ein Akademikerkind weiß heute nicht zwangsläufig, wie es die Gabel zu halten hat, von der fehlenden Distinktionskraft der klassenübergreifenden H&M-Kleidung ganz abgesehen.

Natürlich ist die Durchlässigkeit unserer Gesellschaft oft nur eine scheinbare. Es gibt auch heute noch Soziotope, die zumindest einen gewissen Aufstieg garantieren, wie Studentenverbindungen, Clubs wie Rotary und Lions, elitäre Sportvereine und sogar ganze Stadtteile. Wer es schafft, hier Zugang zu finden, kann Verbindungen knüpfen, Geschäfte machen, von alten Herren protegiert einen Karrierestart ertrinken und bestenfalls sogar Charitywork leisten. Dabei gelten auch hier unausgesprochene Regeln, Codes und Benimmtraditionen, die sich dechiffrieren ließen. Aber wir wollen Sie nicht mit einer Anleitung versehen, hier durch Anpassung, Tarnung oder gar Selbstverleugnung erfolgreich zu sein. Denn entweder sind Sie ein natürlicher Bewohner dieses Habitats oder mit einer solchen Krull'schen Begabung und Entschlossenheit zur Illusion begabt, dass Sie unsere Hilfe nicht benötigen. Alle anderen werden entweder einen so unzureichenden Grad an Anpassung erreichen, dass sie ohnehin auffliegen, oder aber für immer unter der Angst vor der Enttarnung leben. Und wie erstrebenswert ein Leben ist, in dem Sie eine fremde Identität annehmen müssen, sei dahingestellt – ist doch die Deckungsgleichheit zwischen Eigen- und Fremdwahrnehmung häufig glücksbringender als gesellschaftlicher und finanzieller Erfolg.

Es ist also naheliegend, sich seines eigenen Kopfs und seines Einfühlungsvermögens zu bedienen, wenn es darum geht, sich angemessen zu verhalten. Dabei finden wir es wenig hilfreich, sich den Kopf mit unnötigem How-to-Ballast vollzustopfen, sondern besser, sich auf seine eigenen Stärken und einige Grundregeln zu konzentrieren. Wer sich hin und wieder die Frage stellt, ob er vielleicht etwas rücksichtsvoller handeln könnte, der ist schon auf dem richtigen Weg.

Es ist ja auch nicht immer einfach. Der zunehmende Verfall von Autoritäten mag zwar das gesellschaftliche Gewebe etwas lockern, doch gleichzeitig stehen wir vor anderen Problemen: nämlich, sich so angepasst wie möglich zu verhalten, auch wenn uns ein breiteres Sortiment an wählbaren Identitäten zur Verfügung steht. Prototypisch mag hier das Klischee des Hipsters sein, eine zur Karikatur gewordene Schein-Individualität. Was in den Großstädten als Avantgarde begann, wird mit Jutebeutel, Vollbart, gerollter Mütze, Hornbrille, Flat White und nackten Männerknöcheln zum Abziehbild.

Dies steht in Widerspruch zu der Aufforderung, seine Individualität auszuleben, sich selbst in eine Marke zu verwandeln und seine selbstoptimierte Haut zu Markte zu tragen. Doch wie soll man einen Wiedererkennungswert haben und maximal individuell sein, wenn man ständig dazu angehalten ist, sich so stark wie irgend möglich an seine Nachbarschaft, seine Freunde, seine Kollegen und seinen Chef anzupassen? Und inwiefern muss ich die Ansprüche anderer an mein Äußeres überhaupt erfüllen?

Wir möchten Strategien jenseits der Klischee-Erfüllung aufzeigen, unseren Leserinnen und Lesern den Glauben an ihre eigenen Fähigkeiten zurückgeben und unterscheiden, wann sich die Einsortierung in die gängigen Schubladen lohnt – und wann man auf seine Eigenheiten beharren sollte.

Wir sind der Auffassung, dass Manieren keine Accessoires sind, die man bei den jeweiligen Anlässen wie einen Orden hervorkramt und sich dann an die Brust pinnt. Das sind Benimmregeln, die vielleicht eine uniforme Oberfläche bilden, jedoch nichts mit einem echten erwachsenen Menschen zu tun haben. Wir sind ebenfalls der Meinung, dass es in Ordnung ist, Fehler zu machen, unsicher zu sein und Dinge nicht zu wissen.

Sogar der fantastische Freiherr von Knigge bestach in den Augen seiner Zeitgenossen durch sein derart schlechtes Betragen, dass er im Laufe seines Lebens von mehreren Höfen verbannt wurde. Er schrieb seinen »Umgang mit den Menschen« vor allem in der Hoffnung, nachfolgenden Generationen die Konflikte zu ersparen, in die er sich selbst manövriert hatte (und, nein, er schrieb keine affigen Grußregeln, sondern Essays darüber, wie das menschliche Miteinander harmonischer ablaufen könne).

Aber an eines glauben wir genauso fest wie an die eigene Imperfektion: Nichts ist so unvergesslich und jenseits aller Benimmregeln unverzeihlich wie rüpelhaftes, ungerechtes, rücksichtsloses, unsoziales und gemeines Verhalten. Längst ist wissenschaftlich erwiesen, was wir täglich selbst erleben: Kränkungen und Verletzungen bleiben länger im Gedächtnis als alle anderen Erlebnisse. Dabei kann selbst ein einziger achtloser Rempler oder verbaler Ausrutscher in der U-Bahn so nachhaltig verstören, dass die Auswirkungen auf das Selbstbild noch nach Wochen messbar sind. Bevor Sie also das nächste Mal mit einem missbilligenden Spruch an einem trödelnden Passanten vorbeirauschen oder sich gar vordrängeln, denken Sie darüber nach, was Sie durch Ihr Verhalten gewinnen und was es andere an Alltagsermüdung kostet. Halten Sie die Opportunitätskosten Ihres eigenen Verhaltens und Ihren Rüpel-Index niedrig, der Alltagssmog aus Stress und Druck ist schon so dicht genug. Besser noch: Bringen Sie etwas Gutes in den Alltag anderer. Sei es die Frau am Marktstand, der Sie sagen, wie sehr Sie die Auswahl an Tomaten erfreut, sei es der Apotheker, dem Sie ein Kompliment für seine neue Brille machen, oder die Nachbarin, der Sie mit dem schweren Einkauf helfen. Auch wenn das vielleicht Überwindung kostet, insbesondere in der Anonymität der Großstadt, bekommen Sie vermutlich zumindest ein Lächeln zurück, das Sie zwar nicht über Wochen, aber bis zur nächsten Ampel begleitet.

Und genau das wollen wir leisten: unseren Leserinnen und Lesern die Selbstverständlichkeit geben, die Regeln zu kennen und zu verstehen und dennoch immer die Maxime des guten Stils über die Enge der Regeln zu setzen. Falls Sie in einer Situation gerne unbeachtet Ihrer Wege gehen wollen, dann sollten Sie die notwendigen Regeln kennen. Wenn Sie auffallen möchten, dann sollen Sie auffallen – und zwar durch Ihren Witz und Ihre Freundlichkeit, nicht dadurch, dass Sie Ihre Erbtante düpiert haben. Wir möchten Ihnen ermöglichen, im Umgang mit anderen Menschen die Person zu sein, die Sie wirklich sind, und Ihren freundlichen Kern nicht durch ärgerliche Fettnäpfchen zu sabotieren. Wir wollen, dass Sie die Sicherheit haben, so aufzutreten, wie Sie es sich von sich wünschen.

Wir sind uns sicher, dass man mit einem analytischen Blick auf die Situation, mit Rücksicht auf die Marotten anderer und der Antizipation dessen, was schiefgehen könnte, die meisten Probleme elegant und mit einer eigenen, glaubwürdigen Stil-Strategie lösen oder sogar verhindern kann. Ob Sie dabei die Füße in Knöchelhöhe übereinanderlegen oder entspannt im Sessel herumfläzen, wird vermutlich nicht einmal die Queen nachhaltig irritieren, wenn alle Beteiligten respektvoll in ihren Bedürfnissen berücksichtigt werden.

Die Grundlage eines guten Zusammenlebens sind ein fühlendes Herz, etwas Nachsicht mit dem Zirkus der anderen, viel Humor, klarer Verstand und die Fähigkeit, sich von seiner eigenen Empörung distanzieren zu können. So absolvieren Sie dann auch die größte Meisterschaft: dreitägige Weihnachtsfeierlichkeiten mit Familie, Schwiegerfamilie und Freunden, egal, ob auf Schloss Balmoral oder bei Ihnen im heimischen Dschungel des menschlichen Miteinanders.

Komplimente –
mehr Konfetti für alle

Wir haben Montagvormittag, ich muss dieses Kapitel zum fünften Mal überarbeiten, das Wetter ist rau, die Stimmung auch, und das letzte Kompliment, das ich von meinem Mann gehört habe, war die Bemerkung, dass unsere Nachbarin einen wirklich guten Kleiderstil hat.

Allerdings habe ich am Wochenende einen Nusszopf gebacken und fotografiert, weil keine häusliche Großleistung undokumentiert bleiben darf. Nun, an diesem Tiefpunkt, poste ich ihn in all seiner Nusszopf-Hefe-Glorie auf Facebook; dazu die Bemerkung: ganz ohne Ekel-Rosinen, mit einem passenden Hand-Emoji. Jetzt muss ich nur noch abwarten und gelegentlich checken, ob die Likes aufploppen. Aufwendige Kuchen, häusliches Selbermachen, etwas Selbstironie: Das fällt in die Kategorie Blumen, Landschaften, kleine Tiere, moderate Erfolge, dafür sollte es schon etwas Applaus geben. Alternativ hätte ich auch mein Profilbild austauschen können, denn ich habe gerade neue Pressebilder in einem tollen Kleid von einem tollen Fotografen anfertigen lassen, dazu etwas Photoshop – aber das erscheint mir zu albern und zusammenhangslos, zu dick aufgetragen für diesen einfachen Werktag.

Doch warum bin ich so scharf auf die Likes bei Facebook, eine Währung, für die ich mir wahrlich wenig kaufen kann? Warum entblöde ich mich, mit meinem Hefeteig bei meinen 568 »Freunden« hausieren zu gehen, wo ich doch eine To-do-Liste in Klorollenlänge zu erledigen habe? Die Antwort gibt die Neurologie: Forscher haben herausgefunden, dass durch Likes das Belohnungssystem im Gehirn aktiviert wird, der sogenannte Nucleus accumbens. Dieser Dopaminausschuss geschieht auch dann, wenn man Geld, Sex und Komplimente bekommt – also eine positive Form der Rückkopplung. Likes, so könnte man sagen, sind die Komplimente, der Sex und die Gehaltserhöhung des kleinen Mannes. Oder in meinem Fall der kleinen Frau.

Der wahre Grund, warum wir süchtig nach Plattformen sind, die unseren Urlaub, unsere Maniküre und unseren Hefezopf bejubeln, ist also die Sehnsucht nach Anerkennung, nach Ansehen, Einzigartigkeit, nach Bejahung der eigenen, immer unzulänglichen Existenz. Doch warum überlassen wir es mehr oder weniger willkürlichen Menschen auf Facebook, Instagram und Twitter, uns zu bewundern? Und warum sind wir so scharf auf Likes, diese mikrokleinen Standardaffirmationen, für die wir im echten Leben nicht einmal dankbar den Mundwinkel anheben würden? Ein echtes, die Persönlichkeit des anderen abfeierndes Kompliment verhält sich zum Like wie das Eiweißbrot vom Bahnhofsbäcker zur Pizza Diavolo vom Lieblingsitaliener, um beim Hefeteig zu bleiben. Warum drücken wir selbst den »Like«-Button, anstatt Menschen ins Gesicht zu sagen, dass sie ein toller Vater, eine aufmerksame Yogalehrerin oder auch nach zehn Jahren eine brandheiße Partnerin sind? Warum fällt es uns so schwer, für andere Menschen Konfetti regnen zu lassen? Der Alltag ist doch schon furchtbar genug – sich durch die Straßen zu navigieren, ohne a) angefahren zu werden und sich b) eine Schlammschlacht mit den anderen Verkehrsteilnehmern zu liefern, die Arbeit, bei der mangelnde Anerkennung Teil des Antriebssystems sein soll, und die Familie, die nicht nur Unmengen an Zeit, Geld und Aufmerksamkeit benötigt, sondern dieses auch noch für selbstverständlich hält oder die elterlichen Erziehungsversuche mit zähem Widerstand quittiert.

Trotzdem zieht sich die deutsche Komplimentfaulheit durch unser Leben. Anstatt wie die Amerikaner alles »amazing« und »great« zu finden oder auf die feine englische Art Fremde einfach mit »Darling« anzusprechen, gilt hier das Motto »nicht gemotzt ist gelobt genug«. Es spricht ja auch einiges dagegen, dem Kollegen zur neuen Frisur, dem Typen nebenan an der Reckstange zum Bizeps etwas Nettes zu sagen. Denn wer Komplimente macht, begibt sich aus der Deckung, geht das Risiko ein, sich lächerlich zu machen, jemanden anbaggern zu wollen. Er nimmt sich das Recht heraus, jemanden beurteilen zu dürfen, entweder die Person, die Leistung oder, Gott bewahre, den Hintern. Ein Kompliment ist und bleibt eine Mikrogrenzüberschreitung, und dessen sollte man sich bewusst sein.

Gerade die verbale Bewunderung von Mann zu Frau ist im Zuge der #MeToo-Bewegung als patriarchales Machtinstrument, als Repressalie, als Ansage, wer hier wen beurteilen darf, und zwar primär fürs ansprechende Äußere, unter Verdacht geraten. Also gehen wir alle von nun an auf Nummer sicher; »Better safe than sorry«, wie es so schön heißt, aber leider auch mit dem Ergebnis, dass wir nun zwar alle safe, aber leider auch sorry sind.

Für Frauen ist es erst einmal eine gute Nachricht, dass sie sich bei der Arbeit oder auf der Straße keine schmierigen Sprüche über enge Jeans und schöne Blusen anhören müssen. Flirts, Sex und Fortpflanzung sind nach wie vor möglich. Trotzdem gibt es auch Komplimente, die ohne eine sexuelle Komponente funktionieren, wie etwa die Gratulation zum gelungenen Nusszopf. Und warum sollte man darauf verzichten, nur weil man Angst hat, etwas Falsches zu sagen? Diese Form der Offenheit, der Zuneigung, sie sind doch das Kleingeld der Nettigkeit, die unser Dasein lebenswert und schön macht. Diese aus Angst vor einem #MeToo-Shitstorm einzustellen, das würde doch bedeuten, das Kind mit dem Bade auszuschütten.

Stattdessen stellt sich vielmehr die Frage, wie es uns gelingt, das Kompliment zu reformieren: Wie können wir die Vorteile (bessere Stimmung, erfreuliches Miteinander, Sternenstaub für die Seele) erreichen, ohne die Nachteile (Übergriffigkeit, sexuelle Herabwürdigung, Blamage) in Kauf zu nehmen? Manche Dinge kann man nicht aus der Welt räumen: Ein Kompliment bleibt zumindest minimalinvasiv, es bedeutet immer, dass man sich das Recht herausnimmt, über den anderen zu urteilen. Es ist Teil des Thrills, des Charmes und des Unerwarteten, und das müssen wir in Kauf nehmen. Die Alternative wäre viel trostloser: gar keine Komplimente mehr. Da ist es doch besser, von zehn Kommentaren zwei unbrauchbare mit einem Schulterzucken an sich vorbeiziehen zu lassen, anstatt auf die acht anderen zu verzichten. Dies gilt allerdings nicht für reale Belästigungen à la »Deinem Gesicht würde ein Schwanz sehr gut stehen«, sondern für plump-ungeschickte Bemerkungen wie »Du bist die schönste Frau im Büro«, die zwar nerven, aber auch Ausdruck tatsächlicher Bewunderung sind. Hier sollte man immer das Beifang-Phänomen im Hinterkopf behalten. Natürlich macht sich jeder für sich selbst hübsch, möchte seinem Partner und vielleicht noch dem Typ aus dem Marketing gefallen – wenn es da manchmal Beifall von der falschen Seite gibt, kann man dies auch mit etwas Souveränität aushalten.

Andererseits wünschen sich immer weniger Frauen, als Beute des männlichen Blicks on- und offline durch die Welt zu laufen. Da ist natürlich die Forderung, keine Kommentare mehr über das Aussehen (und schon gar nicht über den Körper) zu machen, naheliegend. Aber das Kompliment über die Schönheit, den Sex und die unnachahmliche Strahlkraft ist so etwas wie die Königsklasse der Wertschätzung, was zwar einerseits heikel ist, andererseits auch herbeigesehnt wird. Vielleicht könnte man das Narrativ des weiblichen Opfers aufbrechen, indem Frauen die Komplimente-Einbahnstraße in einen Ringverkehr ausbauen – und selbst etwas Zuspruch in Richtung Männer verschicken, die ihrerseits ja auch höchst anerkennungsbedürftig sind. Das hätte den Vorteil, dass Frauen weniger dornröschenhaft auf den Prinzen warten, der sie mit seinem geschulten Auge in ihrer Schönheit und Einzigartigkeit erkennt, sondern sich einfach selbst in die Schlacht stürzen. Anstatt also nur die eigene Fassade (kritisch) zu inspizieren, würde der Fokus auf die Außenwelt geweitet werden – und Männer könnten am eigenen Körper erfahren, dass man es auch erst einmal aushalten muss, wenn das eigene Äußere plötzlich Gegenstand offensichtlicher weiblicher Evaluation ist.

Es muss ja nicht so weit gehen, dass man dem Typ aus dem Gym gleich zu seinem trainierten Hintern gratuliert; genau dort weiterzumachen, wo sich Frauen über Männer geärgert haben, ist jedenfalls nicht die Lösung für die deutsche Komplimente-Unterversorgung. Und, ohnehin – sollten wir den Menschen in unserem näheren Umfeld nicht viel dringender ein Kompliment machen als der heißen Braut an der Bar? Warum nicht einmal der eigenen Mutter sagen, dass es schön ist, zu ihr nach Hause zu kommen und mit dem gleichen Gericht empfangen zu werden, das man schon seit seiner Kindheit liebt? Warum nicht dem Menschen, mit dem man Bad und Bett teilt, sagen, wie stark man sich mit ihm an seiner oder ihrer Seite fühlt, warum nicht dem gestressten Working Dad sagen, dass er tolle Pausenbrote macht, und der übermüdeten Freundin, dass sich ihre Kinder bei anderen Leuten immer ganz hervorragend benehmen. Nehmen wir jeden Anlass, der sich bietet, um etwas Konfetti in den Alltag zu bringen!

Wie gelingt ein Kompliment

Langsame Komplimente, schnelle Komplimente

»Von einem guten Kompliment kann ich mich zwei Monate lang ernähren«, sagte Mark Twain und meinte bestimmt keinen kühlen blauen Like, sondern etwas, was dem sehr amerikanischen Begriff des Soul Food nahekommt. Likes sind gewissermaßen die Trashcarbs, die Marshmallows des Wertschätzungskreisels, und wir müssen uns auf eine ganz andere sprachliche Ebene begeben, wenn wir möchten, dass andere sich wirklich zwei Monate lang daran erfreuen können und nicht nur zwei Sekunden. Es muss eine selbstgemachte Lasagne werden, und die braucht eben einen Moment in der Küche.

Genau hinsehen

Damit ein Kompliment also seine herzerwärmende Wirkung entfalten kann, muss etwas gedankliche Vorarbeit geleistet werden – klingt anstrengend, aber lässt sich leider nicht vermeiden. Was macht den anderen Menschen aus, was hebt ihn von anderen ab? Wie sieht er sich selbst gerne, welche Stärken, welchen Charme hat er, dessen er sich vielleicht gar nicht bewusst ist? Ist die Chefin ein Fels in der Brandung, wenn es im Büro gerade hoch hergeht, ein Auftrag geplatzt ist und obendrein der Drucker streikt? Die Partnerin vielleicht etwas muffig, kauft aber immer den Lieblingsjoghurt? Der Kollege hat so ansteckend gute Laune, dass es auch die eigene Messerstecherverfassung hebt, wenn man sich am Kaffeeautomaten trifft?

Die *New York Times* hat in einer Datenanalyse alle Komplimente ausgewertet, die Donald Trump jemals auf Twitter verschossen hat – und wir ahnen schon, dass wir hier nur ein

Minus um die Klammer machen müssen, also nur lernen können, wie es nicht geht. Und, siehe da: Von der Verkündung seiner Kandidatur im Juni 2015 bis zum Februar 2018 benutzt er
das Lob »great« 439-mal. Great war so ziemlich alles: Ivanka,
seine Steuerreform, der Bundesstaat Alabama, die Mitarbeiter eines Herstellers von Klimaanlagen in Indiana. Was genau
nun Ivanka, Alabama und die Klimaanlagenhersteller so great
macht, wird natürlich nicht erwähnt. Warum auch? Es geht
Donald Trump mit seinen generischen Würdigungen auch gar
nicht darum, jemanden in seiner Besonderheit festzuhalten,
sondern um etwas ganz anderes. Er stellt – nolens volens – eine
Übereinkunft zwischen sich und den Empfängern seiner Ein-
Wort-Lobe dar, allerdings ohne vorher zu klären, ob die Bewohner von Alabama dies überhaupt wollen. Braucht er auch
nicht, das ist ja der Sinn des Powerplays. Trump hat die Macht,
die Welt in seine Kategorien great/Loser einzuteilen, es sind die
beiden Seiten der gleichen Medaille, des gleichen autoritären
Mindsets. Die manipulative Absicht ist unverkennbar, und die
lebensverschönernde Wirkung fällt ganz aus. Ein Kompliment
muss vertrauenswürdig sein, und das ist es nur, wenn es das Besondere beschreibt und ohne Erwartung einer Gegenleistung
auskommt.

Reines Herz

Um zu vermeiden, dass der gute Wille in einem durchschau-
baren Kompliment endet, das niemand ernst nimmt, ist es hilfreich, sämtliche Hintergedanken und Smart-Ass-Strategien von
Bord zu werfen. Jemanden strategisch anzuschleimen ist genauso unangenehm, wie jemanden ins Bett zu quatschen. Das
überlassen wir subalternen Karriereoptimierern und Aufreiß-
»Künstlern«. Ist die Bewunderung reinen Herzens, dann ist der
Schmierfaktor von Sätzen wie »Dein Mantel hat ein wirklich

tolles Blau, das steht dir gut« gleich null. Und dies gilt nicht nur zwischen zwei Menschen auf Augenhöhe, sondern so etwas kann auch ein Chef seiner Angestellten sagen, ohne befürchten zu müssen, dass diese erst in der Kaffeeküche ablästert und danach vom Firmencomputer aus Anwalt plus Arbeitsrecht googelt.

Gute Themen, schlechte Themen

Die wichtigste Grundregel ist, dass die zusammenhangslose Kommentiererei von Körperformen für immer und ewig verboten ist. Natürlich gibt es Ausnahmen: Wenn Sie mit Ihrem Liebsten zwischen Laken und Bettdecke umhermäandern, wenn sich der Flirt an der Bar Schritt für Schritt in Richtung Knutscherei bewegt. Wenn der Kollege von seiner hervorragenden, höchst effektiven neuen Keto-Diät inklusive massivem Gewichtsverlust erzählt, dann ist ein Kommentar in Richtung »Sieht man auch, steht dir sehr gut« in Ordnung und vermutlich sogar gewünscht. Im Fitnessstudio ist es ebenfalls möglich, den Körper zu thematisieren, aber auch nur dann, nachdem das Thema vom Körperinhaber aufs Tableau gebracht wurde.

Aber das sind die berühmten Ausnahmen von der Regel – und egal, wie nett es gemeint ist, man sollte einfach davon Abstand nehmen. Es gibt genug Gründe, die dagegensprechen: Jemand kann das Kompliment in den falschen Hals kriegen und denkt nun, er oder sie würde bei der Arbeit abgecheckt werden. Es kann auch sein, dass ein Mensch unfreiwillig abnimmt, etwa, weil er eine chronische Krankheit oder, wie die Sängerin Adele, eine elende Scheidung hinter sich hat. Die Daumenregel ist und bleibt: Was man nicht anfassen darf, darf man auch nicht kommentieren.

Ohnehin tut man sich leichter, wenn man die Dinge würdigt, die in der jeweiligen Situation wichtig sind. Ein »Toll, wie gut du auf die Präsentation vorbereitet warst« ist nach dem Meeting passender als »Schöner Pulli«. Die Mutter in der Kita wird sich darüber freuen, wenn andere erkennen, wie viel Mühe sie sich bei der Planung des Sommerfestes gegeben hat. Bei Grillgöttern lobt man das Fleisch, bei Freundinnen die Handtasche und beim Sex den Sex.

Kontext

Nachdem das Wie und das Wozu geklärt wurden, noch ein kurzer Satz über das Wo – denn neben schlechten Themen gibt es auch schlechte Ort für Komplimente.

Dazu gehören vollgestopfte U-Bahnen (creepy) und ihr Gegenteil, einsame Bushaltestellen (Horror). Auszubildende, Schüler und Hot-Pants-Trägerinnen sollte man als Erwachsener von vornherein ausklammern, ebenso wie Personen, die wesentlich jünger oder wesentlich älter sind als man selbst.

Was für ein Arsch – und nun?

Doch was passiert, wenn einem der Kollege nun trotz aller #Me-Too-Debatten verbal auf den Hintern gepatscht hat? Idealerweise antwortet man sofort: »Das war daneben«, »Ich finde das nicht witzig«, »Wo hast du dein Benehmen her, vom Mittelaltermarkt?« Der direkte Widerstand ist die Königsklasse der Selbstverteidigung, zumal Feedback in diesem Fall notwendig ist. Doch manchmal fehlt es einem an Mut, an Schlagfertigkeit, vielleicht am Willen, Aufhebens um die Situation zu machen. Aber das ist auch Tage – und auch Wochen – nach dem Vorfall möglich. Wer in diesem Moment nicht schlagfertig genug war, hat alles Recht der Welt, diesen Vorfall nachträglich anzusprechen. Die übliche Deppenantwort »Du hast halt keinen Humor« und »Nimm doch nicht alles persönlich« ist zwar vorhersehbar, aber wir haben ja ein positives Menschenbild, und vielleicht setzt zu Hause im stillen Kämmerlein ein Denkprozess ein. So gibt man der anderen Seite immerhin die Möglichkeit, eigene Fehler zu erkennen (das möchten wir für uns ja auch in Anspruch nehmen) und nicht zu wiederholen. Man tut sich selbst einen Gefallen, wenn man Grenzen aufzeigt, zudem hilft man Schwächeren (etwa Auszubildenden), für die Gegenwehr schwieriger oder mit negativen Konsequenzen behaftet wäre.

Sollten die sprachlichen Übergriffe weiterhin stattfinden, ist es wichtig, dieses Verhalten an die Vorgesetzten zu melden. Das Bewusstsein dafür, dass niemand sich irgendwelche Sprüche bei der Arbeit anhören muss, hat mittlerweile die gesellschaftliche Mitte erreicht. Haben Sie Mut, hier lohnt sich der Einsatz!

Sollte der Kommentar über den Hintern, die tolle Präsentation oder den genialen Hefezopf jedoch gewünscht sein, dann gibt es nur eine adäquate Antwort: »Danke, das freut mich.« Denn genau darum geht es ja bei einem Kompliment – dem anderen eine Freude zu machen.

In der Krise

Dezember 2020, die Wörter des Jahres sind »Corona-Pandemie« und »Lockdown«. Bis zum März waren die Krisen in unserem Alltag eher individueller Natur: Midlife-Crisis, Trennungen, Jobwechsel, Trauer; jeder erlebte bis dahin seine Krisensituationen für sich. Und dann kam sie, die große weltumspannende Krise, die Pandemie, die jeden von uns aus dem Alltag riss. Der eine musste plötzlich als Single mit der Einsamkeit im Homeoffice ohne Kneipen und Dating zurechtkommen, andere ihre Kinder zu Hause betreuen und beschulen. Jobs wurden unsicher, und Vorerkrankte hatten Angst um ihre Gesundheit. Deutschland und die Welt befanden sich im Ausnahmezustand, und kein Kriseninterventionsplan lag in irgendeiner Schublade bereit, sondern es musste situativ die richtige (oder überhaupt eine) Entscheidung gefällt werden. Wunderte man sich im Januar noch darüber, wie radikal die chinesische Regierung agierte, und hielt solche Maßnahmen in Europa für unvorstellbar, brach schon im Februar in Italien das Gesundheitssystem zusammen, und im März standen die Deutschen staunend vor leeren Klopapierregalen Schlange. In den USA starben fast 300 000 Menschen bis zum Dezember 2020 mit und an Corona, weltweit anderthalb Millionen, und zu jeder Nachrichtensendung gehören die neuesten Zahlen zu Ansteckungen wie früher die Lottozahlen.

In der Pandemie

Nicht nur jedes Land reagiert anders auf diese Krise (von Komplett-Lockdown bis laissez faire ist alles zu sehen), auch im deutschen Alltag gibt es ein Panoptikum der Krisenreaktionen zu bestaunen. Wer hätte jemals gedacht, dass sich Rechtsextreme, Esoteriker, Heilpraktiker, Reichsbürger, Aluhüte und der Wendler hinter einem veganen Reichsbürger-Koch zur Revolte vereinen und mit Zähnen und Zerren die eigenen Privilegien und Paranoia verteidigen würden. Der Begriff »Querdenker« wird zumindest für die nächsten Jahre negativ konnotiert sein. Hätte man 2019 einen Sturm auf den Reichstag unter der Führung von Attila Hildmann fürs neue Jahr prognostiziert, wäre bestenfalls schallendes Gelächter die Antwort gewesen, schlimmstenfalls wäre man selbst in der Ecke der Verschwörungstheoretiker gelandet.

Aber neben denjenigen, die sich durch radikale Positionen und abseitige Theorien (Unterwerfung durch Microchips, neue Weltordnung, Reptilienherrschaft, Corona-Diktatur, Die Bundesrepublik GmbH) an den gesellschaftlichen Rand und vor den Reichstag stellten, spürten auch alle anderen den Druck der Krise und mussten irgendwie reagieren. Raver in der Berliner Hasenheide, demonstrative Maskenverweigerer, pragmatische Schulterzucker, Informationsjunkies und Prepper mit atomkriegtauglichen Vorräten: ein breites Spektrum an Kompensation.

Eltern tauschten sich aus, wie man nun mit den in Wohnungen gefangenen Kindern zurechtkommen sollte, ohne durchzudrehen. Alleinerziehende standen ohne Kindergarten und Ganztagsschule, aber mit Homeoffice und Existenzangst da. Gastronomie, Einzelhandel, Kulturszene schickten die ohnehin prekär bezahlten Angestellten in Kurzarbeit und Zukunftsangst.

Ehepaare, die Jahrzehnte ihren Alltag danach ausgerichtet hatten, sich möglichst wenig zu sehen, mussten plötzlich ohne externe Kontakte neu entscheiden, ob man es miteinander auch mit Netflix und maximaler Nähe aushalten könnte. Angst, Hamsterkäufe, Zukunftssorgen, Panik und Depressionen kochten in diesem Schnellkochtopf hoch. Andere hingegen konnten sich relativ schmerzlos mit dem anfreunden, was sich nicht ändern lässt, und setzten sich aufs Sofa, Solidarität durch Nichtstun, die staatstragende Couchpotato. Manche Lehrer schafften die Digitalwende in Eigenregie, nahmen Podcasts und Videos für ihre Schüler auf und organisierten ein digitales Klassenzimmer, andere teilten wäschewannenweise Kopien und schlechtes Gewissen an die Eltern aus.

Wie kommt man also gut durch eine Krise? Wie beweist man nicht nur Charakter, wie Helmut Schmidt es formulierte, sondern auch Stil unter Druck?

Wer nach 1945 in der BRD geboren wurde, erlebte biografische, psychische, wirtschaftliche Krisen, die entweder nur sie selbst oder aber Teile der Gesellschaft betrafen. Plötzlich befanden wir uns aber in einem kollektiven Ausnahmezustand, und alle müssen sich in einer Gesellschaft außer Rand und Band mit ihren eigenen Nöten und Fähigkeiten positionieren.

Steuererhöhungen, Sozialabbau, Kindergeldanpassungen, natürlich war unser Leben auch vorher schon durch staatliche Maßnahmen gelenkt, aber immer mit Vorankündigung und in gewohnten Bahnen. Doch plötzlich sprach die Kanzlerin zu uns wie eine strenge Mutter. Die Politik griff ohne behutsames Einschleichen in unseren Alltag ein.

Historiker erforschen Seuchen und ihre transformative Kraft auf Religion, Wirtschaft und Gesellschaft: Die Pest hat das Mittelalter geprägt, dann kam die Syphilis mit ihrer degenerativen Macht, die Spanische Grippe, die Cholera. Seit der Erfindung der Antibiotika haben die meisten Infektionskrankheiten für

Menschen in den westlichen Industriestaaten den Schrecken verloren, nur die Viren haben ihre unheimliche Macht behalten. HIV betrifft in Europa primär Minderheiten und lässt sich durch Prävention und Therapie gut eindämmen und behandeln. Dennoch wurden auf dem Höhepunkt der Aidspanik 1987 in Bayern Zwangstests für Risikogruppen eingeführt und sogar Lager für HIV-Infizierte öffentlich diskutiert. Bei gesundheitlichen Bedrohungen ist Panik also auch für Politiker nicht tabu.

Nachdem die ersten Reaktionen auf Covid-19 massiv und umfangreich waren, führte der erste Lockdown auch zu einem glimpflichen Verlauf der Ansteckungskurve im Frühjahr und Sommer. Das Gesundheitssystem war der Krankheit gewachsen, und die ersten Stimmen wurden laut: zu viel und die falschen Restriktionen. Nachdem im Frühjahr die Akzeptanz noch relativ groß war, endlich konnte unsere Gesellschaft sich als solidarisch und krisenfest beweisen, eine Chance zusammenzustehen, führte gerade der Erfolg der Maßnahmen zu einer paradoxen Reaktion. Wenn niemand krank ist und stirbt, was sollen dann die Anstrengungen? Und, vor allem: warum über so lange Zeit? Ein paar Wochen nicht feiern zu können ist für junge Menschen nachvollziehbar. Wenn aber keine Großeltern sterben, dann ist die soziale Vereinzelung nicht mehr sinnstiftend. Und so schlitterten wir im Dezember 2020 in den vorhergesehenen und trotzdem nicht mehr verhinderten Zusammenfall von Weihnachtsshopping, krankheitsfördernder Kälte, Verdruss über Verzicht und Regulierung. Und die Quittung kam: der erneute Shutdown.

Solidarität mit anderen, Vernunft, Verzicht auf eigene Privilegien, sich fügen in das, was sich nicht vermeiden lässt, Demut: Diese Tugenden waren in den letzten Jahren vielleicht nicht unbeliebt, aber ungenutzt und untrainiert. Wenn man es positiv formuliert, ist die Individualität und Selbstverwirklichung in unserer Gesellschaft ein hohes Gut – negativ formuliert sind wir ein Land der Egoisten. Auch in der Krise sind wieder diejenigen die Hauptleidtragenden, die nicht für sich selbst einstehen können: Niemand ist in dieser Zeit so sehr von Gewalt und Hunger bedroht wie Kinder. Wer vorher schlecht verdient hat, spürt die Rezession mehr als die Mittelschicht. Wer hingegen eine gute Lobby hat oder sich eine bauen kann, kommt auch durch diese Krise relativ stabil.

Vergleicht man Deutschland und die USA, sieht man, dass unser Sozial- und Gesundheitssystem zwar teurer ist, aber zumindest das Allerschlimmste verhindern kann. Ja, Corona ist für alle hart, aber wir sind privilegiert durch den Ort unserer Geburt. Wie in so vielen Zusammenhängen: Die Klimakrise trifft uns mit Verzögerung und schwächer als den globalen Süden.

Zu prophezeien, wie groß und nachhaltig die Auswirkungen der Krise auf unsere Gesellschaft sein werden, ist nicht möglich. Wenn es einen guten Ausgang nehmen kann, dann in Richtung Solidarität, Gemeinschaft, Überdenken von eigenen Privilegien und Konsumverhalten. Und vielleicht lassen sich diese neuen Erkenntnisse sogar auf die Krisen anwenden, die uns nicht unmittelbar betreffen, sondern andere Regionen dieser Welt. Wer gespürt hat, wie erschütternd sich eine tödliche Seuche auf eine gefestigte Demokratie und ein wirtschaftlich starkes Land mit relativ guten sozialen Strukturen auswirkt, hat vielleicht auch mehr Verständnis für Geflüchtete aus Kriegs- und Krisenregionen.

Nicht jede Krise ist eine dornige Chance

Ja, so schnell und umfangreich wie in der jetzigen Krise wäre das Homeoffice für (fast) alle niemals in unseren Alltag eingezogen. Ein Trend der letzten Jahre hat ein Upgrade auf 5G erhalten, und auch der letzte Präsentismus-Anhänger musste seine Mitarbeiter nach Hause gehen lassen. Nein, man muss für einen einstündigen Sales-Pitch nicht ans andere Ende der Republik fliegen, und Meetings werden über Zoom radikal verkürzt, weil sie keine willkommene Abwechslung mehr vom Schreibtisch, sondern schwer erträgliche Wackelkontakte am heimischen Küchentisch sind. Die Kollegen sagen nur noch, was gesagt werden muss, und nicht, was einem alles noch einfällt, um die Stunde vollzubekommen. Der CO_2-Ausstoß ist um rasante 11 Prozent gesunken, weil wir weniger produzieren und fliegen. Krisen sind also Beschleuniger, Brenngläser, Destillatoren. Aber sie sind auch Situationen, an denen Gesellschaften und Menschen zerbrechen, nicht umsonst kann eine Krise auch eine Katastrophe werden, wenn sie sich zum Negativen entscheidet. Nicht aus jedem Liebeskummer lernt man, manche Trauer ist so groß, dass die Seele sich nie wieder erholt. Der Druck, am Ende stärker, schlauer, weiser, besser zu sein, ist der gleiche, der Depressiven weismachen möchte, mit mehr Sport, gesunder Ernährung und Aufstehroutine würde man das schon hinbekommen. Die Selbstoptimierungsindustrie verdient Geld mit Spruchweisheit gewordenem protestantischem Arbeitsethos: Wer sich nur genug anstrengt (und meinen Podcast hört), wird ein besserer Mensch. Nein! Manche Krisen sind Tsunamis in der Seelenlandschaft, und wer es schafft, nicht gänzlich in ihnen unterzugehen, hat schon viel geleistet. Nach 25 Jahren Ehe eine Scheidung zu überstehen ist auch dann eine Leistung, wenn man danach nicht #happy #holy #confident ist, sondern nur #alive.

Wer 2021 noch mit dem Job, Partner, Selbstwertgefühl, Zuversicht und Kontostand startet, mit dem er 2020 begonnen hat, steht mehr als gut da. Auch wenn der Kapitalismus von dem Paradigma lebt, dass nur Wachstum das Überleben sichert, manchmal ist Bestandserhaltung schon Kür. In einer Krise nichts irreversibel kaputt zu machen, keine Türen für immer zuzuschlagen, niemanden für immer zu vergraulen ist schon sehr viel. Viele sitzen am Ende wie Hiob auf einem Misthaufen aus Fehlentscheidungen, nur der rettende Deus ex Machina, der alles Leid nur zur Prüfung sendet und alles wieder richtet, der erscheint den wenigsten.

Die Krisenspuren in unserer DNA

Die Generation unserer Großeltern oder Urgroßeltern war Meisterin im Aushalten. Zwei Weltkriege, eine Weltwirtschaftskrise, Flucht, bei null anfangen: alles machbar, solange man nur nicht weint und keine Schuld eingesteht. Dafür sind Albträume und seelische Abgründe da, ein Land in der Verleugnung. Was mich nicht tötet, macht mich hart wie Kruppstahl, auch gegen das Leid anderer. Wer den Druck nicht aushielt, wer das Trauma nicht vertuschen konnte, wer die Schuld nicht leugnen wollte, wurde ausgegrenzt, es musste nach vorne gehen. Und die Kinder, die in diesen emotionalen Wüsten aufwuchsen? Mittlerweile ist erwiesen, dass sogar das Erbgut Spuren von Krisen aufweist, Kinder von Kriegsopfern also mit ihren Genen das Trauma ererben, schwächer und anfälliger sind.

Über der nachwachsenden Generation, den 68ern, lag die Schuld und das Leid, aber auch der Anpassungs- und Leistungsdruck wie eine bleierne Decke. Was ihre Eltern in den familiären Traumakeller verräumt hatten, mussten sie ausmisten – oder durch ihr eigenes Leben mitschleppen. Wer sich mit seinen Eltern und Großeltern unterhält, die heute über siebzig sind, wird bei allen Spuren finden. Selbst die, die keine Familienangehörigen verloren haben, sind mit traumatisierten oder schuldbeladenen Eltern aufgewachsen. Ihre Jugend haben sie in einer Gesellschaft verlebt, in der Homosexualität als pervers galt und psychische Krankheiten verschwiegen wurden, in der Frauen und Kinder zu schlagen üblich war.

Doch anders als ihre Eltern und Großeltern haben sie in den Siebzigern und Achtzigern angefangen, ein Vokabular für biografische Krisen zu entwickeln: die Midlife-Crisis, die Identitätskrise, die Ehekrise, die Ölkrise. Der schwedische Psychoanalytiker Johan Cullberg hat 1978 das noch heute gültige Vier-Phasen-Modell entworfen: Schockphase, Reaktionsphase, Bearbeitungsphase, Neuorientierungsphase. Wir haben also heute andere Begriffe als »Was mich nicht umbringt, macht mich stärker«, um unsere Krisen zu beschreiben.

Phase eins: Hilfe! Der Schock schlägt zu

Eben war die Welt noch in Ordnung, zumindest mit halb zugekniffenen Augen, und zack, da fliegt einem alles um die Ohren. Partner, Job, Geld, Gesundheit, Familie, Wohnung, Selbstbild, was eben noch eine halbwegs verlässliche Größe war, gerät ins Wanken und reißt einem den Boden weg. Es kann und darf nicht wahr sein, unglaublich, mir passiert so etwas doch nicht. Die einen spüren nichts als Angst, Sorgen, Panik und Überforderung, wie soll das gehen? Andere stecken den Kopf in den Sand: Solange ich nicht auf den Kontostand schaue, droht auch keine Insolvenz, was ich verneine, existiert nicht. Die gepackten Umzugskisten, seine neue Partnerin: Ach, nur eine Phase. Die furchtbare Diagnose: Das wird ein neuer Arzt anders sehen. Corona: ein Problem Chinas/Italiens/Bayerns, wird schon nicht so schlimm werden.

Egal, ob Panik oder Verleugnung, der Schock ist groß, die Handlungskompetenz gelähmt. Keine Ideen, nichts fühlen, nicht hinschauen. Je nachdem, wie bedrohlich die Krise und wie handfest die Fakten sind, dauert diese Phase Stunden bis Wochen.

Wie komme ich da durch?

Wegschauen geht nicht für immer, Embryonalstellung und Schockstarre helfen nur begrenzt. Manchmal sind die Dinge ja auch gar nicht so schlimm, wie man befürchtet, manchmal allerdings noch viel furchtbarer. Aber für die allermeisten Situationen gilt, dass sie beim Liegenbleiben Schimmel bilden. Aussitzen ist nur dann eine sinnvolle Strategie, wenn man sich nach einer Lageeinschätzung bewusst dafür entscheidet (Helmut Kohl wurde für diese Strategie berühmt und ist letztendlich mit ihr gescheitert). Falls man selbst gar nicht mehr kann, muss Hilfe her: Freunde, Familie, Arzt, beim Durchstehen des ersten Schrecks und irgendwann auch zum Bereden, was jetzt passieren muss.

Wie kann man helfen?

Die beste Freundin ruft an, weil der Vater gestorben ist, der Partner hat den Job verloren, die Unglücksmeldung ist da: Wie hilft man nun? Bei Schockzuständen besteht Erste Hilfe aus stabiler Seitenlage, warmer Decke, beruhigen, Aufregung vermeiden und gegebenenfalls einem Notruf. Und genau darum geht es auch jetzt. Selbst wenn man schon zehn Lösungsschritte parat hat, solange noch ungläubig die Wand angestarrt wird, ist der Zeitpunkt dafür noch nicht da. Halten Sie Händchen, kochen Sie Suppe, schauen Sie, dass Ruhe einkehrt, halten Sie die Welt vor der Wohnzimmertür auf. Trösten und beruhigen kann man den einen am besten mit Umarmungen, andere wollen einfach nur wissen, dass jemand für den Fall der Fälle telefonisch erreichbar ist. Wenn Sie sich unsicher sind, machen Sie Angebote und Vorschläge, bis der Richtige dabei ist. Und wenn Sie merken, dass Sie mit der psychischen und physischen Not überfordert sind, suchen Sie sich Hilfe, entweder im Freundes- und Familienkreis oder bei den Profis für diese Situationen, dem Psychosozialen Notdienst, der Telefonseelsorge oder dem Haus- oder Notarzt.

Wenn die absoluten Basics gesichert sind, warten Sie darauf, dass das Sorgenkind zu sprechen anfängt. Wenn es dringende Probleme gibt, die gelöst werden müssen, helfen Sie bei der Lösung oder verschieben Sie, was irgendwie warten kann. Zuschauen tut umso mehr weh, je mehr man liebt, aber geben Sie dem Prozess die Zeit, die er braucht.

Phase zwei: Das Gefühlschaos – Warum ich? Wer hat Schuld?

Irgendwann hilft Schlafen, Verneinen, Ignorieren nicht mehr, und der Schmerz über den Verlust hat seine ganze Wucht entwickelt. Nein, sie wird nicht zurückkehren, der Job ist wirklich weg, Corona ist gekommen, um zu bleiben. Jetzt fühlt man sich machtlos, ängstlich, ohne Handlungsoptionen, das Selbstwertgefühl und das Immunsystem sind auf dem absoluten Tiefpunkt. Schnaps, irrationales Verhalten, sich widersprechende Handlungsimpulse: Gedanken und Gefühle sind so sortiert wie bei einer Dreijährigen und die Ideen zur Krisenbewältigung so vernünftig wie bei einem Teenager mit Liebeskummer. Die Corona-Hamsterkäufe sind einkaufgewordenes Sinnbild für diese Gefühlslage: 30 Kisten Klopapier, 20 Packungen Mehl und 50 Kilo Nudeln, das ist, was eine fünfköpfige Familie für 14 Tage benötigt. Die Franzosen haben Wein und Kondome gehortet, manche Bewältigungsstrategien sind eben unterhaltsamer, aber auch risikoreicher. Egal, ob schlaflose und schnapsreiche Verdrängungsnächte oder Gedankenkarussell am Tag, es geht gerade um wenig anderes als das Krisenereignis. Essen, Arbeit, Körperhygiene finden nur statt, wenn die Schuld- und Sinnfrage zumindest stundenweise beantwortet erscheint.

Wie komme ich da durch?

Schmerz, Schmerz, Schmerz. Die einschlägigen Durchhalteparolen à la »no pain, no gain« machen eher wütend als mutig. Aber die Verdrängung und ihre drei apokalyptischen Reiter Sex, Drugs and Rock'n'Roll helfen auch nur so lange, bis die Leber oder das Konto streikt. Jetzt ist die Gefahr, richtig viel Scherben zu produzieren, am größten: »I came in like a Wrecking Ball.« Die eine geht nur noch zum Weinen auf der Toilette ins Büro, der Nächste schreit jeden und alle an, die auch nur zu laut atmen. Und das Schlimmste: Man sieht sich selbst zu und kann nicht anders.

Sagen Sie den Kollateralschäden wenigstens währenddessen oder danach, was gerade los ist, und appellieren Sie an Mitgefühl und Verständnis. Jeder durchlebt einmal eine Krise, selbst der selbstgerechteste Knochen hat irgendwo ein wenig Empathie versteckt. Wenn die Wahl zwischen zwei Bewältigungsstrategien besteht, wählen Sie die mit der geringeren Zerstörungskraft. Nerven Sie lieber Ihre Freunde als Ihre Kollegen, besser zu viel Schokolade als zu viel Schnaps. Falls es irgendwie geht, denken Sie hin und wieder an die Zeit danach und halten das Trümmerfeld so klein wie möglich.

Trauer lässt sich weder erzwingen noch aufschieben, also lieber drei Wochen durchweinen und durchwüten als drei Jahre Verdrängungsstrategien mit entsprechendem Ressourcenabbau. Falls Sie kreativ sind: Angeblich entstehen in der Leidensphase die besten Kunstwerke. Putzen, Aufräumen, Wegwerfen sind jedenfalls unter Wut und Kummer ausgesprochen befriedigend.

Wie kann man helfen?

Reden und zuhören, auch wenn die drei gleichen Evergreens (Er hat Schuld! Warum ich? Ich kann nicht mehr!) in Dauerschleife aufgelegt werden. Mitgefühl ist anstrengend, und zwar so richtig. Schon wieder sind Aushalten, Durchhalten und Schadensminimierung die einzige Hilfe. Klemmen Sie sich den betrunkenen Freund unter den Arm, bevor er die dritte Lokalrunde schmeißt. Hören Sie sich die Wuttiraden der besten Freundin an, bevor sie den toxischen Exfreund anruft. Ertragen Sie die irrationalen Ängste der befreundeten Mütter, wenn das Homeschooling unerträglich wird. Klar, es gibt für alles eine Lösung, und ja, wir alle haben für die Probleme der anderen immer die beste parat.

Aber am Ende muss jeder seine Krise selbst durchleben und auflösen. Vorschläge und Hilfe anzubieten ist selten falsch, die Erwartung, der andere müsse sich daran halten, wird meistens enttäuscht. Am Spielfeldrand bei der zweiten Verlängerung von TS Selbstzerstörung gegen 1. SV Verdrängung zuzuschauen macht keinen Spaß. Noch mehr Druck aufzubauen, indem man auch noch seine eigenen Erwartungen ins Spiel schickt, macht das Ganze selten übersichtlicher. Wenn Sie nicht mehr können, dann ist das völlig legitim. Sagen Sie, wann und wie Sie wieder helfen werden, grenzen Sie sich ab. Niemandem ist geholfen, wenn Sie bei der Hilfe in eine eigene Krise steuern.

Phase drei: So kann's gehen!

Ja, der Expartner ist ein fieser Schuft, der Ex-Chef ein Idiot, das Leben ungerecht, der Tod trifft selten den Richtigen. Nein, es lässt sich nicht mehr ändern, aber ein momentan gültiger Erklärungsansatz ist gefunden. Einwegmasken gibt es mittlerweile in jedem Supermarkt, Hefewürfel sind wieder im Sortiment. Die gemeinsame Aktion mit den anderen Eltern, um die schulische Versorgung besser zu gestalten, ist angelaufen.

Und man selbst hat Möglichkeiten, sein Leben zu bestimmen und zu gestalten. Allmählich tut alles weniger weh. Warum es so ist, wie es ist, wird weniger wichtig als die Frage, was kommen kann und soll. Vielleicht ist ein anderer Job ohnehin spannender, ist die nächste Digitalisierungsstufe lange überfällig. Endlich wieder Kapern und Oliven zu essen und endlose Fußballübertragungen anzuschauen, ohne dass jemand mosert, ist auch nicht verkehrt. Hoffnungen und Lösungen ersetzen jetzt den Kummer in der Endlosschleife.

Wie komme ich da durch?

Freuen Sie sich über jede Hoffnung, jede neue Idee. Euphorie kommt auf, Ihr Selbstvertrauen kehrt zurück? Super. Allerdings ist nicht jeder neue Flirt, jede neue Idee, jedes Vorstellungsgespräch zwangsläufig das Ticket ins große Glück. Nichts muss jetzt schnell gehen, und wenn die große Traurigkeit noch einmal aufkommt, ist das auch keine Einbahnstraße zurück ins Elend. In dem Moment, wo der Verlust den Schrecken verliert und neue Bilder auftauchen, ist ein Schritt aus dem Schlamassel geschafft, auch wenn es zwischendrin schlaflose Nächte und sinnlose Telefonate gibt. Sport, Spazierengehen, auf den eigenen Schlaf achten und mehr als ein Gemüse am Tag, jetzt ist alles aus der Rubrik »Selbstfürsorge« eine gute Wahl. Und wenn Sie es nicht schaffen zu duschen oder vor Kummer fünf Kilo zunehmen, die Kinder während Corona nicht viel gelernt haben, außer Netflix zu bedienen, seien Sie nicht zu streng mit sich. Für manche sind Routinen und Disziplin eine gute Krisenstrategie, für andere nur eine zusätzliche Last.

Wie kann man helfen?

Endlich ist die Zeit für all die guten Ideen gekommen, die nun realisiert werden können. Neue Gardinen, Stellenanzeigen, Töpferkurse, der Cousin dritten Grades, coronakonforme Playdates. Schlagen Sie alles vor, wovon Sie denken, es könnte Freude ins Leben bringen. Unterstützen Sie bei allem, was aus der Krise hinausführen könnte, und halten Sie aus, wenn es noch einmal einen Rückfall gibt. Das Beste ist aber: Endlich hat das Gegenüber auch wieder Zeit und Ressourcen für Sie.

Phase vier: Alles ist so neu!

Wenn alles gut gegangen ist, ist jetzt das Schlimmste überstanden. Wenn nicht, geht es bei dem einen erneut in die vorherigen Phasen, der andere findet nie wieder zur Stabilität zurück.

Bei einem Happy End kommt nun sogar der Gedanke auf, mit neuem Wissen, Erkenntnissen und gestärkt aus der Krise zu gehen. Wenn noch ein paar Tassen heil im Schrank stehen, ist das schon viel wert. Egal, wie groß der Scherbenhaufen ist, jetzt gehts wieder voran, und die Neugierde auf eine neue Liebe, Job, Wohnung ist da, das Zutrauen, es schon irgendwie hinzukriegen, gewachsen. Duschen, Arbeiten, Abendbrot sind keine Herausforderung mehr, sondern es sind wieder Kapazitäten da, auch noch ein Treffen mit Freunden und ein Date hinzubekommen.

Wie komme ich da durch?

Ja, endlich geht es voran. Sie haben etwas begriffen, das Leben hat einen neuen Lauf genommen, Sie sehen sich selbst und vielleicht auch Ihre bisherigen Beziehungen und Verhaltensweisen mit neuen Augen. Nachdem jetzt das Schlimmste überstanden ist, kommt der Zeitpunkt für die Retrospektive. Warum ist das alles so geschehen, was hätte ich anders machen können? Wer und was hat mir geholfen? Bei wem sollte ich mich bedanken? Wer verdient eine Entschuldigung? Und die Königsdisziplin: Was will ich zukünftig anders machen?

In dieser Phase kommt manchmal auch die Selbstzufriedenheit und Begeisterung darüber auf, wie toll man alles gemeistert hat. Auf sich selbst stolz zu sein ist gut, wir sind ja keine Pietisten im ausgehenden 19. Jahrhundert. Anderen aber zu predigen, wie sie wiederum auch besser sein könnten, und zu glauben, jetzt unverwundbar zu sein, nicht. Wenn man aus einer Krise heil herausgekommen ist, dann hat es meistens auch mit Glück und der Hilfe anderer zu tun. Geben Sie etwas anderes zurück als gute Ratschläge!

Wie kann man helfen?

Sie können sich jetzt entspannen und sich freuen. Falls sich das ehemalige Sorgenkind bei Ihnen bedankt und etwas zurückgibt, genießen Sie es. Wenn nicht, haben Sie etwas uneigennützig Gutes getan, auch das ist ein befriedigendes Gefühl.

Resilienz: fit in die nächste Krise?

Donald Trump, Jair Bolsonaro, Boris Johnson: Alle drei steckten sich mit Corona an und führten ihre Länder phänomenal schlecht durch die Corona-Krise. Nicht nur beim Krisenmanagement, auch bei der Krisenfestigkeit, der sogenannten Resilienz, schneiden Männer deutlich schlechter ab als Frauen. Nicht demonstrative Härte ist ein Garant, sondern die Fähigkeit, die Grenzen der eigenen Gestaltungsmöglichkeiten akzeptieren zu können. Gegen das anzurennen, was sich nicht ändern lässt, ist die schlechteste Krisenstrategie. Ein realistisches Bild der eigenen Fähigkeiten und Grenzen hilft eher, die vorhandenen Kräfte zielführend einzusetzen, als pure Selbstüberschätzung. Offen eingestehen zu können, keine Lösung parat zu haben, anstatt blind loszurennen, motiviert nicht nur andere zur Unterstützung, sondern schont auch die eigenen Kräfte. Wer sich selbst gut kennt, kommt potenziell besser durch eine Krise und durchs Leben.

Sozial gut vernetzt zu sein ist gut fürs Immunsystem und stärkt auch die eigene Resilienz. Wer weiß, dass er nicht alles allein hinbekommen muss, der kann auch in der Krise ruhiger agieren, selbst wenn keine Hilfe benötigt wird. Hilfe einfordern und annehmen zu können, ohne dabei erst einmal Schuldgefühle und Versagensängste überwinden zu müssen, kann man im Alltag gut für den Ernstfall trainieren. Ein Polster anzulegen, indem man für andere da ist und sie unterstützt, ist nicht nur gut, um nach dem Prinzip »do ut des« Gefallen einfordern zu können. Verhaltensforscher haben herausgefunden, dass Menschenaffen altruistisch handeln, weil es die Gemeinschaft stärkt, auch wenn kein unmittelbarer Nutzen erkennbar ist. Die eigene Lösungskompetenz zu stärken, indem man anderen hilft, zahlt sich auch ohne Eintrag im kleinen schwarzen Buch der offenen Rechnungen aus.

Sich selbst als Opfer wahrzunehmen nimmt im ersten Moment viel Druck aus Situationen. Der Chef, die Eltern, der Partner, die Politik, solange jemand anderes verantwortlich ist, muss man selbst auch nicht handeln und sich selbst hinterfragen. Dabei wächst allerdings weder das Selbstvertrauen noch der Glaube an die eigenen Gestaltungsfähigkeiten. Auch das lässt sich im Alltag üben. Bevor man sich über sein Gegenüber ärgert und Zeit und Energie in die Analyse der Blödheit anderer steckt, sind die eigenen Strategien ein sinnvolleres (und auch fruchtbareres) Gestaltungsfeld. Jemand anderen zu ändern ist erfahrungsgemäß unmöglich, bei sich selbst kann man es zumindest graduell hinbekommen.

Pessimisten sind zwar die besseren Beobachter und können Situationen realistischer einschätzen, in Krisen sind Optimisten besser aufgestellt. Wer über den größten Scheiß noch lachen und irgendetwas Gutes darin entdecken kann, kommt mit größeren Chancen heil aus dem Ganzen. Andererseits ist Akzeptanz dessen, was passiert, eine ebenso wichtige Strategie, darin sind Pessimisten wiederum besser. Niemand muss zu einem fröhlichen, selbstbewussten, fest von der eigenen Wirksamkeit überzeugten Menschen werden, um die nächsten Probleme überstehen zu können. In der Corona-Zeit waren es gerade extrovertierte Menschen mit viel sozialem Außenbezug, die unter dem Lockdown besonders litten, dabei wird genau diesen Eigenschaften eine hohe Resilienz zugeschrieben. Nicht jede Krise erfordert das gleiche Skillset – und da die meisten zwar von äußeren Ereignissen ausgelöst, aber von unseren eigenen Dämonen befeuert werden, ist der perfect shitstorm immer höchst individuell.

Eins ist aber ohne jeden Zweifel eine gute Vorbereitung für alles, was kommt, ob Kummer oder Glück: Kümmern Sie sich um Ihre psychische Gesundheit, und zwar bevor das Leid unerträglich wird. Bewegung, gesunde Ernährung, Vitamine, genügend Schlaf, weniger Stress, Vorsorgeuntersuchungen, wie man seine physische Gesundheit stärkt, sind uns allen immer präsent. Genauso wichtig ist es, die Seele und den Kopf gesund zu halten. Therapeutische Hilfe und professionelle Unterstützung, um alte Traumata und untaugliche Muster zu sortieren und vielleicht auch zu überwinden, ist das beste Investment in die Krisenfestigkeit.

Unter dem Regenbogen –
wie wir über Rassismus, Sexismus und
Geschlechter reden

Jahrzehntelang galt die Moderatorin Barbara Schöneberger als Everybody's Darling – die denkende Sexbombe, spontan, herzlich, lustig und klug, eine Art kleinster gemeinsamer Nenner der Fernsehunterhaltung, mit dem jeder Zuschauer gut klarzukommen schien.

Dass ihr Humor nicht mehr die Mitte der Gesellschaft repräsentiert, musste Schöneberger erfahren, als sie sich während der Verleihung eines Radiopreises über die Umbenennung einer »Zigeuner«-Sauce in »Paprikasauce ungarischer Art« lustig machte und witzelte, diese heiße jetzt »Sauce ohne festen Wohnsitz«.

Der Zentralrat der Sinti und Roma nannte diese Aktion »beschämend und herabwürdigend«, auf Twitter wurde sie aufgefordert, an ihrem Rassismusproblem zu arbeiten, während die andere Seite argumentierte, hier werde wieder einmal demonstriert, dass harmlose Witze unnötig skandalisiert würden.

War der Witz jetzt einfach flapsig-missraten, als »Boomer-Humor« ein Relikt einer zu Macht gekommenen Alterskohorte, die die Zeichen der Zeit nicht verstanden hat und die Augen vor der Diskriminierung bestimmter Bevölkerungsgruppen verschließt? Oder die Reaktionen ein Zeichen dafür, dass politische Korrektheit in Deutschland freiheitsbedrohliche Ausmaße angenommen hat?

Auf welcher Seite des Diskurses man sich auch befindet, eines ist klar: Über Sprache wird gestritten, und dabei geht es um mehr als eine Fertigsauce, nämlich ums Eingemachte und neben der Rassismusdebatte auch um den Gender- und Geschlechterdiskurs: Wie viel Rücksicht muss ich nehmen, wie viel Verletzlichkeit muss ich anderen Gruppen zugestehen, wie viel Fortschritt braucht unsere Sprache, und werde ich auch bald diskriminiert oder gecancelt, wenn ich bei meiner alten Diktion bleibe?

Dabei tut sich ein kultureller Graben zwischen den Menschen auf, die eine neue Sprache für dringend notwendig, und jenen, die dies für überzogenen Aktionismus halten. Wenige Menschen stehen strikt auf der einen oder auf der anderen Seite dieses Diskurses, manche benutzen mal diese, mal jene Form, andere behelfen sich mit alternativen Formulierungen (»Liebe alle«), wieder andere sehen in der gendergerechten inklusiven Sprache bestenfalls Kauderwelsch und schlimmstenfalls Orwell'schen Neusprech.

Sprache ist zwar öffentlich, aber zugleich auch etwas Eigenes und Intimes. Jeder Mensch hat sein persönliches Vokabular, vielleicht einen Dialekt und Besonderheiten im Ausdruck. Die Sprache ist unser verbaler Fingerabdruck, und jemandem zu erklären, wie er reden soll und wie nicht, kann schnell übergriffig wirken. Doch genauso übergriffig ist es, von Menschen, die strukturell benachteiligt werden, zu erwarten, dass sie ihre sprachliche Diskriminierung weiterhin stumm hinnehmen.

Wenn Fragen wie »Wo kommst du eigentlich her?« oder »Ein Geschlecht muss man doch haben?« für die einen höfliches Interesse, für den anderen aber schmerzhaft und ein Ausdruck rassistischer oder transphober Ignoranz sind, dann sollte jeder darüber Bescheid wissen. Natürlich ist diese Reflexion schmerzhaft, niemand möchte sich sagen lassen, dass er ein Rassist ist. Doch darum geht es hier gar nicht: Die wenigsten Menschen wollen Rassist:innen sein, kaum jemand ist von Hass auf Fremde und Schwache getrieben. Aber unsere Alltäglichkeiten, unsere Sprache, unsere Konsumgewohnheiten tragen dazu bei, dass strukturelle Ungerechtigkeiten zementiert bleiben. Unser Lebensstil ist auf Kolonialismus und Ausbeutung begründet und funktioniert nur, weil ein anderer Teil der Welt den Preis dafür zahlt. Wollen wir das wirklich? Wollen wir die Menschen sein, die ein transgender Kind ausschließen? Die Afrodeutschen, Mitbürger:innen mit türkischen Nachnamen oder den Kindern von kroatischen Migrant:innen das Gefühl vermitteln, nicht dazuzugehören? Mit den neuen Vokabeln kann man dazu beitragen, dass sich alle Menschen in unserer Gesellschaft gut aufgehoben und sicher fühlen. Die Ausdrücke bringen eine neue Ebene mit in den Diskurs, nämlich jene, die das Prinzip der Solidarität und Gleichberechtigung hör- und lesbar macht.

Die zehn Gebote des rücksichtsvolleren Miteinanders

1. Lerne die Vokabeln

Die gendergerechte und rassismusfreie Sprache ist in manchen Milieus Standard, in anderen so fern wie ein privater Raketenflug zum Mond. Dabei gibt es zwei Kategorien: die Wörter, die man einfach nicht mehr benutzt, weil sie herabwürdigend und verletzend sind; abschätzige Ausdrücke wie das N-Wort, Schlampe oder Transe gehören einfach nicht ins Vokabular.

Zweitens die Begriffe, die im Zuge der Emanzipation und Sichtbarmachung von Menschen, die ausgegrenzt werden, aus dem Englischen oder der Fachsprache in den allgemeinen Wortschatz übernommen wurden:

Dazu gehört vor allem das Vokabular der **LGBTQ**-Gemeinde. Diese Abkürzung steht für **Lesbian, Gay, Bisexual, Transgender** und **Queer**, manchmal wird auch noch ein »I« für »Intersexuell« angehängt und die Inklusion wieder ausgeweitet. Während Begriffe wie lesbisch, schwul und bisexuell bekannt sind, kommen die meisten Menschen schon bei der Unterscheidung von **transgender** und **queer** ins Schleudern. Transgender oder Transidente sind Menschen, die sich nicht oder kaum mit dem nach ihrer Geburt bestimmten Geschlecht identifizieren können und sich »im falschen Körper fühlen«. Manche Transgender lassen ihr Geschlecht im Laufe ihres Lebens **angleichen** (nicht: umwandeln).

Transsexuelle kann man als Untergruppe von Transgender sehen. Auch sie fühlen sich im »falschen« Körper. Allerdings ist es für viele von ihnen wichtig, ihr Geschlecht durch Hormonbehandlung und einen chirurgischen Eingriff vom einen in das andere binäre (also das männliche oder weibliche) Geschlecht angleichen zu lassen. Einige Transgender hingegen lehnen diese Operation als »Verstümmelung« ab. Transgender sind also nicht automatisch Transsexuelle. Als **queer** bezeichnen sich Menschen, die ihre Identität als außerhalb der sozialen Norm sehen. Ursprünglich war es ein Wort für schwule Männer, heute ist es ein emanzipatorischer Oberbegriff für alles, was nicht cisheteronormativ ist.

Asexualität

Asexuelle (auch »aces« genannt) fühlen sich weder zu dem eigenen noch zu dem anderen Geschlecht sexuell hingezogen. Dies heißt nicht, dass Asexuelle keinerlei Bindungen zu anderen Menschen haben: Sie können Menschen sinnlich finden, eine romantische Beziehung zu ihnen haben und dennoch nicht den Wunsch verspüren, mit ihnen in sexuellen Kontakt zu treten. Da Sexualität in unserer Kultur einen hohen Stellenwert genießt, müssen Asexuelle fürchten, dass sie die Einzigen seien, die so empfinden, und dass etwas mit ihnen »nicht in Ordnung« sei.

Binär nennt man das Geschlechterprinzip »Mann« und »Frau«, das das biologische Geschlecht auf zwei Varianten reduziert. Dieses zweigeschlechtliche System ignoriert die Tatsache, dass es intergeschlechtliche oder nicht-binäre Menschen gibt, die nicht in diese Aufteilung passen. Andere Kulturen kennen »Non-Binaries« schon seit Jahrhunderten. Ein Beispiel dafür ist die Gemeinschaft der *Hijra* in Südasien.

Cis (von lateinisch »diesseits«) ist das Gegenstück zu **trans** – also eine Person, die sich mit dem Geschlecht identifizieren kann, das ihr nach der Geburt zugewiesen wurde.

Divers ist ein Überbegriff für Menschen, die sich als non-binär und/oder transgender begreifen. Dies führt bei Stellenausschreibungen zu Formulierungen wie etwa »Koch m/w/d gesucht«, die der gesetzlichen Vorgabe Rechnung tragen, niemanden aufgrund seiner geschlechtlichen Identität zu diskriminieren.

Gender bezeichnet das sozial konstruierte Geschlecht einer Person – also die sozialen Erwartungen, die an das biologische Geschlecht geknüpft sind (etwa: Frauen sind besser für Fürsorge geeignet). Die Gendertheorie geht sogar so weit zu sagen, dass das Geschlecht immer sozial konstruiert und eine Fiktion ist, weil es eben mehr als zwei Geschlechter gibt. Meist wird Gender aber benutzt, um zu zeigen, dass man nicht das biologische Geschlecht meint, und um zu verdeutlichen, dass man das geltende binäre Konzept aus dem sich ergänzenden Gegensatzpaar Mann und Frau ablehnt. Sprachlich drückt sich die Erweiterung der sexuellen Identitäten aus, indem neue Schreibweisen eingesetzt werden: das Gendersternchen (Autor*innen), der Unterstrich (Autor_innen) oder der Doppelpunkt (Autor:innen). Akustisch ist der Unterschied zu hören, indem man die Wörter mit Pause ausspricht – eine Praxis, die sogar in der *Tagesschau* ausprobiert wird.

Genderfluid sind Menschen, deren Geschlechtsidentität sich situativ ändert. Im Gegensatz zu queeren Menschen verorten sie sich häufig innerhalb des binären Systems, wechseln aber zwischen beiden Geschlechtern.

Cis-Heteronormativität ist die Erwartung, dass alle Menschen cis und heterosexuell sind – also ihre geschlechtliche Identität mit ihrem Geburtsgeschlecht übereinstimmt und sie sich zu Menschen des anderen Geschlechtes sexuell hingezogen fühlen. Die gesellschaftliche Realität wird noch immer von dieser Erwartung geprägt, was wiederum Anpassungsdruck auf Menschen ausübt, deren Geschlechtsidentität und deren sexuelle Orientierung sich weder als cis noch als hetero identifizieren.

Intergeschlechtlich bezeichnet Menschen, die von Geburt an nicht einem männlichen oder weiblichen Geschlecht zuzuordnen sind. Durch Veränderungen in der Chromosomenzahl oder im Hormonhaushalt, trägt ein Mensch beide Geschlechter ins sich. Beispielsweise kann ein Mensch das Erscheinungsbild einer Frau haben, es fehlen aber die Geschlechtsorgane wie Gebärmutter und Eierstöcke. Oft wird das biologische Geschlecht von intergeschlechtlichen Kindern frühzeitig bestimmt und angeglichen, was schwere Identitätsprobleme mit sich bringen kann. Die Identitätssuche ist für Intergeschlechtliche meist belastend. Obendrein wird ihr Konflikt als Krankheit pathologisiert. In der Medizin benutzt man den Begriff der Intersexualität. Die gemeinten Personen lehnen diesen aber ab und sagen lieber intergeschlechtlich oder inter*.

Regenbogenfamilie ist eine Familie, die nicht den gängigen heteronormativen Maßstäben »Vater-Mutter-Kind« entspricht, sondern beispielsweise aus zwei lesbischen Müttern mit Kindern besteht.

Transphob sind Menschen, die eine soziale Aversion gegen transsexuelle Personen und ihren Lebensstil haben. Dies kann sich in Diskriminierungen, Feindseligkeiten bis hin zu Gewalt und Mord äußern. Dazu gehört aber auch, den Transmenschen mit seinem alten Namen (Deadname) anzusprechen oder das falsche Pronomen zu verwenden. Transphobe Übergriffe werden mittlerweile als »Hassverbrechen« gewertet, transphobe Äußerungen wie die der Harry-Potter-Autorin J.K. Rowling, die Transfrauen das »richtige« Frausein absprach, führten zu Shitstorms in den Netzwerken und Entrüstung unter ihren Fans.

Transvestiten sind Menschen, die sich in ihrem Körper zu Hause fühlen, aber Freude daran empfinden, sich als Mann oder Frau zu kleiden. Meist sind es heterosexuelle Männer, die ihre weibliche Seite ausleben und dies in stereotypisierter Weise tun. Viele tun dies im privaten Rahmen, doch manche Dragqueens haben dies zu einer eigenen expressiven Kunstform erhoben.

Inklusion hat das Ziel, gesellschaftliche Barrieren abzubauen, damit allen Menschen die selbstbestimmte Teilhabe an der Gesellschaft möglich ist. Inklusion kann sich an Menschen mit

Behinderung richten, an Migranten oder an deren Kinder sowie sogenannte »Politikferne« und »sozioökonomisch Benachteiligte«. Es ist ein Prozess und kein Ziel, der vor allem den Bildungsbereich und den der politischen Teilhabe betrifft.

Hatespeech oder **Hassrede** sind justiziable Ausdrücke wie »Schwuchtel«, das N-Wort oder »vertrocknete Hexe«, aber auch einfach nur abwertende Begriffe wie »Tussi« oder »Hartzi«. Das Bewusstsein, dass diese Form der Kommunikation nicht nur ein sprachliches, sondern auch ein gesellschaftliches Problem ist, nimmt zu: Offizielle Hatespeech-Beauftragte von Behörden, Kommunikationsfirmen und Stiftungen gehen gegen Hass (vornehmlich im Netz) vor.

Maafa (ausgesprochen Ma-afa) ist Swahili und bedeutet »großes Unglück«. Maafa wird auch der Afrikanische Holocaust genannt und beschreibt die Geschichte der Gewalt, die Afrikanern von Nicht-Afrikanern, vor allem von Europäern und Arabern, angetan wurde und wird: Sklaverei, Völkermord, Kolonialismus und andere Formen der Unterdrückung.

People of Color oder **PoC** bezeichnet alle Menschen, die aufgrund ihres nicht weißen Aussehens mit Vorurteilen konfrontiert werden. Nicht weiß bezeichnet die Hautfarbe, aber auch die Herkunftsländer der Eltern (etwa durch einen osteuropäischen oder türkischen Nachnamen). Dieser Begriff wird neuerdings als Alternative zu **farbig** benutzt, da dieser aufgrund seines kolonialen Ursprungs als rassistisch gilt.
Ebenfalls nicht mehr gebräuchlich ist das Wort **dunkelhäutig**, da dies eine Abstufung zu Schwarzen Menschen suggeriert und eine rassistische Hierarchie stützt, nach der besonders dunkle Haut als minderwertig gilt. Manchmal wird auch die Abkürzung **BIPoC** benutzt, es steht für »Black, Indigenous and

People of Color«. **Indigene** ist auch die korrekte Bezeichnung für **Indianer.**

Rasse ist ebenfalls ein Begriff aus der Kolonialzeit, in der man glaubte, die Menschen in Rassen einteilen und bei Bedarf auch im Zoo ausstellen zu können. Da es erwiesenermaßen keine Menschenrassen gibt, kann man sich diesen Begriff schenken. Ausnahme: im Wort **Rassismus**, das genau diese Diskriminierung beschreibt. Das amerikanische Wort **race** hingegen bezeichnet Rasse nicht als genetisches, sondern soziokulturelles Phänomen.

Schneeflöckchen oder **Snowflakes** ist ein abwertender Begriff für meist junge Menschen, die sich über rassistische, sexistische oder homophobe Handlungen, Inhalte und Haltungen empören und den Status quo herausfordern. Mit dem Begriff soll ihre Kritik als persönliche Überempfindlichkeit verkleinert werden, ohne sich inhaltlich damit auseinandersetzen zu müssen.

Schwarze oder Schwarze Menschen – damit ist nicht die Hautpigmentierung einer Person gemeint (was ja auch sinnlos ist, denn Schwarze Menschen sind genauso wenig schwarz, wie weiße Menschen papierweiße Haut haben), sondern besagt, dass er oder sie sich zu einer Gruppe zählt, die aufgrund ihres Aussehens diskriminiert wurden oder werden. Durch das Großschreiben von **Schwarz** will man verdeutlichen, dass es sich eben nicht um die Farbe, sondern um eine soziale Kategorie handelt. Als *weiß* (kursiv geschrieben) bezeichnet man Menschen, die keine Diskriminierung aufgrund ihrer Hautfarbe erleben.

Dieser minimale und unvollständige Wortschatz ist nur eine grobe Orientierungshilfe, damit Anfänger*innen, Anfänger:innen, Anfänger_innen und Anfangende zumindest verstehen, was mit diesen Begriffen gemeint ist. Die Erklärungen sind stark verkürzt, jede für sich könnte ganze Bibliothekswände füllen. Wer sich weiterbilden mag, kann dies im Internet auf den Seiten von Queer-Aktivist:innen oder der Neuen deutschen Medienmacher*innen tun. Aktivist:innen wie Alice Hasters erklären in ihrem Podcast »Feuer & Brot« beziehungsweise in ihrem Buch »Was weiße Menschen nicht über Rassismus hören wollen« anschaulich, warum unsere konventionelle Sprache so problematisch ist. Die Bundeszentrale für politische Bildung bietet unter bpb.de ein ausführliches und aktuelles Lexikon, und wer richtig dicke Bretter bohren will, der liest sich in Judith Butlers »Das Unbehagen der Geschlechter« und Felicia Ewerts »TRANS. FRAU. SEIN.« ein.

2. Sprache geht jeden etwas an

Mit Sprache beschreiben wir nicht nur unsere Welt und unser Denken, mit ihr gestalten wir sie auch. An unserer Diktion kann man erkennen, wann und wo wir geboren sind und politisch stehen. Wenn wir jemanden als Flüchtling oder als Geflüchteten bezeichnen, reden wir von dem gleichen Menschen – und platzieren ihn gleichsam in zwei unterschiedlichen gedanklichen Panoramen. Die Endsilbe »ing« infantilisiert einen Menschen, markiert ihn als unmündige und auch abschätzig konnotierte Person (»Neuling«, »Schreiberling«, »Fremdling« »Günstling« etc.), für die es weder eine weibliche noch eine inklusive Form gibt. Zudem ist der Flüchtling ein passiver Mensch, über dessen Schicksal jetzt erst einmal entschieden werden muss. »Geflüchteter« hingegen sagt, dass jener Mensch seine Flucht abgeschlossen hat und am Ziel angekommen ist – und demzufolge dort auch bleibt. Die aktive Form verdeutlicht, dass die Flucht eine bewusste Handlung dieses Menschen war, er somit ein autonomes Wesen ist.

Die Frauen, die nicht in der männlichen Form »mitgemeint« werden möchten, haben genauso gute Gründe wie die LGBTQ-Community, die mit einer binären Ansprache an Männer und Frauen ebenso unerwähnt bleiben. Dass diese ehemals marginalisierten Menschen diese Forderungen stellen, ist ein gutes Zeichen für uns alle.

Für diejenigen, die sich bisher keine Gedanken über diese Themen gemacht haben, mag dies alles zunächst verstörend sein – denn wenn ein gesellschaftlicher Diskurs plötzlich mit vielen neuen unterschiedlichen Stimmen geführt wird, dann steht natürlich das Konzept der Mehrheitsgesellschaft und ihrer cis-heterosexuell-*weißen* Mehrheitskultur mit ihren selbstverständlichen Privilegien zur Debatte.

Doch Wegducken gilt nicht, auch wenn im eigenen Bekanntenkreis kein queerer Mensch unterwegs ist oder sich noch keine Freundin zum Wechsel der Geschlechtsidentität entschlossen hat – irgendwann wird der Moment kommen, an dem sich jeder die Frage stellt, wie er (oder sie) die Kolleg:innen oder die Mitglieder der CrossFit-Gruppe im Mailverteiler ansprechen möchte. Und dann ist es gut, wenn man das Thema und seinen Standpunkt dazu schon einmal durchdacht hat. Selbst wenn diese Worte zunächst fremd, unsinnig und sonderbar klingen, so ist die Sache es wert, sich mit diesen Standpunkten vertraut zu machen. Es gehört mittlerweile zum Konsens, dass man Menschen, die bislang marginalisiert, diskriminiert und ignoriert wurden, respektvoll und ihren Wünschen entsprechend behandelt.

Ein Team aus Männern und Frauen mit »Liebe Kollegen« anzusprechen ist unter Gerechtigkeitsgesichtspunkten genauso falsch wie »Liebe Kolleginnen«, das nur Frauen anspricht und die Männer im Team mitmeint. Möglich wären die »Lieben Kolleg_innen« oder »Kolleg:innen«, wobei Letzteres sogar noch den Vorteil hat, dass Spracherkennungssoftware beim

Vorlesen eine kleine Pause einlegt und die Inklusion auch akustisch erkennbar macht. Oder man wählt das Geschlecht, das in der entsprechenden Gruppe die Mehrheit stellt – etwa von »Ärztinnen« zu reden, da mittlerweile mehr Frauen als Männer Medizin studieren (das funktioniert natürlich nur, wenn die Mehrheitsverhältnisse eindeutig quantifizierbar und die Angesprochenen mit der Praxis vertraut sind). Wer damit fremdelt, kann sich auch mit »Liebes Team« oder »Liebe alle« durchmogeln. Hauptsache, man setzt nicht voraus, dass sich schon alle »mitgemeint« fühlen werden.

3. Du sollst das Gendersternchen ehren

Das Gendersternchen ist der moderne Nachfolger des Binnen-I, mit dem die Feministinnen der zweiten Welle schon in den Siebzigerjahren versucht haben, auch Frauen einen Platz in der Sprache zu verschaffen. Doch damals war Feminismus noch kein Mainstream, und die Idee der gerechten Sprache schien absurd, versponnen und anmaßend. Das Binnen-I setzte sich nie durch – Anfang der Achtzigerjahre war seine Zeit einfach noch nicht gekommen, danach war es modisch verbrannt. Auch das Gendersternchen, das nicht nur Frauen, sondern auch erstmals queere und trans Menschen mit einschloss, war keine Liebe auf den ersten Blick – zu akademisch-elfenbeinturmig, zu abseitig, ein Nischenprodukt. Nun aber hat die Emanzipation der LGBTQ-Community ihren Weg durch die sozialen Netzwerke und die Popkultur genommen, Superstars wie Lady Gaga setzen sich für ihre Belange ein, und auf Netflix gibt es ein ganzes Genre von Serien, die sich das LGBTQ- und Rassismusthema zu eigen gemacht haben. (Ganz weit vorne die erfolgreiche und herzerwärmende Coaching-Serie »Queer Eye«, die unter dem Tarnmantel eines All American Makeovers auch die letzten Rednecks zu Lifestyle-geschulten Schöngeistern erweckt.) Sogar die katholische Jugend fordert die Umschreibung von »Gott« zu »Gott*«, um zu signalisieren, dass es sich nicht nur um einen Vater, sondern auch um eine Mutter handelt – oder ist Gott sogar so fortschrittlich, dass er sich keinem Geschlecht zuordnen lässt?

Große Teile der U-30-Generation lehnen jede Form der Diskriminierung mehrheitlich ab und tragen dieses Selbstverständnis auch nach außen. So hat das Symbol eine neue Wucht bekommen: Ob Arbeitsverträge, Büromails oder junge Onlineportale von Medien wie *Die Zeit*, alle arbeiten mit Gendersternchen, Unterstrichen oder dem Doppelpunkt. Dies dient einerseits der sprachlichen Inklusion, andererseits der Selbstpositionierung. Das Gendersternchen ist immer auch ein Statement. Denn intolerant und rückschrittlich möchte heute niemand mehr sein. Wenn selbst die CSU einen eigenen Wagen beim Christopher-Street-Day mitfahren lässt, die Ehe für alle eine Errungenschaft der GroKo war und eine junge CDU-Politikerin mit trans Identität von ihrem Ortsverband Rückendeckung erhält, wenn sie im Netz mit Hasskommentaren bombardiert wird, dann ist klar, dass dieses Bekenntnis zur Gleichberechtigung sogar im konservativen Mainstream angekommen ist.

Im beruflichen Kontext ist es wichtig, die Unternehmenskultur der Arbeitgebenden zu kennen (ein bayerischer Immobilienverwalter wird eine andere Herangehensweise als ein Berliner Mobilitäts-Start-up haben) und sich daran zu orientieren. Im Zweifelsfall ist der Fortschritt, also das Sternchen, der Doppelpunkt oder der Unterstrich moderner und höflicher als die alte Konvention, vor allem dann, wenn es um die Anrede konkreter Personengruppen geht.

4. Du sollst klüger werden

Die Zeiten ändern dich – so hieß der schöne Titel der Biographie des deutschen Denkers und ehemaligen/abtrünnigen/bekehrten Clan-Verbündeten Bushido. Das gilt nicht nur für rappende Klein- und Großkriminelle, sondern auch für Krethi und Plethi von nebenan, also uns. Die Zeiten ändern sich ja auch tatsächlich: Die #MeToo-Bewegung hat strukturellen Missbrauch und Gewalt gegen Frauen sichtbar gemacht, Fridays for Future die SUV-Liebe der Deutschen an den Pranger gestellt, und die Black-lives-matter-Bewegung ist auch in Deutschland angekommen.

Niemand muss zum Greta-Thunberg-Fan werden, weil die Grünen zunehmend zum Wahlgewinner der Großstädte werden, niemand muss sich für sexuelle Gleichberechtigung einsetzen, wenn er oder sie der Meinung ist, dass er (oder sie) dringendere gesellschaftliche Probleme angehen möchte. Aber jeder Mensch sollte, allein aus Eigeninteresse, die aktuellen Diskurse zu dem Thema verfolgen – und mit »verfolgen« ist nicht gemeint, mit den Menschen darüber zu diskutieren, die eine ähnliche Meinung haben wie man selbst. Klüger wird man, indem man Zeitungen liest, *Deutschlandfunk* hört, Aktivisten auf Instagram folgt, sich ein paar Bücher besorgt, und vor allem, indem man betroffenen Menschen zuerst einmal zuhört.

Es ist in Ordnung, zu dem Schluss zu kommen, dass das Gendersternchen nicht der Weg ist, den man in seinen Mails gehen möchte, dass Studierende für einen selbst Studenten heißen und sich der Flüchtling nicht in einen Geflüchteten verwandelt. Aber es ist gut, dass man diese Entscheidung getroffen hat, nachdem man die Argumente dafür und dagegen durchdacht hat. Niemand hat persönlich Schuld daran, dass wir in einem Land leben, das davon profitiert, dass andere Menschen am anderen Ende der Welt (oder einfach nur in Rumänien) ausgebeutet werden. Niemand kann alle Ungerechtigkeiten gleichzeitig aus der Welt schaffen. Aber jede:r kann einen kleinen Teil beitragen, damit das Leben derer, denen es nicht so gut geht, besser wird.

5. Du solltest fragen, wie jemand angesprochen werden möchte

Ein ganz normaler Arbeitstag, der Computer streikt, die IT ist auf dem Weg. Robin sollte in der Abteilung vorbeikommen, um das Netzproblem zu beheben, und dann rauscht eine große Frau mit großen Händen und tiefer Stimme ins Büro. Mann, Frau, trans, queer? Wie redet man Robin richtig an?

Sind Menschen eindeutig uneindeutig, dann redet man sie mit ihrem Vornamen an und benutzt diesen auch anstelle des Pronomens: »Das ist Robins Verbindungskabel, Robin hat es heute Morgen vorbeigebracht.«

Schwierig? Nein. Ungewohnt? Ja. Ist es die Mühe wert, dass Robin sich in der Gesellschaft gut aufgehoben und akzeptiert fühlt? Aber selbstverständlich: ein kleiner Aufwand für den heteronormativen Cis-Menschen, eine große Erleichterung für Robin. Letztendlich ist die Sache auch gar nicht besonders kompliziert: Solange man sich siezt, braucht man sich keine Gedanken über das Pronomen zu machen. Wer »Herr« oder »Frau« vermeiden möchte, kann einen non-binären Menschen mit Vorname-Nachname ansprechen, schriftlich sind Formulierungen wie »Guten Tag – Vorname – Nachname« eine Option. Und wer sich unsicher ist, kann dies auch formulieren: »Bitte entschuldigen Sie meine Unsicherheit bei der Anrede. Für einen Hinweis bin ich dankbar.«

6. Mikroaggressionen sind auch Aggressionen

Jemanden mit türkischem Vornamen zu fragen, wo er denn herkomme, mag zwar irgendwie nett gemeint und ein harmloses Vergehen sein, doch das ist genau die Achtlosigkeit und Borniertheit, die anderen Menschen wehtut – denn das Konzept dahinter bedeutet ja, dass ein Mensch, der Burak heißt, irgendwie nicht »zu uns« gehören kann. Für sich genommen mag die Frage harmlos sein, aber wenn man Farid mehrfach pro Woche, Jahr für Jahr, sein Leben lang spiegelt, dass er nicht dazugehört, dann wird er sich irgendwann auch genauso fühlen.

Diese Konzept des »Otherings«, also Menschen zu »den Anderen« zu machen, ist ein typisches Beispiel für Mikroaggression. Wer meint, dass dies nicht so schlimm sei, könnte sich zum Vergleich vorstellen, wie er von Passant:innen, Kolleg:innen oder Nachbar:innen mit »Menschen wie Sie« angesprochen werden würde – einmal mag es nur nervig sein, würde man es aber mehrfach die Woche hören, würde sicherlich das Gefühl entstehen, dass irgendetwas mit einem nicht in Ordnung wäre. Zumal – warum ist es eigentlich interessant, wo jemand herkommt? Wo die Eltern geboren sind, wo die Großeltern? Es gibt so viele Arten, sich für einen Menschen zu interessieren, da kann man doch eine wählen, die die Zugehörigkeit des Gesprächspartners nicht infrage stellt.

Manche Menschen mögen sich durch die Frage nach der Herkunft nicht gekränkt fühlen – es gibt ein ganzes Spektrum von Reaktionen; Menschen sind ein Kaleidoskop an Verhaltensweisen und Gefühlen. Da man aber nicht vorher weiß, welche wunden Punkte der andere hat, sollte man übergriffige Themen beim Smalltalk oder Kennenlernen erst einmal weiträumig umkreisen. Dazu gehört die Frage nach der Herkunft, das Lob dafür, dass eine PoC toll deutsch spricht, und die Geste, Schwarzen in die Haare zu fassen. Gerade die Frage nach der

Herkunft ist bei PoC meist lächerlich, da diese ohnehin aus Deutschland stammen und die Frage schon die erste Ausgrenzung bedeutet. Es besteht aber auch die Möglichkeit, dass man sich en passant nach schmerzhaften Brüchen, familiären Traumata oder Fluchterfahrungen erkundigt. Warum sollte jemand, den man kaum kennt, sich derart offenbaren?

7. Du sollst über deine Privilegien nachdenken

Es ist wichtig, dass man sich mit inklusiver Sprache auseinandersetzt, aber es ist nicht die Hauptsache. Wichtiger als die korrekte Sprache ist der Mensch als Ganzes, seine Haltung und sein Handeln. Die Motivation für das Gendersternchen oder das richtige Vokabular im Umgang mit sogenannten Minderheiten sollte nicht sein, im Gespräch »schlecht dazustehen« und als rückständig oder gar rassistisch zu gelten – sondern der Wunsch zu verstehen, warum man andere Menschen mit seiner Wortwahl ausschließen oder verletzen kann. Dazu gehört vor allem, über die eigene Rolle nachzudenken. Dies ist für viele weiße Menschen und Nicht-Migrant:innen eine Premiere: Schließlich hatten (und haben) sie das Privileg, sich ganz selbstverständlich einzufügen, das Maß aller Dinge zu sein und sich nicht mit dem ermüdenden Alltag aus rassistischen, xeno- und homophoben Sprüchen auseinandersetzen zu müssen. Wenn Annegret Kramp-Karrenbauer (CDU) es lustig und angemessen findet, in einer Karnevalsrede Witze über Intergeschlechtliche zu machen und sie als »bemitleidenswerte Minderheit« zu bezeichnen, sieht man, dass selbst das politische Spitzenpersonal beim Thema Diversity unsensibel und ahnungslos dasteht – und ahnt, dass der Alltag für Minderheiten noch sehr viel anstrengender sein muss, als man bislang gedacht hat.

Die meisten *weißen* hetero- und cis-sexuellen Menschen

wissen nicht, das queere Menschen darunter leiden, wenn sie ihre sexuelle oder geschlechtliche Identität bei der Arbeit verheimlichen müssen. Dass Schwarze Menschen oft demütigende Erfahrungen bei Wohnungsbesichtigungen machen. Dass die Deutschtürkin mit dem Kopftuch jeden Tag auf überraschte Gesichter trifft, »weil sie so gut deutsch spricht«. Dass ein Tag am Meer für trans Menschen der Horror sein kann. Dass eine Deutschkroatin von der Standesbeamtin beglückwünscht wird, »sich einen deutschen Ehemann geangelt« zu haben.

Weißen (Deutschen) bleibt also eine Menge an unangenehmen, traurigen, anstrengenden oder schlichtweg bedrohlichen Erfahrungen erspart. Stattdessen profitieren wir von einem Wirtschaftssystem und einem Menschenbild, dass seit Jahrhunderten auf der Überlegenheit der *weißen* Menschen aufbaut und deshalb andere Nationen ausbeutet. Hierbei geht es nicht um individuelle Schuld, denn natürlich kann Alman Müller nichts dafür, dass Bismarck sich für eine »gerechte« Aufteilung des kolonialen Besitzes eingesetzt hat. Aber er könnte sich dafür einsetzen, dass solche Statuen nicht mehr im öffentlichen Raum als Nationalhelden Aufmerksamkeit und Respekt bekommen, Straßen nicht mehr nach Kolonialverbrechern heißen und Kulturgüter aus deutschen Museen zurückgegeben werden. Es geht nicht um Schuld, sondern um Verantwortung.

8. Schwarze Menschen, People of Color und andere marginalisierte Communitys sind nicht die Bundeszentrale für politische Bildung

Wenn nun der Wunsch besteht, die Dinge besser zu machen, umsichtiger und rücksichtsvoller zu werden und die Welt für andere Menschen einfach ein kleines bisschen erträglicher zu gestalten, dann ist das wunderbar. Allerdings sollte man nicht davon ausgehen, dass Schwarze, Migranten oder der queere Nachbarssohn dafür zuständig sind, einem dabei zu helfen. Es ist nicht ihre Aufgabe, die Probleme zu lösen, unter denen sie leiden und für die sie nicht verantwortlich sind. Warum nicht? Weil es anstrengend ist. Es ist anstrengend, sich tagtäglich in Konflikte zu begeben. Es ist anstrengend, sich zu artikulieren, wenn einem ein Leben lang vermittelt wurde, man »stelle sich ja nur an«. Es ist anstrengend, von demütigenden und traumatischen Erlebnissen zu berichten, es ist anstrengend, sich immer und immer wieder als Opfer zu fühlen. Es ist anstrengend, *weißen* Menschen zu erklären, dass sie keine Rassisten sind, aber unabsichtlich rassistische Verhaltensweisen an den Tag legen; die meisten reagieren auf diese Ansage eher wenig begeistert. Zudem kann es schlichtweg gefährlich sein, Menschen darauf hinzuweisen, dass sie gerade gegen geltende Gesetze oder den menschlichen Anstand verstoßen. Warum soll sich eine Schwarze oder eine queere Person dieser Gefahr aussetzen? Es ist nicht ihre Schuld, Aufgabe und Verantwortung, andere zu erziehen, sondern es ist die Aufgabe der sogenannten Mehrheitsgesellschaft, sich weiterzubilden, anderen nicht wehzutun, offen zu sein und niemanden auszugrenzen.

Darum: Wer sich weiterbilden möchte, kann dies bei offiziellen Stellen tun, es gibt Blogs, Podcasts und Bücher, zu denen jeder Mensch mit einem Bibliotheksausweis kostenlos Zugang hat. Minderheiten zu bitten, selbst zur Lösung von Rassismusproblemen beizutragen, ist so, als würde man Vergewaltigungsopfer bitten, sexuelle Gewalt zu bekämpfen. Manche sind dazu bereit, sehen es auch als Aufgabe, für sich und andere einzutreten. Andere wiederum wollen nichts mit dem Thema zu tun haben. Es ist ihre Entscheidung, welchen Weg sie gehen, sie sind nicht in der Verantwortung.

9. Erkenne an, dass Mode politisch ist

Wer sich die alten Modenschauen von der Unterwäsche-Marke *Victoria's Secret* aus dem Jahr 2012 anschaut, der meint, in einem Land vor unserer Zeit gelandet zu sein: Ultrafettbefreite Blondinen mit Powerbusen hopsten in bizarren Verkleidungen als Motorradfahrerinnen, Fußballfans oder mit dem Federschmuck nordamerikanischer Ureinwohner über die Bühne.

Der Sexismus, der onkelig-lüsterne Blick auf Frauen, die schlechte Qualität der Unterwäsche und das krude Missmanagement des Konzerns führten dazu, dass die Marke heute tot auf dem Boden liegt und mit der Wiederbelebung ringt.

Ein Mahnmal aber ist geblieben: der Federschmuck, der die Diskussion über »cultural appropriation«, also kulturelle Aneignung, zu einem weltweiten Thema machte.

Zunächst schien das Thema ein rein amerikanisches Problem made im Elfenbeinturm in Snowflake County zu sein. Denn in Deutschland gab es ja kein Problem mit indigenen Kulturen, und sich zum Fasching als Indianer zu verkleiden ist eh kein Thema mehr, seit das Disneyprinzessinen- und Baumeister-Bob-Merch die Kindergärten und ganze H&M-Etagen erobert hat und Winnetou nur noch ein Nischendasein bei den Karl-May-Festspielen in Bad Segeberg führt.

Doch mit dem Untergang des Polyesterwäschelabels und der sinkenden Bedeutung von Karl May ist die Diskussion um kulturelle Aneignung nicht verschwunden, im Gegenteil. Im Zuge der Black-lives-matter-Bewegung ist ein neues Bewusstsein dafür entstanden, dass unsere Gesellschaft auch deshalb so wohlhabend und funktional ist, weil unsere Vorfahren andere Völker effektiv ausgebeutet haben (und es heute auch noch tun). Und darum ist es so problematisch, wenn wir aus dem Urlaub eine Buddha-Statue mitbringen und damit bei uns zu Hause das Bad in einen Asia-inspirierten Wellness-Tempel verwandeln. Denn religiöse Symbole als Dekoration oder Lifestyle einzusetzen ist maximal heikel. Nur weil man selbst ein entspanntes Verhältnis zu seiner Hausreligion hat, sollte man mit seinen Dekovorstellungen nicht die Gefühle anderer Menschen strapazieren.

Nun könnte man meinen, das sei alles nicht so schlimm, schließlich hat man selbst ja kein Problem mit den Australierinnen, Japanerinnen und Italienerinnen, die sich jeden September in München in ein 20-Euro-Dirndl quetschen und dann mit der Maß in der Hand auf dem Oktoberfest loslegen. Nein, das stört tatsächlich niemanden, schließlich ist ja die Nachahmung die höchste Form der Anerkennung, wie schon Oscar Wilde so genau bemerkte. Aber würden wir das auch so locker sehen, wenn Japaner und Australier uns jahrhundertelang ausgebeutet hätten, und zwar so, dass sich Deutschland bis heute davon nicht mehr erholt hätte? Würden wir die Trash-Dirndl-Trägerinnen auch so milde lächelnd betrachten, wenn beispielsweise die Italiener vor hundert Jahren marodierend und vergewaltigend durch das Land gezogen wären und wir heute nett zu ihnen sein müssten, weil der Tourismus unsere Geldquelle Nummer eins wäre? Fänden wir es immer noch so lustig, wenn sich Japaner als »Deutsche« verkleiden würden, wenn wir auf der Verliererseite der Wirtschaftsgeschichte stünden? Wenn wir nett zu den besoffenen, als »Bayern« verkleideten Menschen sein müssten, weil unsere wirtschaftliche Existenz vom Tourismussektor abhinge?

Und hier kommt wieder das Privilegienthema auf – bevor man anderen erzählt, dass dies alles doch nett und anerkennend gemeint sei: Go and check your privileges. Diejenige, die sich eine bestickte Bauernbluse vom kroatischen Wochenmarkt kauft, kriegt die Mode ohne das dazugehörige Bauernleben. Wenn sich eine weiße Frau Braids flechten lässt, kriegt sie den Look ohne die Versklavungshistorie. Wenn Karlie Kloss auf dem Victoria's Secret-Laufsteg in Unterwäsche mit Indianerfedern posiert, bekommen sie und der Konzern die Federn, den

Fun und das Geld – diejenigen aber, die den Schmuck kreiert und ihn mit Bedeutung aufgeladen haben, nichts. Ihnen bleibt ihre ausgerottete Kultur, das entwürdigende Leben im Reservat und ein religiöses Symbol, das nun rund um den Globus sexualisiert wurde. Sie können nicht aus dem Kostüm herausschlüpfen und die Diskriminierung hinter sich lassen. Beim nächsten Vorstellungsgespräch können sie nicht das Mäntelchen der weißen Mehrheitskultur anziehen, sondern sind häufig schon aufgrund des Namens im ersten Stapel, der aussortiert wird. Das »Indianerkostüm« ist nicht mehr ganz so egal, wie wir dachten.

Allerdings sind die Grenzen der kulturellen Aneignung unscharf: Mode ist flexibel und lebt davon, dass man das, was man schön findet, aus dem Kontext nimmt und in den eigenen Stil einpasst.

Die bestickte Bluse vom Bauernmarkt in Kroatien kann in Berlin mit Jeansshorts getragen werden, es ist eine schöne Erinnerung, man promotet ein Kleidungsstück und eine Kultur, indem man es anzieht. Und welche kroatische Bäuerin wird noch in einer bestickten Bluse aufs Feld gehen? Die gesamte Modegeschichte und Popkultur besteht aus Zitaten – das bretonische Fischerhemd mit seinen Querstreifen, die Hose für Frauen, der Matrosenanzug oder der Trenchcoat sind alles Aneignungen, die völlig selbstverständlich in unseren Kleiderschränken hängen.

Ist eine Frisur oder ein Kleidungsstück erst modisch geworden, ist es unmöglich, den Geist wieder zurück in die Flasche zu kriegen. Und ist das überhaupt erstrebenswert? Ist die modische Wanderung ein Zeichen globalisierter Unterdrückung oder nicht auch Zeichen von Weltoffenheit, Interesse an anderen Kulturen und Sinn für Schönheit? Muss die Bluse jetzt für immer im Kleiderschrank begraben werden, weil die Trägerin eine gut ausgebildete heterosexuelle weiße Frau mit deutschem Pass ist? Wäre es anders, wenn es eine lesbische weiße

Frau mit deutschem Pass wäre? Oder eine mittellose, aber ambitionierte Studentin mit zwei Pässen? Modische Legitimation an soziale Zugehörigkeit zu knüpfen ist heikel, weil man wieder die Träger von kulturellen Zeichen mit einer bestimmten Identität verknüpft – was genau die problematische Verkettung ist, die den ursprünglichen Rassismus ausmacht und den Abwesenden auch nicht weiterhilft. Zumal die meisten deutschen Dreadlockhippies auch einen bestimmten liberalen Lebensstil an den Tag legen und diese eher als Haltung denn als Accessoire verstehen und die bestickte Bluse vom kroatischen Bauernmarkt auch vermutlich mehr wirtschaftliches Glück stiftet als die Fast-Fashion-Alternative von *Zara*.

Natürlich ist ein random Tattoo einer chinesischen Weisheit nicht gerade ein Zeichen für Geschmackssicherheit, aber darin Rassismus zu sehen, wenn dahinter eher eine naive Begeisterung für das Land steckt, ist ein sehr neuer und fremder Gedanke – und oft mehr mit dem eigenen Wohlfühlstatus als mit der aktiven Hilfe für eine Minderheit verbunden.

Klare Linien sind fast unmöglich, und die Identität einer Person zur zentralen Kategorie zu ernennen, ob diese etwas tun oder tragen darf, führt irgendwann immer zu einem Grundsatzproblem. Kulturen wachsen durch Transfer, sie sind nicht statisch und auf feststehende Eigenschaften reduzierbar. Wandel entsteht nicht ohne Input von außen. Wenn Weiße kritisiert werden, weil sie sich Braids oder Dreadlocks aneignen, dann setzt das voraus, dass es so etwas wie eine homogene »kulturelle Identität« (etwa der Rastafaris) gibt, die die Zugehörigkeit mit einer Kultur mit dem Wesen eines Menschen gleichsetzt. Tatsächlich aber ist Kultur teilbar, und ein Rastafari wird nicht in seinem Wesen verändert, wenn Zac Efron sich fancy Dreadlocks wachsen lässt, weil er einen neuen Look haben möchte.

Dies steht im Gegensatz zur Raubkunst, bei der klar ist, dass diese nur einem gehören kann und daher auch dem ursprünglichen Besitzer zurückgegeben werden muss. Doch tatsächlich eignen sich Weiße irgendwann bestimmte Praktiken an (etwa in bestimmten linken Milieus, Dreadlocks zu tragen) und laden diese mit eigenen Bedeutungen auf – auch ohne diese dabei zu kommerzialisieren.

Außerdem kann gerade Mode ein Akt der Selbstermächtigung sein, sich die Kleidung anzuziehen, die man schön findet. Jemandem vorzuschreiben, welche Kleidungsstücke er oder sie zu tragen hat, ist auch kein gesellschaftlicher Fortschritt. Das Ermahnen oder Beschämen von jemandem, der vermeintlich unreflektiert irgendwelche Symbole übernimmt, ist auch nicht gerade die hohe Schule des guten Stils. Wenn einem etwas schmerzvoll ins Auge springt, etwa die Buddha-Figuren auf dem Klo, dann kann man das ansprechen, um mit seinem Gegenüber einen Diskurs zu starten. Vielleicht stecken hinter der »Aneignung« Motive, von denen man keine Ahnung hatte, vielleicht steckt Naivität dahinter. Jemanden auf Twitter oder Facebook (höflich!) darauf hinzuweisen ist okay, wenn der Fehlgriff auch auf diesen Medien promotet wurde. Privatpersonen jedoch online zu beschämen oder einen Shitstorm zu inszenieren hat genauso wenig Stil, wie bei anderen Menschen im Kleiderschrank oder auf dem Klo aufzuräumen. Damit ist weder den ausgebeuteten Kulturen gedient, noch fördert es ein freundschaftliches Miteinander.

10. Es geht in die richtige Richtung, aber es dauert lange. Alle sollten mithelfen, dass es besser wird.

Als die Rechtschreibreform 1996 auf den Weg kam, waren alle verwirrt: Warum schreibt die *Frankfurter Allgemeine Zeitung* nach der alten Rechtschreibung, die *Süddeutsche* aber nach der neuen? Ein Land, mehrere Rechtschreibungen, konnte das sein? Heute wissen wir: Ja, das kann sein. Unser Land hat mittlerweile fast so viel Rechtschreibvarianten wie Einwohner, was einerseits nervt, andererseits auch eine gewisse Entlastung mit sich bringt. Diese Freiheit zeigt sich auch im Gebrauch von Binnen-Doppelpunkten, Gendersternchen und inklusiver Sprache. Wer eine bestimmte Diktion hat, kann sie auch anwenden (von menschenverachtenden Ausdrücken mal abgesehen). Das bedeutet, dass jeder, der ein gesellschaftspolitisches Anliegen hat, dies auch durch seine Grammatik und Wortwahl zum Ausdruck bringen kann. Diese Selbstpositionierung ist ein kreatives Mittel der Selbstentfaltung, und sie kann helfen, dass marginalisierte Gruppen sich nun endlich angesprochen statt mitgemeint fühlen. Dies mag für einen selbst der richtige Weg sein, doch man darf nicht erwarten, dass alle anderen ihn begeistert mitgehen möchten. Das Thema ist komplex, gerade die Generation 55 plus ist noch umgeben von einer hauptsächlich *weißen* Gruppe, die niemanden mit einer Geschlechtsangleichung kennt. Wer Menschen, für die das Thema abstrakt ist, als Ignoranten und Rassisten verurteilt, überzeugt so auch niemanden. Und man vergisst, dass diese Generation andere Kämpfe geführt hat, von denen man vielleicht auch profitiert hat.

Und wem diese Entwicklung zu schleppend vorangeht, der kann sich immerhin damit trösten, dass das Bewusstsein für Homophobie, Transfeindlichkeit und Alltagsrassismus in unserer Gesellschaft wächst – und sich aktiv für mehr Gerechtigkeit vor der eigenen Haustür oder im eigenen Stadtviertel einsetzen. Sich auf Twitter oder Instagram über Frau Schöneberger und ihre Sauce ohne festen Wohnsitz zu beklagen, ist eine Sache. Eine andere ist es, selbst tätig zu werden und sich mit anderen Gleichgesinnten für andere Menschen einzusetzen.

Im Netz

In den letzten 10 Jahren hat unser Sozialleben eine Umwälzung erlebt, die manche in ihrem revolutionären Rums mit dem Buchdruck vergleichen. Da ist sie, die neue bunte Welt der weltweiten Verbundenheit, und wie immer in Zeiten des Umbruchs ist das Spiel vor den Regeln da.

Versehentlich ausgelöste Shitstorms, unbedachte Tweets, die den Job gefährden, Datenschutzleaks, flottierende Nacktbilder – Social Media bergen Risiken, die auf den ersten Blick abschrecken. Aber die Nebenwirkungen werden von Millionen ignoriert und sogar wissentlich in Kauf genommen, weil es sich lohnt. Denn einerseits sind viele der Plattformen mittlerweile so tief in unserer sozialen Interaktion verankert, dass die Verweigerung unzeitgemäß erscheint, und andererseits macht es auch sehr viel Freude, seine Freunde zumindest virtuell um sich zu haben. Und wie sollte man Wartezeiten und Zugfahrten ohne den ständigen bunten Fluss an Informationen, Chats und Tiervideos überstehen?

Tinder

Was ist das?

Tinder funktioniert wie ein Barabend – ein erster optischer Eindruck, ein kurzer Austausch, und danach wissen Sie, wie es weitergeht. Ein bis fünf Bilder, Alter, Name und eine kurze Beschreibung sind alles, was Sie von den anderen Nutzern in Ihrer Nähe sehen. Dann entscheiden Sie aufgrund dieses ersten Eindrucks, ob Sie Interesse haben oder nicht. Die Guten ins Töpfchen, die Schlechten zurück in die Cloud. Wenn der oder die andere auch nach rechts gewischt hat, haben Sie ein »Match!« und können nun direkt miteinander chatten. Und wie in der Bar ist nach wenigen Sätzen klar, ob Sie morgen »ganz früh aufstehen müssen« oder die Telefonnummer tauschen möchten. Die App greift nach Freigabe auf die Instagramdaten und Spotify-Musiklisten zu, um gegebenenfalls gemeinsame Musikinteressen anzuzeigen oder einen noch privateren Einblick in das Leben des anderen zu ermöglichen. 2012 wurde das Unternehmen gegründet, aktuell hat es 12 Millionen Nutzer und täglich 26 Millionen Matches. Es ist ein deutlicher Männerüberschuss (75 Prozent der Nutzer) zu verzeichnen. Nur recht wenige der Matches führen tatsächlich zu einer Verabredung (20 Prozent), die wiederum nicht zwangsläufig in einem kurzen Abenteuer oder einer Beziehung enden müssen.

Warum bringt es Spaß?

Keine umfangreichen Selbstkundgaben bei der Einrichtung, simples Wischen, voyeuristische Freude an den Profilen, einfache und schnelle Kontaktaufnahme. Der Erfolg der App ist so groß, dass sogar das Verb »tindern« den Weg in unseren

Wortschatz geschafft hat. Das Swipen ist noch niedrigschwelliger als ein Barbesuch, man muss nicht einmal das Sofa verlassen oder die Zähne putzen, um seine eigene Attraktivität auszutesten und Kontakt mit der Außenwelt aufzunehmen. Und tatsächlich hat man, insbesondere in den Großstädten, sehr schnell sehr viele Matches, mit denen zu chatten wirklich Spaß machen kann. Dabei erweitern Sie den eigenen Laichgrund auf andere Reviere als Büro und Sportverein. Mittlerweile nutzen viele internationale User die App, um schon vor einer Reise oder einem Auslandsaufenthalt Kontakte zu knüpfen und Ausgehtipps von Einheimischen zu erhalten, dabei geht es schon lange nicht mehr nur um Sex. Neben den überraschenden Treffern außerhalb der eigenen Zielgruppe können Sie aber auch hier auf Ihre zielgenaue Blickdiagnose vertrauen, die meisten Matches sind in Ihrer demographischen Peergroup und taugen damit auch durchaus als langfristiger Partner.

Schattenseiten

Hier probiert der eine oder andere Identitäten aus, die mit der Wirklichkeit wenig zu tun haben. Die Fotos sind »nicht aktuell« (oder waren es nie), die Beziehungsstatusangaben nicht wahrheitsgetreu, und wenn man den Jobangaben glaubt, dann wird mit dem Eintritt in die Ärztekammer und dem Abschluss des Architekturstudiums automatisch ein Tinder-Account angelegt. Die Mühe, sich wie in der Bar eine Exitstrategie zurechtzulegen, geben sich wenige, sondern antworten einfach nicht mehr, wenn ein anderes Match oder das Fernsehprogramm spannender ist. Wenn ein Chat nach fünf Sätzen abbricht, mag das noch schmerzlos sein, aber nach zwei Wochen täglichen Schreibens und in der Planung eines ersten Treffens haben die Gefühle im Chatdurchlauferhitzer bereits eine solche Temperatur erreicht, dass die Abkühlung durch Ghosting (das Gegenüber antwortet gar nicht mehr) und Benching (sie werden zu den anderen Auswechselspielern der Datingwelt auf die Wartebank gesetzt) wehtut. Aufgrund der vielen Kontakte ist auch die Korbfrequenz sehr hoch – und wenn es beim Swipen noch ein Vorteil ist, dass Sie die Couch nicht verlassen müssen, schmerzt die Ablehnung in der eigenen Komfortzone mehr als in einer Bar. Außerdem führt der permanente Nachschub zu dem Eindruck, da draußen wartet nicht nur mehr, sondern vor allem Besseres. So bricht man den Kontakt zu einer Person schneller ab, als es in einer Begegnung in der Wirklichkeit möglich wäre: ein langweiliges Hobby, eine falsche Antwort, und weiter geht es zu einer anderen Konversation. So viel Oberflächlichkeit würden Sie in realiter niemals an den Tag legen. Zu viel des Ganzen perforiert also nicht nur Ihr Selbstwertgefühl, wenn trotz gefilterter Oberfläche kein Interesse mehr besteht, sondern korrumpiert Ihren Charakter und Ihre Chancen auf eine echte Bindung.

Regeln

Dieser Jahrmarkt der selbstoptimierten Eitelkeiten ist nichts für gutgläubige Liebessuchende: Selbst in der schummrigen Barbeleuchtung und durch den Weißweinfilter eines Ausgehabends hindurch erhalten Sie ein realistischeres Bild Ihres Flirtpartners. Ziehen Sie also ruhig 20 Prozent von der eigenen Begeisterung ab, wenn Sie sich die Profilbilder ansehen. Und was die Eigendarstellung angeht, wählen Sie ein gutes, aber nicht zu gutes Foto von sich aus, um die Bild-Wirklichkeits-Schere nicht zu groß ausfallen zu lassen, schließlich wollen Sie das erste Date ja nicht mit einem enttäuschten Blick beginnen. Wenn Sie ein Zitat oder einen kurzen Text in Ihr Profil integrieren, gibt das Ihrem Match ein erstes Thema vor. Eine kleine Marktrecherche lohnt sich, fragen Sie einen Freund des anderen Geschlechts, ob er Ihnen einen Blick auf seine Matches erlaubt. Dann sehen

Sie, wie sich die Konkurrenz präsentiert, und können durch Originalität punkten, indem Sie die Plattitüde du Jour vermeiden. »Wenn du bei unserem ersten Treffen nicht so aussiehst wie auf deinen Fotos, dann zahlst du die Drinks, bis du wieder so aussiehst«, ist schon bei der ersten Lektüre weder charmant noch lustig. Auch Aussagen darüber, was man alles NICHT sucht (bitte keine Raucher, Lügner, Instagram-Girls, Verheiratete, Kleine, Dicke, Dünne, Dumme…), wirken nicht nur unfreundlich und oberflächlich, sondern auch so, als seien Sie sich für Ihren eigenen Datingpool zu fein.

Für den ersten Chat können Sie sich Antworten auf Fragen nach Job, Karriere, Ganzkörperbilder, Telefonnummer und sexuelle Präferenzen zurechtlegen, das wirkt allerdings schnell hölzern und weniger charmant als eine spontane Reaktion. Schauen Sie sich das Profil Ihres Matches an und finden Sie etwas, das vielleicht nicht jedem auffällt. Gehen Sie den ersten Schritt, sagen Sie einfach »hallo« und schauen, was kommt. Stellen Sie Fragen, interessieren Sie sich für den anderen. Und nirgends ist der kategorische Imperativ so sinnvoll wie beim Spiel mit Sex und Gefühlen. Verteilen Sie den Korb, den Sie gerne erhalten würden. Denn für das Selbstwertgefühl aller Beteiligten gilt Schopenhauers Insekten-Bonmot: »Jeder dumme Junge kann einen Käfer zertreten, aber alle Professoren der Welt können keinen herstellen.« Antworten Sie auf Nachfragen, sagen Sie offen, wenn kein Interesse besteht. Wenn Sie einmal beschlossen haben, dass es für Sie nicht passt, greifen Sie nicht frustriert auf die B-Riege zurück, wenn die A-Riege nicht schnell genug antwortet. Natürlich müssen Sie auf zu direkte sexuelle Anmachen nicht antworten – wenn Sie in einer Bar bei so einem Satz wegrennen würden, müssen Sie auch hier nicht höflich sein. Ansonsten gilt, dass Sie hier Ihre Flirtfähigkeiten schleifen, Ihren Marktwert testen und sogar ein Date im echten Leben ausmachen können – und, wer weiß, vielleicht

finden Sie dabei die große Liebe oder knüpfen enge Freundschaften.

Facebook

Was ist das?

Facebook versteht sich als soziales Netzwerk, das klingt nett
und nach Freunden. Immerhin sind mehr als zwei Milliarden
Menschen registriert, davon allein 375 Millionen in Europa. Das
macht es zum größten Pausenhof des Internets. Schon bei der
Gründung des Unternehmens 2004 an der Universität Cam-
bridge kristallisierte sich so viel visionärer Gründergeist wie
Machtkalkül heraus, dass sie bereits sechs Jahre später verfilmt
wurde. Facebook ist nicht nur eine der drei meistbesuchten
Websites weltweit, mit Facebook, Messenger, WhatsApp und
Instagram gestaltet der Konzern maßgeblich die sozialen Inter-
aktionen seiner Kunden.

Warum bringt es Spaß?

Facebook ist die Stammkneipe Ihres Lebens, hier steht Ihr soziales Umfeld in Grüppchen herum, transparent, gutwillig,
offen. Sogar Fremde sind für Sie da: Sie ringen mit einer selte-
nen Krankheit, Sie haben einen speziellen Ernährungsstil, Sie
suchen Kontakt zu Menschen, die auch zutiefst beschämt sind,
wenn sich eine automatische Tür nicht öffnet? Egal, welches
Anliegen Sie haben, hier finden Sie Mitstreiter und fühlen sich
gleich etwas weniger seltsam.

Das Versprechen von Facebook, Menschen miteinander zu
verbinden, hat sich jedenfalls bewahrheitet. Mit einem Satz ist
man durch die Chatfunktion im Gespräch, nie war es leichter,

Kontakt zu seiner Vergangenheit zu halten. Und auch als Inspiration ist Facebook hervorragend. Sie suchen ein kleines, aber nicht zu teures Hotel in Amsterdam, ein gebrauchtes Puky-Rad oder einen Glaser? Menschen lieben es, gute Tipps zu geben, und die Weisheit des Schwarms ist schwer zu übertreffen. Das Schönste auf Facebook ist der eigene Geburtstag. Durch die überraschenden Grüße von den Bekannten aus der zweiten Reihe fühlt man sich geradezu popstarhaft geliebt.

Schattenseiten

Mit den Nebenwirkungen von Facebook befassen sich nicht nur entnervte User, sondern auch Anwälte und ganze Parlamente. Denn Facebook ist eben nicht die harmlose Freundschaftsmaschine, die es gerne vorgibt zu sein. Die Nutzer zahlen mit ihren Daten und ihrer Aufmerksamkeit, aber Facebook keine Steuern. Die Algorithmen tun alles, um Sie bei der Stange zu halten. Es werden Beiträge angezeigt, die den eigenen Einstellungen entsprechen, je schriller, desto besser. So wird die Realität verzerrt, die berüchtigten Filterblasen entstehen, und plötzlich gibt es für die abseitigsten Meinungen (Impfen verursacht Autismus, Angela Merkel ist ein Echsenmensch) eine Nische und ein Wir-Gefühl. Politische Konflikte werden aufgeheizt, Hetzjagden auf politische Minderheiten werden geschürt, Brexit und Donald Trump wären ohne Facebook nicht möglich geworden. Fake News sind schon tausendmal um den Planeten, bevor die Wahrheit sich auch nur die Schnürsenkel zugebunden hat.

Facebook hat mit den Likes eine Droge erfunden, die manchmal als schön, oft aber auch als quälend empfunden wird (vor allem durch deren Abwesenheit). Sie vertrödeln Ihre wertvolle Lebenszeit mit Fake Friends, Katzencontent oder dümmlichen Beiträgen, anstatt echte Menschen im echten Leben zu treffen. Die Diskrepanz zwischen wahren Persönlichkeiten und der

Facebook-Selbstdarstellung ist manchmal so groß, dass ehemalige Sympathieträger zu Biestern der Eigen-PR werden. Mittlerweile ist es auf Facebook verpönt, Niederlagen und alles, was verletzlich macht, zu posten, sodass sich schnell das Gefühl einstellt, man sei mit seinem überzogenen Konto allein, während der Rest der Welt auf Ibiza herumtobt. Und was den Geburtstag angeht – wer jemals ein kompaktes »HG!« zum Geburtstag auf seine Pinnwand gestempelt bekommen hat, weiß, dass es hier nicht um echte Herzlichkeit, sondern auch um Bequemlichkeit geht – und das widerspricht dem Prinzip von Freundschaft so sehr wie gar kein Glückwunsch.

Regeln

Ihr Facebook-Feed, Ihre Regeln! It's your party and you cry, if you want to – dieses Lied wurde eigens für die Menschen geschrieben, die sich in ihren Feeds heimisch einrichten, ihr Image kuratieren oder, Gott bewahre, sich am Ende so geben, wie sie wirklich sind. Dabei sollte man es allein aus Sicherheitsgründen so seicht wie möglich halten. Facebook ist die richtige Bühne für Ihren Kuchen, Ihre Apfelernte, Meerblicke, harmlose Partymomente. Was nicht auf Facebook gehört: die Bilder Ihrer Kinder, Gerüchte und alles, womit Sie Ihre Mitmenschen blamieren – und da hat jeder eine andere Schmerzgrenze. Verboten sind Nippel, Penisse, Gerüchte und Beleidigungen. So weit die groben rechtlichen Vorgaben.

Allerdings sollte man den Rahmen allein aus Selbstschutz noch ein wenig enger ziehen: Viel Haut und Liebeskummer teilen sich besser nur mit dem engsten Freundeskreis, Hymnen auf das eigene Leben lassen schnell Rückschlüsse auf andere Defizite zu.

Sie haben den ehemaligen Sitznachbarn aus der Grundschule auch nicht über Ihr Ferienhaus und die Biopsieergebnisse informiert. Also gibt es keinen triftigen Grund, es auf Facebook zu tun. Lassen Sie sich nicht beim Lästern ertappen, verwickeln Sie sich nicht in sinnlose Diskussionen: Wenig bekommt mehr Aufmerksamkeit als eine Facebook-Battle, und in kürzester Zeit ist jede Menge Porzellan zerdeppert. Fragwürdige Posts vermeintlicher Freunde sollte man erst einmal unter vier Augen oder im Chat ansprechen, bevor man jemandem vor versammelter Mannschaft zu verstehen gibt, wie wenig man von seinen politischen und persönlichen Überzeugungen hält; wird es zu rassistisch oder gaga, ist es gerechtfertigt, kommentarlos auszusortieren. Argumentieren bringt ja auch nichts: Kein Impfgegner ist je durch eine Facebook-Diskussion umgestimmt und kein AfD-Wähler vom Sinn der »Systempresse« überzeugt worden, im Gegenteil: Facebook-Diskussionen sind missverständnisanfällig und aggressionsgeladener als ein Pitbullzwinger. Ausnahme: Freunde oder die Grundwerte unseres Zusammenlebens werden vor Ihnen angegriffen, dann sollten Sie ein Zeichen setzen. Ansonsten meiden Sie jedes Trollterrain und machen auch selbst keines auf – stehen Sie im echten Leben für Ihre Überzeugungen ein, da ist Ihre Energie besser investiert.

Rechtschreibung und Grammatik sind die halbe Miete, wenn es darum geht, auf Facebook einen halbwegs intelligenten Eindruck zu machen. Nur Freaks schreiben in gesperrten Brüllbuchstaben; Rudel-Ausrufezeichen sind etwas für Menschen, die ihrer eigenen Pointe nicht über den Weg trauen, und Hashtags ein Zeichen dafür, dass Facebook nicht verstanden wurde. Facebook mag zwar 60 000 Zeichen pro Post zur Verfügung stellen, doch auch hier gilt: Je kürzer, je lieber.

Tun Sie sich einen Gefallen und erstellen Sie Gruppen, damit Sie steuern können, ob die Kollegin aus der Personalabteilung oder Ihre vier besten Freunde Ihre Posts zu sehen bekommen. Und ohnehin: Bleiben Sie ruhig geheimnisvoll, Sie müssen Ihr Leben nicht in Echtzeit abbilden. Ferienbilder gehören zu den meistgehassten Posts, ebenso demonstrativer Paarlauf. Babys finden vor allem die dazugehörigen Eltern spannend, Kartoffelbrei sieht nur bei Foodbloggern gut aus. Fragen Sie nichts, was Sie auch selbst googeln können, und bemühen Sie sich um unterhaltsamen Content. Kleine Beobachtungen, Selbstironie, ein Artikel aus einer – idealerweise – fremdsprachigen Tageszeitung sind wesentlich geistreicher als Beiträge über das Wetter und Glutenintoleranz.

Machen Sie sich gelegentlich klar, wie absurd es ist, Ferienziele, Restaurantbesuche oder sonstige Erlebnisse zu teilen; ein Urlaubsfoto ist okay, 95 Bilder im Ordner »Kambodscha 2018« zu viel. Zurückhaltung gilt erst recht für Wutausbrüche – Hasstiraden gegen die Deutsche Bahn und die Telekom mögen zwar opportun sein, aber Negativität gibt es auf Facebook auch ohne Ihr Mitwirken im Überfluss. Bitte versuchen Sie nie, Ihren Freunden irgendwelche Produkte zu verkaufen, laden Sie sie nicht zu Farmville ein. Ihre Laufroute interessiert vor allem potenzielle Einbrecher. Vermeiden Sie bitte so genanntes Humblebragging, also die Strategie, Erfolge als Probleme zu tarnen und dergestalt in die Welt zu tröten: »Wie gibt man eigentlich Autogramme, ich bin doch gar kein Promi???« Ihre Freunde durchschauen das sofort – und Sie sehen aus wie ein Angeber, der noch nicht einmal zu seiner Eitelkeit stehen kann. Benutzen Sie auch nicht »Dankbarkeit« als Vehikel, um mit Ihrem Leben hausieren zu gehen, denn der Effekt ist ähnlich. Dann feiern Sie Ihre Erfolge lieber direkt, ab und an kann das der Freundeskreis schon verkraften.

Instagram

Was ist das?

Dackelbabys, Youngtimer und Städtetrips der Freunde, Selfies der Stars und Werbung großer Firmen – Instagram basiert auf geposteten Fotos, die mit Filtern bearbeitet und mit Hashtags und Beschreibungen versehen werden können. Sie entscheiden, wem Sie folgen und ob Ihre Inhalte öffentlich oder nur für Ihre Freunde sichtbar sein sollen. Eine Messengerfunktion ermöglicht den direkten Kontakt mit anderen Usern. Neben den permanent sichtbaren Bildern in Ihrem Account gibt es noch die Storys, also Videos und Bilder, die Sie mit Gifs, Texten oder Musik versehen können und die sich nach 24 Stunden löschen, und Instagram TV, das längere Videobeiträge ermöglicht. Gegründet wurde das Unternehmen 2010 und hat bisher eine Milliarde Nutzer. Es gehört zu Facebook, weshalb die geposteten Storys auch gleichzeitig auf Facebook veröffentlicht werden können.

Warum bringt es Spaß?

Das Urlaubsbild, das Törtchen, der Fund am Laternenpfahl, ein Midcentury-Sideboard: Instagram ermöglicht, die Freude am eigenen Leben zu teilen, und ersetzt gewissermaßen die Urlaubspostkarte. Sie entscheiden, was in Ihrer Filterbubble erscheint, ob Sie sich für Restaurants, Architektur, Design, Mode, Memes oder nur für Ihre Freunde interessieren. Manchmal findet man hier sogar die Liebe: Der englische Innenarchitekt und Cousin von Prince Charles, Ashley Hicks, lernte seine amerikanische Frau Katalina Sharkey de Solis über Instagram kennen. Wenn auch nicht jeder hier den britischen Adligen fürs Leben trifft, Menschen mit ähnlichen Interessen kann man hier definitiv finden. Prokrastination war nie unterhaltsamer.

Schattenseiten

Alle zeigen sich hier von der Sonnenseite, insbesondere die Influencer, die mit der eigenen mehr oder weniger schillernden Persönlichkeit Produkte verkaufen wollen. Dabei ist es vor allem die Lifestyle-Branche, die hier wirbt und deren Trends hier beginnen. Sich so zu schminken, als sei man ungeschminkt, begann mit dem Hashtag #wokeuplikethis, unter dem angeblich frisch erwachte Insta-Beautys ihren »authentischen« Look feierten, der nur mithilfe von Concealern und Foundation gegen die Augenringe und mehreren Filter-Iterationen möglich geworden war. Selbst »realness« ist hier künstlich erzeugt. Diese absolute Artifizialität und der immerwährende Sonnenschein lassen die eigene Knüselfrisur und die unordentliche Wohnung noch unerträglicher erscheinen. Für genau dieses Gefühl gibt es den Fachbegriff FOMO: Fear of missing out. Zahlreiche Studien belegen, dass die Depressionsanfälligkeit durch Nutzung sozialer Netzwerke, insbesondere durch Instagram, steigt. Werden Sie schnell neidisch, und erscheint Ihnen Ihr Leben ohnehin defizitär? Laden Sie diese App bloß nicht herunter!

Regeln

Ihren Freunden sollten Sie schon aus Interesse und Höflichkeit folgen. Seien Sie bei Ihren engen Sozialkontakten freigebig mit Herzchen, auch wenn Sie sich nicht wirklich für den letzten Skitrip Ihrer Cousine interessieren. Denn Follows und Likes sind hier die Beliebtheitswährung, die so kostbar ist, dass sich darum eine ganze Industrie entwickelt hat. Wenn allerdings ein

Unternehmensprofil mehrere Herzchen auf wahllosen Bildern aus Ihrem Stream hinterlässt oder Ihnen folgt, dann ist nicht der PR-Mensch in virtueller Liebe zu Ihnen entbrannt, sondern auf der anderen Seite vermutlich ein Bot tätig – ein kleines Programm, das dazu dient, potenzielle Interessenten zu identifizieren. Ignorieren Sie diese Werbung, Sie bedanken sich ja auch nicht für den Katalog im Briefkasten.

Die Hashtags unter Bildern dienen der besseren Auffindbarkeit. Ist Ihr Ziel, viele Follower zu gewinnen und sich weltweit zu vernetzen, sind Hashtags dafür die Voraussetzung. Dabei sollten Sie aber bedenken, dass auch Ihre bereits gewonnenen Follower Ihre Hashtags sehen und eine Kaskade aus #yolo #deep #nofilter #followforfolllow #likeforlike schnell ebenso geschmacklos wie verzweifelt wirken kann. Ob Sie Ihre Bildunterschriften deutsch oder englisch verfassen, sollten Sie am Ist-Zustand Ihrer Follower abschätzen. Sind Ihre 50 Instagram-Freunde tatsächliche Freunde, mit denen Sie sich sonst auf Deutsch unterhalten, schreiben Sie einfach auf Deutsch, alles andere wirkt schnell albern.

Ob Sie eine Person in einem Bild markieren, machen Sie von Ihren Privatsphäre-Einstellungen, der Unverfänglichkeit des Motives und der Beziehung, die Sie verbindet, abhängig. Ihr Profil ist nicht öffentlich, Sie markieren Ihren Partner im Sonnenuntergang über der Ägäis: alles bestens. Sie sind mit Ihrem Chef auf einem Businesstrip und sind nach 13 Stunden Flug endlich verschwitzt am Ziel angekommen? Verkneifen Sie sich nicht nur die Verlinkung, sondern den ganzen Post.

Auch wenn die Neugierde und der Schmerz groß sind, meiden Sie die Accounts verflossener Lieben. Wenn Sie die Urlaubsfotos Ihres Expartners oder, noch schlimmer, das Selfie mit der neuen, noch größeren Liebe sehen, wird es schwer, die 50 Prozent Filteraufschlag vom Glück abzuziehen. Das Profil eines Flirts oder der verhassten Kollegin zu durchwühlen ist genau so lange unterhaltsam, bis Ihr Finger beim Scrollen verrutscht und Sie versehentlich ein Herzchen unter einem Apfelkuchen vom 21.8.2014 verlieren. Jetzt hilft nichts mehr, der andere sieht sofort, dass Sie gerade in der Rumpelkammer seines Feeds wühlen. Und überhaupt, das ist wie ein Blick in fremde Tagebücher, entweder finden Sie nichts oder etwas, das Ihnen wehtut. Der geballte Blick ins Leben anderer Leute hinterlässt entweder einen schalen Nachgeschmack oder steigert das Empfinden der eigenen Unzulänglichkeit noch weiter.

Twitter

Was ist das?

Twitter wurde 2006 als SMS-Service gegründet, der es den Nutzern ermöglichen sollte, alle Kontakte mit einer Massennachricht zu kontaktieren. Die einzelnen Tweets waren anfangs auf 140, mittlerweile auf 280 Zeichen limitiert. Tweets können gelikt, retweetet und kommentiert werden. Hashtags dienen dazu, verwandte Postings einfach auffindbar zu machen. Schon schnell entwickelte sich daraus der Trend des Microbloggings, seine Follower mit pointenreichen Anekdoten aus dem Alltag oder politischen Meinungen zu versorgen. Die 1,8 Millionen deutschen Twitter-User sind zu 75 Prozent männlich, über 30 und haben in der Mehrheit zumindest Abitur.

Warum bringt es Spaß?

Twitter ist das neue Zuhause für all die klugen und schlagfertigen Antworten, die uns zu spät einfallen. Jemand drängelt sich frech vor, ein Rentner grantelt Ihr Kind an? Selten haben wir die souveräne Retourkutsche parat, die die Demütigung des

Alltags in eine Komödie verwandelt hätte. Mit einem Tweet lassen sich diese verpassten Chancen nachholen und die Zustimmung durch Likes und Retweets einsammeln.

Auch für Karrieristen ist es ein hervorragendes Habitat, um auf Leistungen und Erfolge hinzuweisen und zu verlinken. Das wird zwar peinlich, machen aber so viele, dass es nicht weiter auffällt. Zugleich ist man Teil der vernetzten Weltgemeinschaft: Sie haben einen Account, genauso wie Taylor Swift, die dort manchmal sogar auf die Anliegen ihrer Fans eingeht. Unternehmen nutzen Twitter für Werbung, Selbstdarstellung und Kundenkontakt, Politiker für volksnahe Kommunikation. Barack Obama ist mit über 100 Millionen Followern weltweit Spitzenreiter, Donald Trump tweetet an seine 55 Millionen Abonnenten nicht nur seine Sicht der Weltpolitik (und bringt damit die Diplomaten reihenweise um den Verstand). Er schlief auch inmitten eines Tweets ein und erfand dabei den rätselhaften Gemütszustand #covfefe.

Überhaupt, die Hashtags: #Aufschrei, #MeToo, #metwo – die Sexismus-Debatte hat es aus den Tweets in die Zeitungen, Fernsehsendungen und Partyrunden geschafft. So undifferenziert Debatten dort auch manchmal ablaufen, sie werden definitiv von den Mainstream-Medien wahrgenommen und weiter in die Gesellschaft getragen. Und sie haben manchmal auch die Kraft, siehe #MeToo, sehr vieles sehr schnell zu verändern. Damit wäre die Frage der Relevanz auch geklärt.

Schattenseiten

Hobbyaktivisten, Fürsprecher in eigener Sache, Menschen mit Schlagfertigkeitssehnsucht – Twitter drückt jedem ein Megafon in die Hand. Als Leser ist das Vergnügen allerdings begrenzt: Die Witze sind eine sich wiederholende Pointenschleife, irgendwann lesen sich die Tweets wie die große Nacht der deutschen Comedians, wo alle nur noch aus Erleichterung lachen, weil sie die Pointe schon nach dem ersten Satz erraten haben. Auch politische und gesellschaftliche Debatten werden zwangsläufig auf 280 Zeichen verkürzt, und nicht erst durch Donald Trump hat die Glaubwürdigkeit der hier verbreiteten Meldungen stark gelitten. Hier ist die Stimmung ein wenig wie auf einer Party, die nicht in Schwung kommt. Irgendjemand doziert gerade über sein politisches Steckenpferd, ein anderer tratscht Gerüchte weiter, und drei Studienräte versuchen sich mit schlagfertigen Pointen zu überbieten. Die restlichen Gäste gehen schnell wieder. Die meisten Konten sind verwaist, weil jeder mal schauen, aber kaum jemand bleiben will. 44 Prozent der User verlassen die Plattform wieder, ohne jemals einen Tweet verfasst zu haben.

Regeln

Twitter ist wie Fußball, manche spielen, viele schauen zu. Die Erkenntnis, dass das Talent nicht für die Seniorenmannschaft des 1. FC Erbsing reicht und die Zuschauerbank die sicherste ist, kann sehr vernünftig sein. Niemand zwingt Sie, eigene Tweets zu posten. Sie dürfen bei Mesut Özil und Katy Perry auch dann mitlesen, wenn Sie selbst nichts erzählen möchten. Benutzen Sie Twitter nicht, um persönliche Bestätigung zu erhalten. Es ist so entwickelt, dass die meisten Menschen sich wie Loser fühlen, weil sie weniger Fans als Beyonce und ihr Systemadministrator mit den seltsamen T-Shirts haben. Noch viel schlimmer wird die Sache durch Erfolg. Plötzlich stehen Sie unter Performancedruck, wollen den erratischen Fans alles recht machen und lassen sich auf ein Rattenrennen ein, das Sie nur verlieren können – irgendwer wird immer mehr Follower haben als Sie.

Folgen Sie nicht wahl- und zahllos jedem, sondern schaffen Sie sich einen Feed, der Ihre Interessen im wahren Leben widerspiegelt oder Sie mit Beiträgen zu einem bestimmten Thema versorgt. Wählen Sie sorgfältig: Ihre Lebenszeit ist begrenzt und der intellektuelle Beifang immens. Im Gegensatz zu Instagram müssen Sie hier nicht all Ihren Freunden und Bekannten folgen, außer diese folgen Ihnen. Und tragen Sie es mit Fassung, wenn jemand, dem Sie folgen, Sie nicht zurückabonniert: C'est la vie.

Bei Twitter benötigen Sie Hashtags, um von anderen Menschen überhaupt gefunden zu werden. Diese haben sich zu einem eigenen Stilmittel entwickelt, trotzdem sollten zwei bis drei pro Beitrag ausreichen #erfindensiekeinealbernenhashtagsdieaußerihnensowiesokeinerbenutzt.

Ideal ist Twitter für Menschen mit Spezialgebiet, einer Mission oder einer kleineren Fangemeinde. Es gehört sich, die Tweets anderer Leute zu teilen und auf deren geistreiches Innenleben hinzuweisen. Dies kann als Retweet oder mit der Markierung »via« geschehen, dann freuen sich alle. Was niemanden freut, ist, sich Twittergedanken »auszuleihen« oder zu klauen – dies ist zwar rein juristisch kein Verstoß gegen das Urheberrecht, führt aber in die dunkle Gasse des schlechten Karmas.

Pointierte Meinungen sind auf Twitter gewünscht, dramatische Auseinandersetzungen mit Fremden unnötig – fragen Sie sich immer, ob Sie wirklich über genug Sachkenntnis verfügen (alles andere kommt wie ein Bumerang wieder zu Ihnen zurück, denn der Schwarm weiß alles), ob Sie etwas Sinnvolles beizutragen haben, ob Sie auch im wahren Leben derart engagiert wären und ob Sie damit leben können, wenn Sie bei anderen in Ungnade fallen oder, schlimmer noch, es niemanden interessiert.

Denken Sie bei allem daran, was Ihre Mutter, Ihr Vermieter und Ihr Abteilungsleiter davon halten könnten. Und, bitte, schreiben Sie niemals betrunken, Sie sind nicht Bukowski.

WhatsApp

Was ist das?

WhatsApp ist keine Entscheidung, sondern eine Notwendigkeit – 90 Prozent aller Smartphone-Besitzer nutzen WhatsApp mindestens einmal in der Woche. Über die Telefonnummer finden sich die Nutzer und können sich Nachrichten, Fotos, Videos, Sprachnachrichten, Emojis und Gifs schicken. Beliebt ist die Gruppenfunktion zur Organisation des Alltags (Kindergarten, Büro, Freunde, Gruppengeschenke, Familien). Der Messenger gehört wie Instagram zu Facebook und wurde 2009 gegründet.

Warum bringt es Spaß?

Sich als WhatsApp-Verweigerer zu outen führt schnell zu einem Ruf als aus der Zeit gefallener Bedenkenträger. Wer hier mit Datenschutz kommt, hat zwar recht, darf dann aber nicht mitspielen und die Kinder auch nicht, denn wie soll man das Sozialleben anders organisieren? Verabredungen, Einkaufsplanung, eine Nachricht an die Familiengruppe, dass die OP von Tante Hiltrud gut gelaufen ist, die Suche nach dem verlorenen Gummistiefel – alles läuft über WhatsApp, und das so gut, dass wir uns gar nicht mehr vorstellen können, wie es ohne ginge. Andere Messenger sind moderner gestaltet, datensicherer und ethisch besser aufgestellt, durch die Monopolstellung kann WhatsApp aussehen wie die Stadtwerke unter den Apps und bleibt dennoch Marktführer. Und schließlich ist WhatsApp so schön wie die Inhalte, die darin stattfinden; wenig sorgt für so viel Verbundenheit, wie dort gemeinsam die Kalamitäten des Alltags auszuhandeln. Ein Herzemoji mag zwar nur aus Pixeln bestehen, aber kann in manchen Momenten zwischen Welten-schmerz und Geborgenheit entscheiden.

Schattenseiten

Nichts hat ein so großes Nervpotenzial wie eine WhatsApp-Gruppe. Jedes Drama des menschlichen Miteinanders spielt sich ab, wenn zehn Mitglieder einen gemeinsamen Termin finden wollen. Es gibt immer jemanden, der mehr Ehrgeiz als Talent zur Organisation besitzt und sich dennoch begeistert der Sache annimmt; den einen, der immer doch nicht kann, wenn gerade ein Termin gefunden schien, die Labertasche, die alles, aber nichts Sinnvolles zu erzählen weiß, und den, der irgend-wann die Nerven verliert und eine Parallelgruppe aufmacht, in der dann fünf Mitglieder über die anderen lästern, bis einer versehentlich die letzte Spitze im falschen Chat postet. Kon-flikte zwischen Paaren werden von den beiden blauen Haken (du hast es gleich gelesen, aber erst zwei Stunden später geant-wortet), dem Online-Status und den Missverständnissen der Schriftform um mindestens 20 Prozent aufgeheizt.

Der durchschnittliche Nutzer versendet täglich 55 Nachrich-ten, wir gehen von einer Reaktionszeit von wenigen Minuten aus, wenn wir jemandem zwischen 9 und 22 Uhr eine Nach-richt schreiben. Die permanente Erreichbarkeit führt zu einem Rückkoppelungsbedürfnis in banalsten Alltagsfragen. Schauen Sie sich mal im Supermarkt um, wie viel Kaufentscheidun-gen erst nach einer Abstimmung per WhatsApp gefällt wer-den. Und auch am Schreibtisch, im Café und zu Hause auf der Couch liegt das Telefon meistens in Sicht- und Hörweite, um nichts zu verpassen. So reduziert man nicht nur die Konzentra-tionsfähigkeit, sondern auch die Qualität seiner echten sozialen Interaktion. Die Anzahl der Chatnachrichten wird zum Grad-messer der eigenen Beliebtheit und Verbundenheit. Dabei entsteht ein Stresslevel, das selbst durch Digital Detox, Flugmodus ab 21 Uhr und Handyverbot am Essenstisch kaum gesenkt werden kann.

Regeln

WhatsApp funktioniert nur mit Smileys, Gifs und Stickern. So wird alles freundlicher, lustiger, bunter. Die über 2 000 aktuell verfügbaren Emojis sind nicht nur international verständliche Piktogramme, sondern machen neben der Sach- auch die Gefühlsebene einer Nachricht vermittelbar, manche Nachrichten kommen ohne ein einziges Wort aus. »Wo bist du grade?« <3 :*« wirkt wesentlich weniger konfliktbeladen als die herzlose Frage. Jetzt ließe sich einwenden, wer es nicht schafft, seine Gefühle ohne Bildchen zu kommunizieren, sollte an seiner Sprache feilen; Konversationen, die so voller Tretminen sind, dass man sie mit Emojis entschärfen muss, gehören von Angesicht zu Angesicht geführt. Das ist aber derselbe Kulturkonservatismus, von dem Manufactum lebt, und ein Haus, das nur mit den guten Dingen von gestern ausgestattet ist, wäre so gemütlich wie eine Jugendherberge in den 1950er Jahren. Also trauen Sie sich, schicken Sie ein paar Herzchen und Häschen und finden Sie Ihren eigenen Lieblingssmiley. Dabei gibt es Emojis, deren Verwendung so zweideutig ist, dass es schon eindeutig ist (Aubergine, Tröpfchen, Pfirsich, Kirsche), und andere, bei denen jeder etwas anderes sieht. Falls Sie sich unsicher sind: Fragen Sie jemanden unter 25.

Die Lesebestätigung in Form der beiden blauen Haken führt zu Unbehagen, machen sie doch jede Chatnachricht quasi zu einem Einschreiben mit sofortigem Zustellungsnachweis. Technisch ist es mittlerweile möglich, die Lesebestätigung zu deaktivieren, damit sind Sie zwar dem Nachweiszwang entgangen, aber gehören einer Minderheit an. Andere lösen das Dilemma der blauen Haken, indem sie die Nachricht im Sperrbildschirm überfliegen und erst dann entscheiden, ob der andere wissen soll, dass seine Botschaft angekommen ist. Falls Sie sich noch nie darüber Gedanken gemacht haben, ob es ein passiv-aggressiver Akt ist, etwas zu lesen, aber dem anderen die Gewissheit zu verweigern, dass seine Nachricht angekommen ist: Fangen Sie gar nicht damit an, Paranoia gibt es in unserem Alltag auch so genug.

Für alle anderen: Sie sollten der Herr Ihres Telefons sein, nicht umgekehrt. Nur weil Sie etwas gelesen haben, müssen Sie nicht sofort antworten. Ist es gerade stressig, dann machen Sie alle Benachrichtigungstöne bis auf den Rufton für eingehende Anrufe aus. Dann lassen Sie das Telefon in der Tasche und konzentrieren sich auf das, was gerade wirklich wichtig ist. Sollte jemand vom Klettergerüst fallen, wird man Sie anrufen, und die Entscheidung, ob es statt der braunen Champignons auch Shiitake sein dürfen, kann auch ohne Sie getroffen werden. Und falls Sie sich dabei ertappen, dass Sie kontrollieren, ob andere Ihre Nachrichten unmittelbar nach dem Lesen beantworten, ist jetzt der Zeitpunkt für eine digitale Fastenkur gekommen.

Die Sprachnachricht, die insbesondere unter jüngeren Nutzern beliebt ist, ist ein digitaler Monolog für Tippfaule. Man mag jetzt zur Ehrenrettung einwenden, dass es zeitsparender und sicherer ist, ein kurzes Audiofile aufzunehmen, als tippend durch die Welt zu laufen. Aber für den Empfänger ist die Sprachnachricht weder nebenher abhörbar, noch ist auf den ersten Blick ersichtlich, ob es um einen Notfall oder einen Plauschfall geht. Die Sprachnachricht vereint die Nachteile eines Telefonats (lang und umständlich) mit denen der Asymmetrie der Textnachricht, da der Empfänger weder unterbrechen noch unmittelbar antworten kann. Möchten Sie also mit jemandem reden, rufen Sie an, möchten Sie jemandem einfach nur etwas mitteilen, schicken Sie einen Text.

In Organisationschats unter Kollegen, Kitaeltern und Partyplanern vermehren sich die Nachrichten wie Fruchtfliegen. Hier gilt: Tippen ist Silber, Finger stillhalten Gold. Die Diskussion, ob es vier oder fünf Kuchen geben muss, lassen Sie die ausfechten, die sich dafür interessieren, Sie teilen dann nur noch mit, ob von Ihnen Marmor- oder Käsekuchen kommt. 40 Nachrichten zur Planung des Laternenumzugs sind wesentlich schneller und unaufgeregter gelesen, wenn bereits jedes Lichtlein einzeln ausdiskutiert wurde. Machen Sie es wie die Queen, verkneifen Sie sich jeden Kommentar – sollte tatsächlich einmal Ihre Stimme der Vernunft fehlen, können Sie sie auch noch 20 Minuten später erheben, ein Chat ist kein neurochirurgischer OP-Saal.

Wichtige Diskussionen haben eine höhere Aussicht auf einen guten Ausgang, wenn Sie Ihr Gegenüber sehen, hören und gegebenenfalls in den Arm nehmen können. Dass Schlussmachen per WhatsApp stillos ist, sollte bekannt sein. Konzentrieren Sie sich auf die Stärken des Mediums: die unaufgeregte Abstimmung des Alltags und das Kleingeld der Zuneigung.

Sex und Social Media

Jedes erfolgreiche Medium (Bücher, Kupferstiche, Fotografie, Film, Homevideo) wurde sehr rasch für Pornografie genutzt. Nichts beflügelt die Kommunikation so sehr wie Sex, als Erstbesiedlung in jedem neuen medialen Habitat entsteht die Schmuddelecke. Kaum gab es Chatrooms, fanden sich dort die ersten Sexchats. Angeblich geht es in 25 Prozent aller Suchanfragen bei Google um Sex. Neben den vielen kommerziellen Anbietern von Pornografie, Livechats, Camsessions und Prostitution gibt es zahlreiche Webseiten, auf denen sich die Amateure der Liebe austauschen können. Tinder hat seinen Erfolg nicht zuletzt dem Ruf zu verdanken, hier würde jeder innerhalb von einem Tag ein Sexdate finden.

Warum bringt es Spaß?

Vor dem Sex steht der Flirt, die Anbahnung, die romantische Erwartung, die wachsende Lust aufeinander. Jahrhundertelang schrieb man sich Briefchen, dann flirtete man über das Telefon, und heute sind es zahllose Nachrichten per WhatsApp und Messengerfunktionen. Und es säuseln nicht nur Liebhaber im wirklichen Leben, es gibt auch Begegnungen, die ausschließlich im virtuellen Raum stattfinden. Und das nicht nur, weil es nicht für ein Treffen im wirklichen Leben reicht: Sexting ist eine Kommunikationsform, die sich selbst genügen kann. Man findet sich auf Tinder, tumblr oder Instagram, rasch ist das Thema der sexuellen Vorlieben da, und wenn beide Lust daran finden, spinnt man gemeinsam an einer aufregenden Fantasie. Dabei ist es leichter zu schreiben, was man niemals sagen, geschweige denn sich trauen würde, träfe man sich im wirklichen Leben. Viele sind nur deshalb in Dating-Apps wie Tinder unterwegs, weil sie einen Partner für den virtuellen Austausch suchen, nicht mehr.

Aber auch Paare, die nicht nur die Fantasie, sondern auch das Bett teilen, nutzen Chats, um sich gemeinsam zu vergnügen, Fernbeziehungen sind durch Facetime und WhatsApp einfacher geworden. Das verlockende Selfie mit dem Hinweis, dass man sich den anderen bei sich wünschte, ist für viele so selbstverständlich und alltäglich geworden wie früher die SMS.

In den 1980ern war es für einen homosexuellen Jugendlichen noch ein Glücksfall, eine Gruppe von Gleichgesinnten zu finden und Hilfe bei seinem Coming-out zu erhalten. Heute ist ein Forum voller Informationen nur eine Googlesuche entfernt. Die Vorstellung von dem, was es gibt, und wie man seine Vorlieben sicher und einvernehmlich ausleben kann, kann man heute ohne Ausflüge in schmuddelige Bahnhofsviertel formen. Planetromeo und Grindr verbinden schwule Männer weltweit miteinander, selbst auf dem so prüden Facebook findet sich für jeden eine Gruppe, und auch bei Xing und LinkedIn gibt es LGBQT-spezifische Karrierenetzwerke.

Schattenseiten

Auf Instagram, Tinder und Facebook sind nicht nur Sie rasant sexy, scheinbar sind es alle, und zwar immer. Das Duckface mit leicht geöffneten Lippen und verführerischem Augenaufschlag ist der Standardblick für Selfies. Die Kardashians sind für Po, Po, Po und Busen berühmt geworden und für Selfies in winzigen Bikinis und professioneller Pose. Die Selbstpornographisierung ist in der Mitte der Gesellschaft angekommen, und wie YouPorn und Pornhub hat das Ganze mit echtem Sex nur wenig zu tun. Wir schlafen nicht häufiger miteinander als vor 40 Jahren, im Gegenteil. Fast scheint es wie mit dem süßen Brei im Märchen: Überall sehen wir Sex, aber unsere Lust darauf sinkt mit dem Überangebot.

2014 wurden nach einem Hackerangriff massenhaft private Nacktbilder von Filmstars veröffentlicht, bekannt geworden unter dem unappetitlichen Begriff #thefappening, eine Neuschöpfung aus Happening und to fap, masturbieren. Spätestens da wurde klar, dass die Sicherheit der Daten, die wir in die Cloud hochladen und per Messenger versenden, mangelhaft ist. Selbst wenn Sie dem anderen vertrauen, dass Ihre Nacktbilder bei ihm sicher aufgehoben sind, heißt es noch lange nicht, dass die Aufnahmen nicht auf einem anderen Weg bei Dritten landen.

Regeln

Sex sollte sich davor, währenddessen und danach gut anfühlen, und genau diesen Maßstab sollten Sie anlegen. Je sicherer Sie sich fühlen, umso freier können Sie genießen. Entweder bleiben Sie so anonym, dass es kein Potenzial für Reue im Nachhinein gibt (keine vollständigen Namen, keine Bilder, die Sie kompromittieren könnten), oder Sie vertrauen Ihrem Gegenüber und den technischen Gegebenheiten so sehr, dass Sie keine Angst vor einer Bloßstellung haben. Dieses Vertrauen kann durch eine Symmetrie der Verletzbarkeit entstehen, wenn Sie also genauso viel über den anderen wissen und besitzen wie er, oder aber durch eine enge Beziehung. Die Berichte über Männer, die nach dem Ende einer Beziehung die Aufnahmen ihrer Exfreundinnen als »Revenge Porn« veröffentlichen, gebieten aber Vorsicht. Verschicken Sie am besten nur Bilder, auf denen Sie nicht erkennbar sind (zum Beispiel ein Bild Ihrer Brüste ohne Gesicht), oder Aufnahmen, die zwar sexy, aber nicht kompromittierend sind. Fragen Sie sich, ob Sie sich ins Bodenlose schämen würden, sollten Bekannte die Bilder sehen. Ist die Antwort Ja, verschicken Sie die Bilder nicht, egal, wie beharrlich Ihr Partner in Crime nachfragt, und respektieren Sie, wenn der andere Bedenken oder einfach keine Lust hat.

Bevor Sie überhaupt vor der Frage stehen, welche Bilder Sie teilen möchten, muss erstmal die Grenze zur Schweinerei überschritten werden. Dabei orientieren Sie sich am besten daran, wie Sie sich im wirklichen Leben annähern würden. Trifft man in einem Swingerclub aufeinander, ist die Hemmschwelle sicherlich eine andere als bei den Rotariern, und genau diese Regel gilt auch für die virtuelle Kommunikation. Schreiben Sie mit jemandem, der einen Pornoblog auf tumblr veröffentlicht, dann liegt das Sexthema eher auf der Hand als auf Instagram. Und nur weil Sie schon nach dem Blick auf das Facebook-Profilbild wissen, dass Sie in heißer Leidenschaft entbrannt sind, sollten Sie nicht das unaufgeforderte Penisbild oder die direkte sexuelle Anmache als Gesprächsintro versenden. Niemand knöpft am Bartresen die Hose auf, weil die Frau nebenan schöne Haare und ein entwaffnendes Lachen hat.

Vergessen Sie nicht, dass der andere ein Mensch mit eigenen Wünschen und keine Erfüllung Ihrer Vorstellungen ist. Sexting macht mehr Spaß, wenn nicht nur pornografische Klischees und Stereotypen produziert werden, auch versaute Komplimente machen größere Freude, wenn sie spezifisch und individuell sind, wenn man sich erkannt und gesehen fühlt. Aber egal, wie gut Ihre Imagination funktioniert: Riechen, schmecken, fühlen, hören und begreifen lässt sich Lust nur in der Wirklichkeit.

Beim ersten Date –
ein ABC der souveränen Annäherung

A wie Angst

Sie denken, dass die andere Person viel attraktiver/erfolgreicher/zeitgeistiger ist als Sie? Selbst die interessantesten Menschen lagern ein ganz eigenes Arsenal an Unsicherheiten und Ängste zu Hause unterm Bett. Jeder freut sich über Aufmerksamkeit, ein gutes Kompliment und Interesse, und die meisten Menschen finden es schön, bei Verabredungen Begehren auszulösen.

B wie Begeisterung

Es hilft immens, wenn Sie sich selbst sympathisch sind – wir reden hier nicht von grandioser Selbstverliebtheit und einer Auswahl Ihrer schönsten Selfies über Ihrem Bett – sondern davon, dass Sie sich, tief im Innersten, für eine liebenswerte Person halten, egal, was Ihre Mutter, Ihr Sportlehrer oder Ihre »beste« Freundin Ihnen eingeredet hat. In Ihrem Kopf sitzt tief und fest, dass Sie ein Wrack mit Daddy-Issues sind? Dann schreiben Sie eine Liste mit Dingen, die Sie an sich mögen – und wenn Sie es nur oft genug gelesen haben, dann glauben Sie irgendwann auch, dass Sie ein »stabiles Genie« sind.

Was die Begeisterung für andere angeht, so reden wir hier von dem größten (und günstigen) Aphrodisiakum seit der

Erfindung des Satzes »Natürlich hast du Recht«. Nichts berührt Menschen so sehr wie Interesse an ihnen. Allerdings sollte dieses halbwegs glaubwürdig und vor allem nicht allzu devot serviert werden – sonst landen Sie ganz schnell im erotischen Niemandsland, der sogenannten Friendzone.

C wie Chat

Nur weil sie jemanden 24 Stunden am Tag erreichen können, heißt das nicht, dass es eine gute Idee ist, ihn um 3 Uhr nachts per Chat darüber zu informieren, dass Sie gerade an ihn oder sie »denken« – lassen Sie es. Kommunizieren Sie mit der anderen Person um die gleiche Zeit, in der Sie sie auch im wahren Leben kontaktieren würden.

D wie Drink

In einer Gesellschaft, in der Selbstkontrolle der Weg zum Glück ist, bekommt ein gekühlter Weißwein eine besondere Bedeutung. Nicht nur dass er gut schmeckt, nach dem zweiten Glas wird der Zugang zu den Gefühlen leichter. Wir werden ein weniger mutiger, geistreicher, leuchten ein wenig heller – bis, ja bis, ähem. Gelallte Gedankengewölle sind unattraktiv, auf einer Liege aus der Bar transportiert werden, auch.

E wie Erwartungen

Eventuell finden Sie heute, was Sie suchen: die Frau fürs Leben, die fehlende DNS für ihre eingefrorenen Eizellen, Herzflimmern bis zum Rentenbescheid. Sogar Anthropologen glauben an die Liebe auf den ersten Blick, und irgendwann muss die Sache ja ihren Lauf nehmen. Trotzdem machen Sie sich das Leben einfacher, wenn Sie erst mal nur ein interessantes

Gespräch erwarten; nicht mehr und nicht weniger. Die Vorteile liegen auf der Hand: Der Performance-Stress nimmt ab, Leichtigkeit kehrt ein, und die Situation wird steuerbar, sofern Sie ein paar Themen im Kopf haben, die Sie nicht in letzter Sekunde auf gutefrage.net zusammengegoogelt haben. Und das Beste: Wenn das Gespräch nach 14 Stunden immer noch nicht vorbei ist, dann besteht immer noch die Möglichkeit, in die Verlängerung zu gehen.

F wie Fragen

Ja, Fragen: das alte Schlachtross der Gesprächsführung. Eigentlich kann man gar nichts falsch machen, wenn man sich für sein Gegenüber interessiert. Aber die Fragen, die Sie so brennend interessieren (vorherige Beziehungen, das Verhältnis zur Monogamie, Anzahl der aktiven Bettgeschichten), sind nicht zwangsläufig die Fragen, die man bei einem ersten Date beantworten will. Es gibt also Grenzen: wenn sich Ihr Gegenüber wie bei einer Flughafenkontrolle der amerikanischen Einwanderungsbehörde fühlt.

G wie Geheimnisse

Auf Instagram folgen Sie nicht nur Ihrem Ex und seiner neuen Freundin, sondern auch 500 verschiedenen Katzen? Ihre Stofftiere wohnen nicht nur bei Ihnen im Bett, sondern reden vorm Schlafengehen mit Ihnen über den Tag? Das macht nichts. Trotzdem: Behalten Sie es erst einmal für sich, genauso wie Ihre Lebensgeschichte, warum Sie Ihren Job hassen und weshalb Sie seit sieben Jahren Single sind. Alle Menschen sind seltsam, doch es ist besser, die Merkwürdigkeiten nur wohldosiert preiszugeben. Ein oder zwei Ihrer Schrullen passen auch in eine 90-minütige Verabredung, den Rest heben Sie sich für später auf.

H wie Handy

Ja, Ihr Telefon ist ein Universalgenie: Es kann Ihnen per Tinder überhaupt erst zu einem Date verhelfen, Ihnen den Weg in die Bar zeigen und Ihnen auf dem Weg dorthin Push-Mitteilungen schicken, wenn Ihr Lieblingsspieler den Verein wechselt. Wunderbar! Doch nur weil es alles kann, heißt das noch lange nicht, dass Sie alles dürfen. Nichts wirkt so ungehobelt und ignorant wie ein Gesprächspartner, der zwischendurch »heimlich« durch seinen Twitter-Feed scrollt. Nicht nur, dass Sie den Eindruck vermitteln, sich nicht für den Mann oder die Frau Ihnen gegenüber zu interessieren, Sie wirken auch noch wie ein fragmentiertes Opfer der Silicon-Valley-Schurken. Hören Sie sofort auf damit. Unterm Tisch oder in einer Bar mit dem Handy zu spielen ist ungefähr so elegant, wie in der Nase zu bohren.

I wie Illusionen

Die Zeiten, in denen eine Frau in pralinenhafter Aufmachung mit Stilettos, Push-up und Bleistiftrock zu einer Verabredung ging, sind vorbei. Denn dieses False Advertising führt ja nur zu Frustration. Zum einen ist man als Frau dazu verdonnert, diesen ressourcenfressenden Zustand möglichst lange aufrechtzuerhalten, zum anderen ist das andere Ende der Leitung enttäuscht, wenn die ehemalige Sexbombe irgendwann in Homewear vor dem Kühlschrank steht und Kimchi mit den Fingern isst. Andererseits bringt es ja auch Spaß, gelegentlich als HD-Version seiner selbst aufzutreten. Darum machen Sie einen Kompromiss. Tragen Sie etwas, in dem Sie sich gut fühlen. Frisch geduscht ist ohnehin Date-Standard, schöne Haare erfreuen einen selbst. Wählen Sie Ihr Lieblingskleid, die beste Jeans, High Heels nur dann, wenn Sie darin laufen können. Der sogenannte männliche Blick oder man gaze, von dem immer die Rede ist, existiert in dieser gnadenlosen Form nicht.

Männer schätzen Dinge an Frauen, die so komplex und subtil sind, dass Kleidung und Make-up davon ohnehin nur einen kleinen Teil ausmachen. Und sollte die avisierte Zielgruppe auf dem Standpunkt stehen, dass sie ein Anrecht auf einen perfekt sitzenden Bleistiftrock, tänzelnden High-Heels-Swing und einen Körperfettanteil von unter zwanzig Prozent hat, dann kann man nur froh sein, wenn man diese Kriterien nicht erfüllt und sich von vornherein für eine Fahrt im Hamsterrad der unerfüllbaren Sexideale disqualifiziert.

J wie Ja!

Da ist er, dieser magische Funke, die Laune der Götter, das unplanbare Momentum: Ihnen gegenüber sitzt der Mensch, für den Sie sofort alles stehen und liegen lassen wollen. Das Adrenalin rauscht durch Ihre Adern, Ihnen wird ganz schwindelig vor Überschwang, ein Gefühl, das sich nur dann einstellt, wenn es dem Gegenüber genauso geht. Was soll ein ernstzunehmender Mensch nun tun? Vorsichtig sein, sich zurückhalten? In Deckung gehen? Die Fassade aufrechterhalten? »Wir haben erst anderthalb Stunden im Café geredet, und dann haben wir eine zweite Verabredung ausgemacht« – genau so beginnen sie nicht, die Liebesgeschichten, an die man sich noch im Seniorenstift erinnert. Manchmal will man nicht reden, man will keinen Kaffee, der Rausch und das »DAS! IST! ES!«-Gefühl sind so groß und wild, dass man einfach loslegen muss. Lösen Sie sich von Uhrzeiten, Regeln und Sicherheitsbedenken und stürzen Sie sich ins Abenteuer. Verlassen Sie Ihre Komfortzone und finden Sie heraus, wo die wilden Kerle wohnen; der Sex-Appeal der Vernunft ist ohnehin gering.

K wie Kassensturz: Wer zahlt die Rechnung?

Es ist das Mikrodrama der Gegenwart: Die Emanzipation hat schon ein gutes Stück hinter sich gebracht, doch niemand weiß genau, ob die Sache schon beendet ist oder ob der Weg dort hinter der Kurve noch ewig weitergeht. Und während noch über Frauenquoten, Gender-Paygap und männliche Privilegien diskutiert wird, sitzt gleichzeitig eine ehrgeizige junge Frau mit einem ratlosen Mann irgendwo in einem Restaurant, und beide fragen sich, wer zum Teufel denn jetzt das Schnitzel zahlen soll. Es gibt Gründe, warum er es tun sollte (er verdient wesentlich mehr als sie, hat das teure Restaurant vorgeschlagen, gehört zu der Sorte Mensch, die immer alle einladen möchte), welche, die dagegen sprechen (der Besserverdiener in der Runde ist nicht ersichtlich, beide möchten den Automatismus Mann-Date-Rechnung-Eroberungstour aufbrechen, sie hat keine Lust, ihm irgendetwas zu schulden).

Grundsätzlich ist ein großzügiger Mann souverän, genauso auch Frauen, die einfach zur Bar gehen, zwei Bier holen und die Rechnung ganz selbstverständlich begleichen. Bei Luxusrestaurants im 200-Euro-Bereich gehört es zum guten Ton, die Rechnung zu teilen, solange keine explizite Einladung ausgesprochen wurde; und jedes Restaurant, das für eine Person zu teuer ist, kann auch mit genau dieser Begründung vorher abgelehnt werden. Auch wenn die Gleichberechtigung von Männern und Frauen noch 100 Jahre nach der Einführung des Frauenwahlrechts ein heikles Thema ist: Alles, was man nicht möchte, kann man mit genau dieser Begründung aussprechen. Wenn es keine Automatismen mehr gibt, muss neu verhandelt werden. Und niemand mag Geizkrägen, egal ob männlichen oder weiblichen Geschlechts.

L wie Leidenschaft

Haben Sie mindestens eine Leidenschaft – und zwar möglichst nicht die Person, die Ihnen gegenübersitzt. Nichts ist sexier als Menschen, die etwas gerne tun. Da ist es egal, ob Sie den Bienenstock auf Ihrem Dach betreuen, Ringturnen oder das perfekte Brot backen. Pornosammlungen gehören nicht dazu.

M wie Minirock (für Frauen)

Die Liebe ist ein seltsames Spiel, heißt es immer, dabei ist ein Minirock viel seltsamer. Einerseits gilt er als Meilenstein der Emanzipation und der sexuellen Selbstbestimmung der Frauen, andererseits ist er auch Standardkleidung für Deko-Girls auf Automessen. Und egal, wie oft Ihnen das Powermantra »Mein Rock/Dekolleté/Overknee-Stiefel sind keine Aufforderung für irgendetwas« schon durch den Kopf gekreiselt ist: Kleidung ist Kommunikation; eine Frau in einem Minirock sieht aus wie eine Frau in einem Minirock. Ob sie den nun für sich, ihre Oma oder Ed Sheeran angezogen hat, ist dabei egal. Für den Minirock ist das Konzept »Applaus von der falschen Seite« quasi erfunden worden, der Streuverlust ist der einer herkömmlichen Glühbirne. Jeder zweite Mann wird zumindest kurz denken, dass sie den Rock nur für ihn trägt. Es ist diese leichte Selbstüberschätzung, die die Evolution am Laufen hält, darum sollte die Trägerin mit fehlgeleiteten Komplimenten klarkommen können.

Minirock (für Männer)

Eine Frau, die einen Minirock trägt, muss dies nicht unbedingt für Sie tun. Auch wenn es naheliegt. Er ist kein Zeichen dafür, dass sie jetzt gerne zweideutige Komplimente hören möchte und auf Sex mit Ihnen aus ist. Der Minirock kann bedeuten, dass sie sich sexy fühlen möchte, Ihr Begehren wecken möchte oder es sehr heiß ist – nicht, weil Sie ihr gefallen, sondern weil sie sich in der Rolle des Vamps gefällt oder ihre langen Beine mag. Wenn Sie jetzt sagen, »Ja, aber«, hören Sie auf und glauben uns. Es geht nicht immer um Sie, leider ist manchmal der Typ neben Ihnen gemeint, und Sie sind nichts als erotischer Beifang.

N wie No-Gos

Seien Sie so wählerisch, wie Sie wollen – aber finden Sie besser genau heraus, was Sie wollen, anstatt sich mit den Negativkriterien zu beschäftigen. Wie immer ist leichter zu sehen, was wir alles nicht wollen, und irgendwann finden Sie sich in einem Käfig ihrer eigenen Vorurteile wieder: kein Akademiker/jünger/kleiner/erfolgloser/aus Düsseldorf/blond/ähnelt Onkel Klaus: keine Chance! Am Ende ist Ihr Datingpool dann so groß wie der einer vom Aussterben bedrohten Riesenschildkröte. Also: Was ist für Sie essenziell (z.B. Geborgenheit und Vertrauen), was ist wichtig (gemeinsame Interessen) und was ein nettes Plus (Haarfarbe der Wahl)? Nachdem Sie das für sich herausgefunden haben, konzentrieren Sie sich auf diese Positivkriterien. Denken Sie daran: Niemand ist perfekt, auch Sie freuen sich über Nachsicht mit Ihren weniger vollkommenen Seiten.

O wie Ort

Wenn Sie keine konkreten Vorstellungen davon haben, was Ihre Verabredung vielleicht mögen könnte, wählen Sie einen unkomplizierten Ort, an dem Sie sich nicht unter Druck gesetzt fühlen und auf den anderen eingehen können. Kino bringt Sie in der Frage, ob Sie den anderen wiedersehen möchten, nicht weiter, also versuchen Sie es mit einer Bar oder einem Café. Dort müssen Sie nicht viel Geld bezahlen und können das Date auch relativ kurzfristig beenden. Wählen Sie keine zu angesagte Location, dann sind weder Sie noch Ihr Gegenüber zu sehr mit Coolnesszweifeln oder Staunen beschäftigt. Ein Restaurantbesuch ist nicht nur verhältnismäßig teuer, sondern folgt auch einer gewissen Dramaturgie, die im Falle einer gegenseitigen Antipathie als grauer Widerwille über dem Brotkorb hängt. Halten Sie es leicht und einfach, gehen Sie einen Kaffee trinken oder besser noch ein Bier. Abends sieht ohnehin jeder besser aus, Dates am Tag sind vor allem bei Fremdgehern beliebt, weil diese leichter unterjubelbar sind als Primetime-Termine um acht Uhr abends.

P wie Pause

Manchmal brauchen Sie keine Verabredung, manchmal brauchen Sie eine Pause. Onlinedating ist hervorragend, kann aber auch mit dem endlosen Nachschub an möglichen Partnern zu Erschöpfung führen. Unterschätzen Sie nicht, dass ständige Selbstpräsentation die Seele perforiert; steigen Sie lieber aus dem Karussell aus, wenn Ihnen schwindelig ist.

Q wie Quantität

Sie können sich mit so vielen Menschen verabreden, wie Sie Lust haben. Gleichzeitig sollten Sie davon ausgehen, dass der andere das vielleicht ähnlich handhabt wie Sie. Selbstverständlich fragen Sie nicht nach, und selbstverständlich beantworten Sie diese Frage auch nicht ehrlich. Viel wichtiger ist, dass Sie keine falschen Versprechungen machen.

Denken Sie nur daran, dass die scheinbar unerschöpfliche supply chain die Chancen nicht erhöht, einen Partner zu finden – im Gegenteil. Je weniger Gedanken und Kraft Sie in eine beginnende Beziehung stecken, je mehr Sie sich gedanklich auf die Fehler konzentrieren und auf den Nächsten im Reigen, desto erfolgloser wird die Suche.

R wie Regeln

Ignorieren Sie Regeln, in denen erklärt wird, dass Sie jemanden blenden und manipulieren müssen, damit er sich in Sie verliebt – auf diese Weise finden Sie nur Partner, die irgendeine seltsam entrückte Version von Ihnen mögen. Seien Sie ehrlich mit Ihren Absichten. Sex ist keine Belohnung dafür, dass ein Mann einer Frau ein Restaurantdinner bezahlt oder ihr einen Blumenstrauß geschenkt hat; wer gerne unterkomplexe Beziehungen führen möchte, sollte sich ein Haustier, idealerweise einen Golden Retriever, zulegen.

S wie Sex

Für die einen ist Sex ein Weg, einem anderen Mensch nahezukommen und ihn besser kennenzulernen. Andere sind dazu erst bereit, wenn sie den Neuen besser kennengelernt haben. Beide Wege funktionieren, und die Evolution wird sich schon etwas dabei gedacht haben, dass Menschen manchmal das Verlangen haben, beim Anblick einer fast fremden Person alles stehen und liegen zu lassen und sich die Kleider vom Leib zu reißen. So gesehen: jeder, wie er mag. Dennoch ein Wort zum Thema Erwartungen und Verletzlichkeit. Sie kennen den anderen Menschen nicht, vielleicht ist sie doch verheiratet, vielleicht ist er ein Pick-up Artist, der sich auf das Aufgabeln von Frauen spezialisiert hat – Sie wissen es nicht. Sexuelle Attraktion, sich von jemandem *gesehen und erkannt* zu fühlen, das ist ein seltenes Gefühl, und es ist stark wie eine Droge. Kein Wunder, dass diese Intensität des Moments das Urteilsvermögen benebelt.

Falls Sie sich also für losen Sex beim ersten Date entscheiden, dann sollten Sie auch damit klarkommen, falls er oder sie sich auf die wenig reife Strategie des Ghostings verlegt, also nicht mehr ans Telefon geht oder jegliche Online-Kommunikation abbricht. Das ist nicht schön, das ist nicht erwachsen, aber das kommt vor – und je intimer das Date, desto schmerzhafter ein abruptes Ende. Zurückweisung tut auch weh, wenn sie von Fremden kommt.

T wie Themen

Ja, es ist schön, eine Weile über sein Lieblingsthema, also sich selbst, zu reden. Aber halten Sie es in Grenzen – von sich selbst zu sprechen ist fast immer peinlich, man neigt schnell zu Geschichtsklitterung und Übertreibungen, die einem später um die Ohren fliegen. Ebenfalls schlechte Themen: der Expartner (erwähnen Sie ihn am besten gar nicht), die Eltern sowie alles« was den Themenkomplex »CrossFit« enthält. Wenn Sie sich gerne mit Verschwörungstheorien, Homöopathie, Astrologie und Impfgegnerschaft beschäftigen, nur zu. Diese Haltungen sind meist inkompatibel mit gegenteiligen Weltbildern, da herrscht wenigstens Klarheit. Werden Sie nicht negativ oder nostalgisch, wenn Sie ein Problem mit veganen Radfahrern haben, behalten Sie das auch erst einmal für sich. Monologe und Anekdoten sind meist furchtbar, und auch was unter »witzig« verstanden wird, variiert sehr. Überhaupt nehmen wir die Gesprächspartner als besonders angenehm wahr, deren Gesprächsanteil unter unserem liegt – eine Verteilung von 60 zu 40 Prozent gilt als ideal –, lassen Sie Ihr Gegenüber also reden, damit macht man sich schnell beliebt. Abgesehen davon redet niemand so viel über so wenig tatsächlichen Inhalt wie frischverliebte Paare, deren Chatverläufe (und auch Gespräche im echten Leben) primär aus Herzchen bestehen.

U wie Unsicherheit

Sie wissen nicht so recht, ob Sie Ihr Gegenüber sexy finden? Wir schon: nicht.

V wie Verzweiflung

Jeder ist mal ein wenig bedürftig, und nichts ist daran verkehrt, feste Absichten zu haben und eine verbindliche Beziehung zu wollen, aus der Kinder, Ehe und regelmäßige Nervenzusammenbrüche am Samstagvormittag bei Ikea resultieren. Trotzdem ist es besser, das Gegenüber nicht zur Geisel Ihrer Träume zu machen. Diskutieren Sie beim ersten Treffen keine Kindernamen, sagen Sie nicht, dass sein Nachname gut zu Ihrem Vornamen passen würde. Jammern Sie nicht, wenn er keine zweite Verabredung möchte, laufen Sie ihr nicht »zufällig« in ihrem Lieblingscafé über den Weg. Der attraktivste Mensch verliert jegliche Allüre, wenn er nach dem Parfum der Verzweiflung riecht.

W wie Wiederholung

Sie möchten ihn gerne wiedersehen, haben aber in zahlreichen Dating-Ratgebern gelesen, dass Frauen nicht anrufen dürfen, und um keinen Preis der Welt vor Tag drei? Das ist Bullshit. Natürlich können Frauen Männer anrufen, sie müssen auch nicht x Tage warten und mit verdeckten Karten spielen, um den Mann nicht »emotional unter Druck zu setzen«. Wenn er (oder sie) nicht mehr zurückruft oder offen sagt, er habe kein Interesse, dann weiß zumindest jeder sofort Bescheid, und niemand muss wochenlang herumrätseln, ob ihr wohl das Handy ins Klo gefallen ist oder ob er nach einem Verkehrsunfall eine Amnesie erlitten hat.

X wie EXIT

Manchmal sitzt man einem Menschen gegenüber und weiß: Dieser Mensch ist es einfach nicht. Zu groß, zu klein, zu dick, zu dünn, zu ungebildet, zu besserwisserisch. Das ist kein Grund, jetzt die Flucht zu ergreifen. Ziehen Sie das Date bis zum Ende durch, aber machen Sie dem anderen keine falschen Hoffnungen à la »Ich melde mich«. Halten Sie den Abend besser kurz (eine Stunde ist die Faustregel des Anstands), verabschieden Sie sich freundlich. Sie wollen auch nicht hingehalten werden. Sehen Sie es als Übung und denken Sie dran, dass die blödesten Verabredungen die besten Geschichten abgeben (aus Stilgründen allerdings nicht beim nächsten Date).

Y wie YOLO

Suchen Sie lediglich nach unverbindlichem Sex, dann legen Sie sich ins Zeug und gehen aufs Ganze. Es hat ja auch seinen Reiz: Sie können sich sexuell neu erfinden, egoistischen Sex haben,

Sie können etwas über Ihren Körper dazulernen. Aber nichts ist so deprimierend wie leerer, seelenloser Sex, bei dem Sie einen anderen Menschen maximal nah an Ihren Körper heranlassen, um sich gleichzeitig schon aus der sprichwörtlichen Affäre zu ziehen. Passen Sie gut auf sich auf und behandeln Sie den anderen so, wie Sie es auch mit einem guten Freund machen würden: als ob er ein zartes Herz und eine zerbrechliche Seele hat – das haben Sie ja auch.

Z wie Zärtlichkeit

Wir haben durchschnittlich 338 Facebookfreunde, doch gleichzeitig hat die Einsamkeit in den modernen Gesellschaften so sehr zugenommen, dass Großbritannien einen Einsamkeitsminister ernannt hat, um die grassierende Atomisierung der Menschen wieder in den Griff zu kriegen. Minister of Loneliness, das klingt nach einer schlechten Mittelalter-Rock-Band, ist aber kein Scherz, denn schon droht Einsamkeit das alte Rauchen beziehungsweise das neue Sitzen zu werden: eine Direktverbindung in das triste Feld der Zivilisationskrankheiten. Offenbar können soziale Netzwerke keine echten Beziehungen ersetzen, vielmehr sieht es danach aus, als würden sie für noch mehr zwischenmenschlichen Verdruss sorgen. Die echten Freunde hingegen kriegt man mit Ach und Krach einmal im Monat zu Gesicht; zugleich hat die schöne altmodische Zärtlichkeit einen seltsamen Karriereknick erleiden müssen – wir haben nicht nur weniger Sex als vor 50 Jahren, wir berühren uns insgesamt auch weniger. Dabei sind Berührungen und Zärtlichkeit doch die erste und wichtigste Sprache, die Menschen von Geburt an zur Verfügung steht: Ein Arm um die Schulter bewirkt etwas anderes als ein freundliches Wort, er löst chemische und physische Prozesse im Körper aus, die sich auf das ganze Nervensystem auswirken: Der Berührte entspannt sich, das Herz schlägt ruhiger, und der Blutdruck sinkt. Wir kriegen es scheinbar nicht mehr hin, uns auf der Straße unterzuhaken, eine Hand zu ergreifen oder den Arm um die Schulter zu legen. Was ist aus der eleganten Geste des Frauenwärmens im Jackett geworden, mit dem Hinein- und Heraushelfen aus Mänteln, aus den sich zufällig berührenden Füßen unter dem Tisch und dem fremden Bein, das so nah neben dem eigenen auf dem Polster liegt, dass man die Funken fast sehen kann? Natürlich weiß man nie, wie der andere reagieren wird, wer welche Berührungen mag. Das hängt von so vielen Faktoren (Elternhaus, Religion, Klimazone, Personenstand, Beleuchtung) ab, dass man es niemals genau vorhersagen können wird.

Trotzdem: Sie haben es bis zu einer Verabredung geschafft, da ist es in Ordnung, Möglichkeiten auszuloten. Eine Hand zu ergreifen ist keine Belästigung, zu sagen, dass man jemanden küssen möchte, ein faires Kompliment.

Überwinden Sie Ihre Scheu, seien Sie behutsam, achten Sie auf die Reaktion Ihres Gegenüber. Der Haydn-Kanon »Es sagen ›ja‹ die Blicke, die Worte sagen ›nein‹« ist nicht ohne Grund ein Klassiker, doch heute würden wir Sie nicht dazu ermutigen, gegen ein explizites Nein anzuküssen. Berechtigte feministische Forderungen führen zwar zu einem schonenden Umgang miteinander, doch irgendwann muss man sich eben einen Ruck geben. Genießen Sie den Thrill der Ungewissheit, den Wind des Abenteuers, der Ihnen jetzt um die Ohren weht – gäbe es eine DIN-Norm fürs Dating, dann wäre die Liebe die Fortführung der Steuererklärung mit anderen Mitteln.

Wie höflich muss ich im Bett sein?

Am Anfang einer Bettgeschichte steht selten das Bett, an ihrem Ende auch nicht, und Sex im Bett ist zwar der vermutlich bequemste, aber wie die meisten bequemen Lösungen auch mit dem schlechten Leumund der Langeweile versehen. Und dennoch, den meisten Sex haben wir in Betten, sei es das eigene, fremde, gemeinsame oder gemietete. Das Bett ist nicht nur das älteste Möbel der Menschheit, sondern auch das, in dem wir die meiste Zeit unseres Lebens verbringen. Tutanchamun wurde mit mehreren prächtigen Liegen begraben, die Römer feierten ihre sprichwörtlichen Orgien im Triclinium, und der erste Akt zwischen königlichen Ehepartnern war alles andere als Privatsache – die noch nicht vollzogene Ehe zwischen Ludwig XVI. und Marie Antoinette hielt den französischen Hof über drei Jahre in einem Zustand atemloser Spannung. Die Privatheit unserer Schlafzimmer ist im Vergleich mit der Jahrtausende alten Geschichte des Bettes so jung wie unsere Idee von Schlafhygiene. Mit den bürgerlichen Vorstellungen eines frisch bezogenen und gut belüfteten Rückzugsorts verschwanden im ausgehenden 19. Jahrhundert nicht nur die Schlafenden hinter verschlossenen Türen, sondern auch die sexuellen Ereignisse, die unter »Bettgeschichten« subsumiert werden. Eins hat sich jedoch über die Jahrhunderte nicht geändert: Je nachdem, mit wem wir uns im Bett befinden, stehen wir früher oder später vor der Frage, wann wir höflich sein müssen und wann dies kontraproduktiv ist.

Die Manöverkritik

Postkoitale Zustände variieren zwar von Zufriedenheit, Tatendrang, Zärtlichkeit, Sekundenschlaf bis zur Traurigkeit, aber irgendwann kommt sie, die Frage, wie es denn war – nicht immer direkt, manchmal als Kompliment, »Das war so schön, für dich auch?«, manchmal als Vorwurf, »Du warst gar nicht richtig da« – und da schwebt er über dem Bett, der Feedbackwunsch.

Wie in jeder Situation ist Lob leichter vergeben, und wenn es ehrlich ist, umso schöner. Vielleicht kommen Ihnen Zweifel, wie eitel ist Ihr Gegenüber, ist Ihnen sympathisch, dass er oder sie diese Bestätigung braucht, reicht nicht, dass Sie vor Zufriedenheit leuchten, ist Ihre Begeisterung so leise, dass nicht nur die Nachbarn keine Ahnung über den Grad Ihrer Befriedigung haben? Räumen Sie die Zweifel beiseite, sagen Sie, wie schön es war, und auch, was Ihnen besonders gut gefallen hat. Seien Sie beim gemeinsamen Sex-Selbstlob verschwenderisch, dann wird alles nur noch schöner.

Schwieriger ist, wenn die Kritik gemischt ausfällt – schon zugeben, dass das Essen nicht schmeckt, können die wenigsten. In einer intimen, entblößten, zerbrechlichen Situation, zu der es keine objektiv messbaren Kriterien gibt, mitzuteilen, dass etwas nicht schön war, das ist so angenehm, wie ein Minenfeld zu räumen.

Fragen Sie sich, was Sie mit Ehrlichkeit in der Situation erreichen können. Ist der Sex so furchtbar, dass Sie kein Interesse an einer Wiederholung haben, ist jetzt ein guter Moment, ein freundliches Ende zu finden, etwas von fehlender Chemie zu murmeln und heimzugehen. Sind Sie verliebt, wollen Sie eine Beziehung führen oder teilen schon länger das Bett miteinander, ist die Antwort schwieriger. Sind es kleine Dinge, die nicht funktionieren, dann sagen Sie es jetzt: Verraten Sie, was Sie nicht mögen und vor allem, was Sie mögen. Bleiben Sie dabei liebevoll und wertschätzend, Sie können die Sandwich-Taktik (Lob-Kritik-Lob) verwenden oder sich auf positive Ich-Botschaften konzentrieren (»Mich macht es an, wenn du mehr/ intensiver/länger ...«) statt »Du machst ... falsch, nie, immer, zu selten ...«). Denken Sie an das Ehepaar, das 50 Jahre lang aus Höflichkeit die falsche Hälfte des Brötchens gegessen hat, in der irrigen Annahme, der andere wolle auch die Oberseite. Und wenn 50 Jahre ohne Mohn deprimierend erscheinen, stellen Sie sich 50 Jahre mit zu laschem Fingerdruck vor. Fangen Sie an, über Ihre Wünsche zu reden – auch wenn es am Anfang peinlich ist, wenn Sie das miteinander hinbekommen, sind Sie kommunikativ bestens für alles Kommende aufgestellt.

Die Problemzone

Neben der Manöverkritik birgt das Bett noch ein anderes Minenfeld: die Suche nach Bestätigung für den Körper. Die Grundvoraussetzungen für positive Rückmeldungen scheinen ja erst einmal nicht schlecht, schließlich hat man die Erwartungen des anderen so weit erfüllt, dass es für mehrfachen Sex gereicht hat. Fishing for compliments oder alte Wunden führen dann zu Fragen wie: »Magst du, dass ich mich rasiere/ nicht rasiere/ waxe?«, »Findest du meinen Busen schön?«, »Magst Du meinen Hintern?« oder, die gefürchtetste aller Fragen: »Ist er dir groß genug?«

Unsicherheit ist der Feind aller Leidenschaft und Ungezwungenheit, also überlegen Sie gut, wie Ihre Antwort aussieht. Ein enthusiastisches »Oh ja« mit direkter Liebkosung der entsprechenden Region sorgt nicht nur für einen sofortigen Glow im Gesicht des anderen, sondern auch für eine Steigerung der

Hemmungslosigkeit. Was bringt es, dem anderen mitzuteilen, dass irgendjemand anderes einen schöneren Busen/Hintern/Penis/Nase hat? Freuen Sie sich über das Gesamtpaket, vergleichen Sie nicht mit anderen, vor allem nicht mit dem Expartner. Und wenn Ihnen jemals ein Mann die Frage stellt, ob sein Penis ausreichend ist, sagen Sie bitte unter keinen Umständen Nein, außer Sie haben eine sadistische Freude an der verbalen Kastration. Weiterführende Einordnungswünsche müssen Sie nicht erfüllen, erfreulicherweise bietet sich ja dank gemeinsamer Nacktheit immer die Ablenkung durch die Tat.

Bei der Frage der Körperbehaarung seien Sie ruhig ehrlich, außer der Verzicht auf Haarentfernung ist ein gesellschaftspolitisches Statement. Dann wägen Sie klug ab, denn ein mehrstündiges Streitgespräch über Körperbilder, gesellschaftliche Ansprüche und Feminismus ist sicherlich interessant, aber nicht in jedem Fall erotisierend. Die Körperrasur ist nicht nur saisonalen Zyklen (Winterpelz) unterworfen, sondern wird auch mit steigender Beziehungsdauer weniger penibel verfolgt, sodass ein frisch rasiertes Bein zum eindeutigen Signal werden kann.

Der vorgetäuschte Orgasmus

Der vorgetäuschte Orgasmus ist mittlerweile nicht mehr nur die Domäne der Frauen, und viele der Schauspieler im Bett wollen den Partner nicht enttäuschen, weil er sich so viel Mühe gibt, handeln also gewissermaßen sehr höflich. Sind Sie nicht so begeistert dabei, weil Sie abgespannt und unkonzentriert sind, dann ist das vermutlich keine schlechte Taktik.

Ist Ihr Gegenüber aber ein für Ihr Empfinden egoistischer oder schlechter Liebhaber oder Liebhaberin, dann sollten Sie nichts vortäuschen, was auf diesem Weg niemals erreichbar sein wird. Wenn das Motiv ist, dass der Sex dann endlich vorbei ist, dann ist der Moment gekommen, zu unterbrechen und offen auszusprechen, dass Sie keine Lust haben, weil es wehtut, Ihnen nicht gefällt oder es so nicht für Sie funktioniert. Sie befinden sich vermutlich nicht in einem Dienstleistungsverhältnis, und Sex ist viel zu schön, um nur einen daran Spaß haben zu lassen.

Wenn Sie den Sex so, wie er ist, durchaus genießen, es aber nicht realistisch ist, dass er Sie befriedigen wird, dann lenken Sie das Geschehen einfach in eine Richtung, die Ihnen gefällt, zeigen Sie, was Sie erregt. Und ansonsten gilt fürs Bett, was in vielen Lebenslagen gilt: Wenn Sie Anhänger des method actings sind, werden Sie irgendwann selbst nicht mehr wissen, wo das Schauspiel aufhört und die Erregung beginnt.

Sex, weil der andere Lust hat

Sie kommen müde nach Hause, fürchten sich vor dem Abwasch und freuen sich auf Netflix, und dann schiebt sie sich herüber auf dem Sofa, die wollüstige Hand, und Sie fragen sich, wie Sie reagieren sollen. Ihr erster Impuls ist vermutlich, genervt zu reagieren oder eine höfliche Ausrede zu erfinden. Andererseits sind Sie selbst dafür zu müde, und die anschließende emotionale Verstimmtheit erscheint Ihnen anstrengender als zehn Minuten Routinesex? Solange eine Chance besteht, dass Sie auch mit Freude dabei sind, lassen Sie sich mitreißen, Trägheit ist ja nicht nur der Feind der Erotik, sondern auch des Fitnessstudios, der Steuererklärung und des spontanen Wochenendtrips, und in allen Fällen gilt: Mit großer Sicherheit fühlt man sich hinterher wesentlich besser. Sollten Sie Ihren Partner allerdings auch in der Sex-Primetime, dem Urlaub, nicht mehr attraktiv oder sogar abstoßend finden, dann ist es kein Akt der Höflichkeit mehr, mit ihm oder ihr zu schlafen, denn widerstrebender Sex korrodiert das Seelenwohl aller Beteiligten. Dann ist die Zeit gekommen, sich ernsthaft mit der Frage zu beschäftigen, warum Sie auf den anderen (oder generell) so gar keine Lust mehr haben, und ein ernstes Gespräch miteinander zu führen – und zwar bestenfalls nicht erst, wenn Sie wieder in der Zwickmühle der Lustlosigkeit feststecken.

Wie rede ich stilvoll im Bett

Der Dirty Talk ist eine rätselhafte Kunst, bei der es keine grundsätzlichen Regeln gibt und bei der man das Ziel ebenso schnell wie gründlich verfehlen kann. Selten ist die Gefahr eines unfreiwillig komischen Verfremdungseffekts so groß. Einfache Regeln: Verzichten Sie auf das Vokabular aus Pornofilmen, insbesondere auf herabwürdigende Worte wie Schlampe, Nutte, Ficker etc. Nehmen Sie unbedingt Abstand von Babysprache und Verniedlichungen. Greifen Sie auf Klassiker zurück: »Das fühlt sich so gut an«, »Ich liebe deine Haut/deinen Busen/wie du riechst…«, »Oh ja«, »Ich will dich«, »Genau da«. Wenn Sie nicht den Schwung haben, sich während des Geschehens an explizite Komplimente heranzutrauen, versuchen Sie es erstmal mit Sexting. Auch da gibt es gute und weniger stilvolle Varianten, eine Nachricht wie »Ich kann mich nicht konzentrieren, weil ich die ganze Zeit an unseren wundervollen Morgen denke, es war so schön, als…« kommt erfahrungsgemäß besser an als kommentarlose Penisbilder. Sie können auch explizit darüber schreiben, was Sie mit dem anderen erleben möchten, und dem anderen kleine Phantasien für den gemeinsamen Abend schicken. Beim Sexting ist das Timing entscheidend, stören Sie also nicht durch einen Phantasiemonolog bei der wichtigen Präsentation, schlimmstenfalls auch noch per Pop-up in Skype, sonst sind Sie ganz schnell allein an Bord Ihres Sextraumschiffes.

Der gemeinsame Schlaf

Miteinander schlafen bedeutet nicht zwangsläufig, dass man auch miteinander aufwacht. Gerade in den ersten Wochen schleicht man sich nachts oder am frühen Morgen nach Hause, um das eigene Deo und ein frisches Hemd im Büro zu tragen. Ein guter Start in den Arbeitstag, Schlaf und Erholung sind egal, dank des Hormonrausches der ersten Wochen kann man mit nächtlichen Taxifahrten und vier Stunden Schlaf bestens zurechtkommen. Die erste geplante Übernachtung ist ein Schritt von dieser Leidenschaft hin zum gemeinsamen Alltag, nicht umsonst markiert die dauerhaft geparkte Zahnbürste und Haarspülung im Bad das monogame Revier. Eine Nacht mit abgeschminkten Augen und frischen Socken ist sicherlich vernünftig, komfortabel und erwachsen, aber ist man das nicht ohnehin viel zu oft? Rücken Sie also nicht gleich mit dem Kabinentrolley an, genießen Sie noch ein bisschen die Rolle des aufregenden Gastes.

Miteinander zu schlafen und nebeneinander zu schlafen erfordert gänzlich verschiedene Gemütszustände – Leidenschaft, Erregung und Anspannung versus Vertrautheit, Entspannung und Ruhe. Der fragile Zustand des Schlafens, der mittlerweile so kostbar ist, dass es nicht nur Schlaflabore zu seiner Erforschung, sondern auch eine ganze Industrie zu seiner Optimierung gibt, und der Sexrausch der ersten Wochen sind natürliche Fressfeinde. Gäbe es nicht das postkoitale Glücksstrahlen samt Honigmond-Wangen, würden Frischverliebte so erschöpft aussehen wie junge Eltern, deren Schlafdefizit ähnlich hoch ist.

Manche Paare kuscheln sich auch nach dem Ende des Hormonhochs so eng aneinander, dass 90 Zentimeter Matratzenbreite ausreichen würden, aber üblicherweise werden Schnarchen, unterschiedliche Vorstellungen von Aufstehzeitpunkt,

Matratzenhärte, Wärme, Belüftung und Nähe mit jedem Beziehungsjahr wichtiger. Die Betten werden immer breiter, bis irgendwann nur noch der Wechsel in zwei Zimmer als Steigerung übrig bleibt. Da guter Schlaf für die körperliche und seelische Gesundheit unabkömmlich ist, müssen Sie hier auch im Namen der Liebe keine Kompromisse eingehen – wenn Sie nur allein gut schlafen, dann trennen Sie die Schlafzimmer, der Leidenschaft und Intimität wird es weniger schaden als die Wut über die Weckton-Präferenzen des Partners.

Bettgeflüster

Kommt man in das Schlafzimmer fremder Menschen, dringt man in den engsten Kreis der Privatheit ein. Auf dem Stuhl liegen die Kleidungsstücke des Vortages, auch das sauberste Bett verströmt den Geruch der dort Schlafenden. Wenn wir hier jemanden hineinlassen, möchten wir ihm vertrauen, weshalb die Ehe auch ein Zeugnisverweigerungsrecht begründet, um das hier Gesprochene zu schützen. Der Pillowtalk, das Bettgeflüster, die Geständnisse im Dunkeln, wir wünschen uns, sie blieben genau dort. Und dennoch, die Geheimdienste des kalten Krieges lebten vom postkoitalen Geheimnisverrat, und die wahren und unwahren Sexgeschichten Prominenter sind seit Jahrhunderten heiß begehrt. Der Klatsch lebt von der Bettkante, das Geschehen in berühmten Betten und auf Smartphones ist bares Geld wert. Und auch außerhalb der bunten Heftchen gilt: Wer einmal erlebt hat, wie seine intimsten Geheimnisse auf dem Schulhof oder im Rosenkrieg auch noch dem letzten Nachbarn vorgetratscht wurden, wird sich bei der nächsten Beziehung schwertun.

Wenn also Diskretion so wichtig ist, warum redet dann fast jeder darüber, was er im Bett erlebt, sei es mit der besten Freundin, in Internetforen oder betrunken in der Bar mit Unbekannten?

Allein die Katharsis auszusprechen »Wir schlafen schon seit zwei Jahren nicht mehr miteinander« oder »Er hat mich im Bett mit dem Namen seiner Ex angesprochen« ist oft Hilfe genug. Wenn etwas Irritierendes passiert oder eben gar nichts mehr passiert, will man darüber reden, sucht Bestätigung oder Rat bei anderen. Sex ist kein abtrennbarer Teil des Lebens, der sich leicht verbergen und verheimlichen lässt, dafür sind seine Auswirkungen auf unsere Beziehungen und auf unsere Seelenwelt zu groß. Reden Sie also darüber, was Sie bewegt, aber suchen Sie sich ein Gegenüber, bei dem Sie sich der Diskretion relativ sicher sind und das nicht zu nah an Ihrem Partner ist. Reden Sie nicht zu detailliert über das Problem (»Sein Penis ist zu dünn«, »Sie riecht komisch«), denn die dazugehörigen Bilder kann Ihr Gegenüber schlecht vergessen.

Nach einer Trennung entsorgen Sie die schmutzige Wäsche bitte in Ihrem eigenen Interesse diskret und umgehend, denn hetzend und geifernd die düsteren Ecken des Ehebettes auszukehren fällt am Ende nur auf Sie zurück. Auch wenn Sie sich als Opfer sehen, werden Sie so ganz schnell zum unsouveränen Rachegeist, dem nur die Falschen gerne zuhören, und binden außerdem Ihre eigenen Kräfte, die Sie eigentlich in einen Neuanfang investieren sollten.

Beim Kleiderkauf –
der Teufel trägt Smart Casual

Als Claire Underwood sich in »House of Cards« von der First Lady erst zur Vizepräsidentin und dann zur ersten Präsidentin im Weißen Haus vorarbeitete, wartete sie bis zur letzten Folge mit formvollendeten Powerlooks auf. Schmale Schnitte in festen Stoffen, knielange Shiftdresses und scharfschultrige taillierte Blazer formten eine feminine Silhouette in Tweet-Rüstung. Dazu durften die Powerstilettos nicht fehlen. Selbst wenn eine Frau den wichtigsten Job der Welt macht, kriegt sie zumindest in Hollywood keine Pause vom kniezerstörenden Schönheitsdiktat.

Doch die Realität hat die Fiktion eingeholt, heute haben die Amerikaner mit Kamala Harris tatsächlich eine Vizepräsidentin, dazu noch eine Schwarze. Diese soziale Revolution hat sich auch schon modisch angekündigt, denn Kamala Harris bestritt ihren Wahlkampf fast ausschließlich in flachen Schuhen: meist in Converse, manche davon sogar bemalt, manchmal auch in hohen Desert Boots. Gelegentlich trug sie auch schwarze Pumps, doch im Grunde machte sie es wie jede andere beschäftigte Frau, flache Schuhe für den Alltag, wenn es schnell gehen, Distanzen bewältigt und Dinge erledigt werden mussten, die Tat dem Look und der Eitelkeit übergeordnet. Bei besonderen Anlässen, bei denen es ein Zeichen von Respekt ist, sich eleganter anzuziehen als üblich, oder bei denen es auch Spaß bringt, sich in der attraktiveren Version seines Alltags-Ichs zu präsentieren, stehen die Schmerzen in einem positiveren Verhältnis zum persönlichen Sexynessgewinn.

Mit ihren Converse definierte Harris den Powerlook neu. Es geht nicht mehr darum, mit teuren Marken Eindruck zu schinden, sondern darum, einen Look zu etablieren, der ihren Ambitionen angemessen ist und gleichzeitig ihre Persönlichkeit und ihre Neuausrichtung der amerikanischen Politik symbolisiert. Hier wird mit den Konventionen gebrochen, mit dem bisherigen Diktat, dass eine erfolgreiche Frau sich so zu geben hat wie eine Finanzmanagerin mit Seidenschal: Christine Lagardes Halstuch-Broschen-Kombinationen oder Kitten-Heels à la Theresa May waren die bislang gängigen Versionen des männlichen Powerlooks, die dem Anzug eine weibliche Interpretation entgegensetzen.

Kamala Harris hingegen wählt Kleidung, die weniger Macht ausstrahlt, sondern klassenlos smart casual ist. Jede Frau könnte diese Kleidung auf dem Weg ins Büro tragen, jede Führungskraft an einem einfachen Arbeitstag, jede Studentin, die sich nach der Bibliothek noch auf einen Drink mit ihren Freundinnen trifft.

Anders hingegen ist Joe Bidens Interpretation einer präsidialen Garderobe: Neben dem obligatorischen dunkelblauen oder dunkelgrauen Herrenanzug hat er einen konservativen Freizeitlook kultiviert, der dem seiner republikanischen Vorgänger Bush senior und junior in nichts nachsteht. Wenn es leger sein soll, wählt er statt eines weißen Hemds ein dunkelblau-weiß gestreiftes zum Anzug und lässt die Krawatte weg, soll es noch lockerer werden, kombiniert er ein kariertes Hemd mit einem cyanblauen Pullover und einem braunen Jackett. Zu Hause lässt er sich im weißen oder dunkelblauen Polohemd mit khakifarbenen Chinos und braunem Ledergürtel fotografieren. Die Spanne von Smart Casual ist nicht nur breit, sie bedeutet auch für jeden etwas anders.

Stets formvollendet sind auch Prinz William und Herzogin Kate gekleidet. Während er sowohl im Herrenanzug als auch in verschiedenen militärischen Uniformen eine perfekte Figur abgibt, beherrscht seine Frau den glamourösen Auftritt. Ihre Abendroben halten stets die Balance zwischen wow und standesgemäß, bei Auslandsreisen nimmt sie Anleihen aus der jeweiligen Kultur in ihr Outfit auf – seien es der Cowboyhut und die Jeans beim Rodeo in Kanada oder in Form eines Salwar Kameez, der traditionellen Frauenkleidung, die sie in verschiedenen Varianten beim Besuch in Pakistan trug.

Doch die modische Wirkung des Paares ist am größten, wenn die Herzogin im Freizeitlook fotografiert wird: Bei der Einschulung ihrer Tochter Charlotte im Jahr 2019 trug sie ein knielanges Midikleid im blau-rot-weißen Blumenmuster von Michael Kors. Sie hatte es bereits bei einem anderen Anlass getragen, mit 150 Euro lag es im Midprice-Segment. Damit präsentierte sie ihren bürgerlichen Fans ein erschwingliches Kleidungsstück – während der Rest ihres Looks sich wieder in High-End-Sphären befand: Pumps von Prada, perfekt geföhnte Haare und royaler Schmuck ließen sie prinzessinnenhaft und glamourös wie gewohnt aussehen.

Prinz William hingegen blieb modisch im Hintergrund: hellblau-kariertes Hemd, dunkelblaues Jackett, braune Hose und Wildleder-Schnürer in der gleichen Farbe.

Es ist eine Ironie der Modegeschichte, dass ausgerechnet Prinz William und, in etwas verspielterer Variante, Prinz Harry es geschafft haben, den bürgerlichen Smart-Casual-Look für den zeitgemäßen und stilsicheren Mann zu perfektionieren.

»Smart Casual« ist so etwas wie das Breitbandantibiotikum unter den Dresscodes, eine Uniform, mit der 80 Prozent des Alltags bewältigt werden können. »Smart Casual« eignet sich für Landhochzeiten, Firmenevents, Kreuzfahrten, Restaurantbesuche mit

Freunden und eine Besprechung mit dem Chef. Es war der offizielle Dresscode des G8-Gipfels in Nordirland, wird in Deutschland von Christian Lindner kultiviert, wenn er mit blauer Kaschmirstrickjacke, Bartstoppeln und weißem Hemd bei Anne Will aufläuft – und vermutlich ist Smart Casual auch der Dresscode, der im Großteil aller Bürojobs gefragt ist.

Smart Casual, das heißt frei übersetzt »Zieh dich ordentlich an«, also das, was Mütter meinten, wenn man eine Runde gepflegter aussehen sollte, als man aus der Schule kam. Im Grunde kann »gepflegt aussehen« ja auch nicht so schwer sein, doch irgendwie scheint das Konzept einen Haken zu haben. Warum sonst würden sich derart viele Frauen-, Herren- und Wirtschaftsmagazine darauf versteifen, diesen Dresscode ein für alle Mal entschlüsseln zu wollen? Warum schreibt die *New York Times*, es sei »The dress code that men fear«, ganz so, als müssten Männer sich davor fürchten. Warum will das *Manager Magazin* den Dresscode knacken, als handle es sich um einen Tresor mit einer elfstelligen Zahlenkombination? Ist es vielleicht so, dass der Teufel gar nicht mehr Prada, sondern Smart Casual trägt? Und ist es nicht wie immer im Leben, dass einfache Antworten auf komplizierte Fragen dazu neigen, nach hinten raus Ärger zu machen?

Hierarchien bestehen ja nach wie vor, auch wenn Allianzchef Oliver Bäte bei der Hauptversammlung der Aktionäre als Casual-Anleihe rote Turnschuhe trägt. Die alten Spuren der Macht – dunkler Anzug, Rolex, Seidenkrawatte – mögen zwar außerhalb eines kleinen Kreises demodé sein, doch das Tragen roter Turnschuhe bedeutet ganz sicher nicht, dass jemand keine Macht ausübt. Im Gegenteil! Es sind die Insignien der Macht, zeitgemäß umgedeutet. Sie sagen: »Ich kann mir den Bruch erlauben und mein Aussehen der Start-up-Welt anpassen – ihr müsst in der Konvention verharren, weil ihr außerhalb dieser Sphäre bleibt und euch die Nasen plattdrückt.«

Der Anzug jedenfalls hat im Arbeitsleben weitestgehend ausgedient – stattdessen wurde der Look von der Straße, aus dem Schützengraben und dem Fitnessstudio in die Agenturen und Büros gehoben. Sogar die einfache Kleidung von Paketboten wurde durch den Vermarktungswolf der Luxuslabels gedreht, mit dem Ergebnis, dass für ehemalige Fünf-Dollar-Mode wie T-Shirts und Jeans dreistellige Preise, für Trenchcoats und Jogginghosen aus Kaschmir sogar vierstellige Summen aufgerufen werden. Das hat Konsequenzen für unsere Wahrnehmung von Mode, Mann und Status. Wenn eine Jogginghose so viel kosten kann wie ein guter Herrenanzug, dann ist dieser kein Signal mehr dafür, dass der Träger eine herausgehobene gesellschaftliche Stellung hat – ein Anzug bedeutet nicht automatisch, dass der Träger über Macht, Geld oder andere Ressourcen verfügen muss. Somit hat er als Klassenmarker ausgedient. Zumal sein Uniformcharakter ohnehin dem Zeitgeist des Individualismus widerspricht. Vielleicht ist der Mann in der Cabanjacke, den Chinos und dem blauen Wollpullover oder der Träger einer gentrifizierten Jogginghose näher an der Macht als das Pendant im anthrazitfarbenen Flanelllook.

Es ist nicht mehr garantiert, dass die Frau im Kostüm mit Pumps in der Firma das Sagen hat, und nicht doch jene, die in Turnschuhen und Daunenjacke auf den Treppenstufen der Firma einen Kaffee trinkt. Kamala Harris' Turnschuhe sollten allen eine Warnung sein, die meinen, die Powerplayerinnen an ihren teuren Handtaschen oder damenhaft-eleganten Schuhen zu erkennen: Die Unisex-Trends sowie der Wunsch nach bequemer und praktischer Kleidung werden in immer mehr Branchen akzeptiert werden.

Natürlich gibt es noch Powerbranchen wie die Finanzwelt, Anwaltskanzleien und die höchsten Sphären der Politik, in denen der Anzug für Männer und Jackett mit Pumps für Frauen nach wie vor Pflicht sind. Die neuen Helden unserer Zeit, die

Nerdunternehmer im Silicon Valley, mögen auf ihre Hoodies und Schlurfschuhe bestehen, doch wenn Mark Zuckerberg Angela Merkel und Barack Obama trifft oder sich vor dem US-Kongress zum Datenskandal äußern muss, dann wählt auch er einen dunkelblauen Zweiteiler mit Facebook-blauer Krawatte. So verliert der Anzug zwar an Reichweite, sein Markenkern ist jedoch unangetastet: Er kann (!) noch immer für Seriosität, Integrität und beruflichen Erfolg stehen.

Die Krawatte mag unter Artenschutz stehen, der Hut klinisch tot sein, doch der Anzug wird uns weiterhin begleiten. Gerade weil er es geschafft hat, mit der Zeit zu gehen und sich dem Smart-Casual-Ideal anzunähern: Ohne Krawatte, in Kombination mit einem karierten Hemd oder einem Wollpullover unter dem Jackett verliert er seinen hohen Grad der Formalität. Durch seinen körpernahen Schnitt und ein Jackett, das den Po nicht mehr vollständig bedeckt, wird nun auch der Männerkörper betont, was den Träger in die gleiche Position wie Frauen versetzt, deren Figuren durch die Kleidung modelliert und herausgestellt werden. Weniger toxic masculinity, mehr reformierte Männlichkeit – man darf die Anpassungsfähigkeit des Anzugs an die Herausforderungen der Gegenwart nicht unterschätzen.

Smart Casual ist der Dresscode der flachen Hierarchien, der Versuch, Menschen auf verschiedenen Ebenen auf einen Nenner zu bringen. Für den Leiter des Investmentbankings kann es also ein Dress-down bedeuten, wenn er im Namen von Smart Casual die Krawatte und die Manschettenknöpfe zu Hause lässt. Für die Praktikantin eines Start-ups hingegen wäre es ein Dress-up, wenn sie statt der Jeans und eines einfachen Pullovers nun Chinos und Bluse tragen würde. Insofern besteht die erste gedankliche Leistung, die man erbringen muss, darin, sich über die Rolle und den Grad der Seniorität in eigenen Unternehmen klar zu werden. Machen Sie sich bewusst, was von Ihnen erwartet wird, auf welchem Grad der Lässig-aber-chic-Skala Ihre Unternehmenskultur rangiert. Wer sich unsicher ist, sollte lieber zu »smart« als zu »casual« tendieren – man tut sich immer leichter damit, einen unauffälligen Standardlook anzustreben, der weniger durch Originalität als durch Anpassung funktioniert. Was trägt der Chef, wie interpretieren langjährige Kollegen den Look? Auf diese Weise wird zwar niemand zur Streetstyle-Ikone, dennoch ist dieses Vorgehen sinnvoll und mental entlastend.

Doch egal, ob man nun eine Kombination aus Stoffhose und Jackett oder Chinos mit einem Kaschmirpullover wählt – für ein gepflegtes Auftreten ist der Sitz wichtiger als die Marke. Niemand sieht das Etikett, jeder die zu kurzen Hosenbeine. Eine gute Schneiderin kann dafür sorgen, dass auch ein günstiger Anzug oder ein billiges Kleid zwei Gehaltsklassen besser aussieht. Eine große Verfechterin dieser Vorgehensweise ist übrigens Herzogin Kate. Dass selbst preiswerte Kleidung an ihr gut aussieht, liegt unter anderem auch daran, einen Schneider exakt auf die richtigen Längen der Ärmel und Säume und den richtigen Sitz der Kleider an Schultern und Taille achten zu lassen.

Wobei Langlebigkeit auch für alle Nicht-Herzoginnen und Nicht-Herzöge ein entscheidender Punkt bei der Auswahl der Garderobe sein sollte. Wenn die Royals in ihrem Balmoral-Urlaub fotografiert werden, sieht das Gruppenbild aus wie eine Präsentation der Reparaturwerkstatt der Edelregenjackenfirma Barbour. Nichts wird weggeworfen, solange es sich noch flicken lässt. Wie bei Flugreisen, SUVs und Kreuzfahrten ist bei Fast Fashion allen Beteiligten klar, dass es sich um eine Sauerei für Mensch und Umwelt handelt und der eigene Fun über den Bedürfnissen der Allgemeinheit rangiert. Und doch: Es nützt nichts, Argumente und Zeigefinger herauszuholen, wenn Evolution und der Konsumkapitalismus mit seiner Drei-zwei-eins-meins-Mentalität uns jahrelang so geformt haben.

Schließlich ist jeder Kleiderkauf ein Glücksversprechen, eine Hoffnung auf eine unanstrengende Erweiterung der Persönlichkeit. Wozu ein Musikinstrument, eine Sprache oder Programmieren lernen, wenn ich mit meinen klotzigen Ugly Sneakern in drei Sekunden kommunizieren kann, wie edgy und mutig ich mich durch die Gegenwart manövriere? Vor allem, wenn ich diese Aufmerksamkeit auch benötige, um dann erst meine echten Skills verkaufen zu können? Die Sache bleibt vertrackt, doch vielleicht kann die Minimalismusbewegung hier weiterhelfen: Wenn man den Shoppingschwerpunkt von einem »mehr im Kleiderschrank« in Richtung »bessere Garderobe« dreht, kommt man gleich zu einem ganz anderen Ergebnis.

Marie Kondōs Leitmotiv – »Does it spark joy?« – ist schon ein erster Ansatzpunkt, wenn es darum geht, bei sich zu Hause für Ordnung zu sorgen. Die Frage nach der emotionalen Bindung ist beim Entsorgen ein hilfreicher Leitfaden. Doch beim Neukauf gibt es diese emotionale Bindung noch nicht, darum muss man die Frage noch anders stellen: Erfüllt dieses Kleidungstück einen Zweck? Oder wird die Reue über die Fast Fashion und den Konsumtrash nicht größer sein als der kurze Moment der Instant Gratification, den ich noch bei H&M erlebe? Und was ist mit dem Platzproblem, das im Laufe des Alters stetig zunimmt? Die meisten Menschen besitzen ohnehin so viele Dinge, dass diese nur noch mit Ach und Krach in die überfüllten Schubladen ihrer überfüllten Wohnungen passen. Sofern Sie in einer Großstadt leben und kein Trust-Fund-Baby, Manager, Fußballer oder Erbe sind, sind die Chancen groß, dass Sie Ihre Wohnung ohnehin als zu klein und zu eng erleben; dank der aktuellen Lage auf dem Wohnungsmarkt können Sie Ihr drittes, viertes oder fünftes Zimmer ohnehin nur mit einer übermenschlichen Kraftanstrengung finanzieren. Dabei hat die

Wohnfläche pro Person in den letzten 50 Jahren auf 46,7 Quadratmeter zugenommen – und sich damit seit 1960 mehr als verdoppelt. Dass wir uns in unserem Singlehaushalt immer noch beengt fühlen, hat vor allem damit zu tun, dass wir meinen, für jede Laufstrecke ein gesondertes Paar Joggingschuhe zu benötigen, für jede Suppe einen speziellen Holzlöffel benutzen zu müssen. 10 000 Dinge liegen durchschnittlich in unseren Haushalten herum, und auch wenn man nicht so radikal vorgehen muss wie Cédric Waldburger, der seinen Besitz auf 64 Gegenstände eingedampft hat, so könnte man Luxus auch anders denken: leerer Raum, Platz und die Möglichkeit, jederzeit den Wohnsitz nach Barbados verlegen zu können, ohne einen Überseecontainer packen zu müssen. Raum ist eine Ressource wie Zeit oder Geld, und man sollte sie entsprechend behandeln. Man muss sich also nicht nur fragen, mit wem man sein Leben teilen möchte, sondern auch womit.

Mit dieser Haltung bekommt Shopping einen anderen Stellenwert – natürlich ist es gerechtfertigt, sich aus modischen Gründen Blümchenkleid No. 6 zu kaufen, aus Lust an der Schönheit, der Varianz, dem Besitzerstolz; sich schön zu kleiden ist eine Kulturtechnik und eine Ausdrucksform, und zu erwarten, dass irgendein Mensch, und schon gar nicht eine Frau, sein oder ihr gutes Aussehen im Namen des Klimas bestreikt, ist aussichtslos. Doch solange man keine Figur des öffentlichen Lebens ist, muss man niemanden mit der endlosen Varianz seiner Garderobe beeindrucken. Wir Zivilisten müssen eben keine politische Botschaft mit unserer Kleidung senden, wir haben keine *soft power*, mit der wir über Äußerlichkeiten politische Veränderungen anstoßen können. Vielleicht könnten wir dieses Machtvakuum, diese mangelnde Insta-Fähigkeit unserer Garderobe nicht als Problem, sondern als Lösung betrachten: Unser Look ist keine Verpflichtung, sondern ein Angebot, das wir auswählen können. Wenn unser eigenes Narrativ stark genug ist, dann reicht eine simple, gut sitzende und dem jeweiligen Anlass angemessene Garderobe für unsere Zwecke vollkommen aus.

Doch wie genau soll diese Garderobe aussehen, welche Bausteine muss sie im Jahr 2021 aufweisen? Für Männer sind die Richtlinien recht einfach: Chinos mit Polohemd sehen immer angezogen aus, ein Oxfordhemd aus gewebtem Leinen oder ein einfaches weißes Hemd mit hochgekrempelten Ärmeln ebenfalls. Wichtig ist, dass Smart Casual nicht mit »smart und casual« verwechselt wird. Vermeiden Sie Kombinationen von den Außenrändern des Formalitätsspektrums, etwa einen Anzug mit Turnschuhen oder, Gott bewahre, einem Kapuzenpullover. Jeans sind möglich, wenn sie dunkelblau und aus festem Material sind, auch wenn Chinos in Blau, Camel oder Braun immer eleganter aussehen. (Weiße) Sneaker sind zulässig, zumindest solange diese gepflegt sind und das Umfeld eher lässig als konservativ ist. Eine Krawatte kann durch ein Einstecktuch ersetzt oder ersatzlos gestrichen werden, schmale, persönliche Armbänder können unauffällig ins Outfit integriert werden. Ein wahrer Held des Smart-Casual-Looks sind Wildlederschnürer oder Desert Boots, möglich sind auch Lederschuhe mit Gummisohlen, etwa Loafer, Chelsea Boots oder klassische Bootsschuhe.

Die meisten Frauen haben in ihren Jobs mehr modische Freiheiten als Männer – zumindest solange sie nicht in einer Großkanzlei Karriere gemacht haben oder am Empfang einer Autovermietung sitzen. Sie können klare leuchtende Farben wählen – ein leuchtendes Kobaltblau, ein schönes Rot wirken klar und simpel, wenn sie in einem reduzierten skandinavischen Schnitt kommen. Farbiges Kaschmir ist das wertigste und praktischste Material, das es gibt und sieht gut zu einer dunklen 7/8-Hose aus Wolle oder Baumwolle aus. Insgesamt geht der Trend weg von weiblichen Kleidungsstücken, die Garderobe der meisten ist ein praktischer und komfortabler Unisex-Look aus Hose, Pullover und flachen Schuhen.

Doch bei aller Liebe zur Konformität, bei aller Freude daran, bei jedem Anlass korrekt gekleidet zu sein – wer sich nicht den Kopf darüber zerbrechen möchte, ob er oder sie jetzt genau richtig in das große Kollektiv passt, der soll seine Gestaltungswünsche ohne Netz und doppelten Boden ausleben. »Smart Casual« ist ein Tribut an den Sieg der Mittelschicht, an die neuen, flachen Hierarchien, an den Versuch, einander durch einen gleichen Look anzunähern: Die Arbeitsuniform der Zukunft sind Jeans und Pullover.

Diese funktioniert zwar für alle Geschlechter, ist jedoch als großer Gleichmacher zum Scheitern verurteilt. Wenn man nicht mehr über Kleidung seinen Status kommuniziert, dann tut man es auf anderen Wegen – nur weil die Hierarchie nicht mehr sichtbar ist, heißt es noch lange nicht, dass sie nicht mehr existiert. Wer also mag, kann den Weg des geringsten Widerstandes gehen und sich anpassen, vielleicht auch nur, um mehr Kraft für die wirklich wichtigen Auseinandersetzungen zu haben. Wer aber exzentrisch sein mag, sein Pfauenrad aufschlagen und seine Persönlichkeit nach außen kehren möchte, der kann dies nach dem Lesen dieser Seiten voller Verve tun – wichtig ist nur, dass beides mit der besten Absicht geschieht.

Unter Freunden

Wer Freunde hat, lebt länger, gesünder und vor allem glücklicher, ein dichtes soziales Netz ist so zellschützend wie Broccoli und Spaziergänge. Wenn es sonst nichts und niemanden gibt, für den es sich zu duschen lohnt, die besten Freunde können aus der Jogginghose und dem Morast eines traurigen Sonntagmorgens retten.

Dale Carnegies »Wie man Freunde gewinnt« hat sich seit 1936 30 Millionen Mal verkauft, dabei sind seine Ratschläge so banal wie Rezepte für Spiegeleier: lächeln gut zuhören, nicht kritisieren, dem anderen das Gefühl geben, dass er wichtig ist. So weit, so gut. Tatsächlich ist es auch gar nicht so schwierig, Freunde zu finden, wie Freunde zu bleiben. Neid, Sex, Geld, der volle Kalender, die Feinde der Freundschaft lauern überall. Welche Freundschaften sind echt und halten, und was sind nur als Freundschaft verkleidete Energievampire? Und überhaupt, welche friends sind denn ohne benefit?

Die Kinderfreunde

Freunde sind die ersten Beziehungen, die wir uns selbst aussuchen. Natürlich ist die Wahl nicht so ganz selbstbestimmt, wenn die Playdates von den Eltern vereinbart werden. Dennoch bestimmt schon im Kindergarten Sympathie darüber, wer der Spielgefährte wird, und nicht primär die Fahrgemeinschaft der

Eltern. Mit Freunden verhandelt man anders als in der familiären Hackordnung von Eltern und Geschwistern meistens auf gleicher Ebene, und so werden soziale Fähigkeiten fürs restliche Leben eingeübt: Wie gewinnt man Freunde, wie pflegt man Freundschaften und wieso hat Yvonne so viel mehr Barbies als ich? Mein Sandkastenfreund und ich waren so unzertrennlich, dass wir den gleichen Haarschnitt, die gleichen Sandalen und die gleiche Körpergröße hatten, und zwei Lektionen habe ich schon mit vier gelernt: Den ersten Streit gab es, als ich etwas hatte, was er nicht besaß, nämlich 2 Zentimeter Wachstumsvorsprung. Erst eine erneute Messung, die uns auf ein Niveau zurückbrachte, konnte die Freundschaft wieder kitten. Neid in der Freundschaft ist Gift. Die zweite Lehre war, wie bitter Eifersucht und Verrat schmecken, als er nicht nur mit einem anderen Jungen spielte, sondern die beiden auch noch auf dem Spielplatz mit Schaufelpistolen nach mir schossen. Und dennoch, 35 Jahre später erinnere ich nicht nur den ersten Kummer, sondern auch, wie wir stundenlang mit Playmobil im Garten gespielt haben, die Tür zum Kinderzimmer mit Büchern verbarrikadierten, als er zum Abendessen heimgehen sollte, und wie traurig ich war, als wir wegzogen.

Wenn also die Kinder jemanden mitbringen, dessen Haarschnitt, Eltern und Spielverhalten zu den eigenen Vorstellungen so gar nicht passen, ist der Gedanke an das Immunsystem, das sich nur am Fremden trainieren lässt, vielleicht ganz tröstlich. Die ganzen Skills, die wir in der Erziehung vermitteln und erwerben, brauchen Reibung und Konflikt, den Abgleich mit einem fremden Ökosystem, um sich zu verfestigen und zu bestätigen – oder eben auch, um diese zu revidieren und uns vom Elternhaus zu lösen.

Niemand kennt mich so gut wie meine Freunde, die mich als Kind, Teenager und erwachsene Frau erlebt haben, die noch wissen, welches Plakat über meinem Kinderbett hing und wie schlimm der erste Liebeskummer war. Auch wenn wir unsere ältesten Freunde vielleicht nicht einmal mögen würden, träfen wir sie heutzutage zum ersten Mal: Diese Freundschaften sind wie die alten T-Shirts, in denen man am besten schläft, vertraut, gewohnt, keiner Erklärungen bedürftig. Dass der andere auf dem Land wohnen geblieben ist und über den Karnevalsverein nachdenkt, während man selbst über vegane Restaurants in der Großstadt redet, ist vielleicht sogar das Beste an diesen Freundschaften. Sie erinnern uns daran, wo wir herkommen, und stellen unsere eigene kleine Blase infrage. Während man als Erwachsener seine Freunde ja primär aus dem gleichen Pool fischt, erinnert der Abgleich mit einem anderen Biotop daran, wie zufällig und vielleicht auch egal Entscheidungen über Beruf, Parteien, Pullover und Lebenspläne für die Verbundenheit sind.

Wie wir Freunde werden

Wir alle kennen die Liebe auf den ersten Blick, wenn nicht aus dem eigenen Leben, dann aus zahlreichen romantischen Komödien. Wissenschaftler haben die Mechanismen dahinter erklärt. Biochemie, autobiografisches Gedächtnis, ein schnell kalkulierendes Gehirn, eine rasant entscheidende Amygdala, alles keine Magie. So wurde dem überwältigenden Gefühl eine feste wissenschaftliche Basis gegeben. Und nun gibt es neben der Liebe auch die Freundschaft auf den ersten Blick, »to fall in friendship«. Ich erinnere mich noch an meine erste sekundenschnelle Freundschaftsentscheidung am Einschulungstag; sie saß da, mit Faltenrock, weißen Strümpfen, Haaren, die brav gescheitelt und von einer Spange gehalten wurden. Das führte zu meinem tiefen Entschluss, dass diese Ikone der Weiblichkeit meine perfekte Ergänzung, mein Vorbild, meine beste Freundin werden musste. Ein paar Monate und einige Opfergaben (natürlich leihe ich dir meine Lieblingspuppe, so lange du möchtest) später waren wir Freundinnen.

Heute verliebt man sich in seine neuen Freunde auf Partys, Elternabenden und in Meetings. Wie in der Liebe gibt es auch hier die unerwiderte oder asymmetrische Freundschaft. Der eine weiß nicht, wohin mit sich vor lauter Freude nach der ersten durchplauderten Nacht, und der andere fragt sich, warum er schon wieder von einem Wildfremden vollgelabert wurde, wo er doch nur Spaß haben wollte. Ohnehin, anderen die Lebensgeschichte inklusive der sexuellen Vorlieben zu erzählen mag die Unterwerfungsgeste der Menschen sein, schafft aber keine tiefe Verbindung. Wie in der Liebe sind es die gemeinsamen Rituale, Vertrautheit, Vertiefung, einander Aushalten, die eine Sympathie zur Freundschaft werden oder eben als Bekanntschaft stagnieren lassen. Manche Gespräche sind also die One Night Stands der Freundschaft, aus anderen Begegnungen entstehen Verbindungen, die für immer halten, und wieder andere gehen in den großen Reservetank der Facebook-Freundschaften ein. Wer ein Musikinstrument wie ein Meister oder eine Sprache auf muttersprachlichem Niveau beherrschen will, muss angeblich 10 000 Stunden investieren, und das Gleiche gilt für Freundschaften. Die Repetition macht das Vertrauen und die Nähe aus. Und so wie für Norwegisch und Blockflöte gilt auch für manche Freunde, dass es sich manchmal einfach nicht lohnt, zu viel Zeit zu investieren, aber auch die ersten 120 Stunden für irgendetwas gut sein werden.

Frenemies: meine beste Feindin

Konkurrenz belebt das Geschäft und auch manche Freundschaften: Was sie kann, kann ich schon lange, mein Carport ist größer als seiner. Manchmal trifft man aber auch auf den Endgegner, die Person, mit der einen Faszination und Abscheu zu gleichen Teilen verbindet. In jeder zehnten Klasse gibt es mindestens eines dieser Duos, die sich gegenseitig zum Verwechseln ähneln, alles teilen und doch regelmäßig nicht mehr miteinander reden. Wie wilde Liebende können diese Freunde nicht miteinander und auch nicht ohne einander, amitié fou. Niemand hasst sich so innig wie ehemals beste Freundinnen, und niemand wird so sehr vermisst. Paris Hilton und Kim Kardashian sind vermutlich das bekannteste Beispiel: Als Paris der Shootingstar unter den It-Girls war, machte sie ihre Kindheitsfreundin Kim nicht nur zu ihrer Assistentin, sondern nahm sie in »The Simple Life« mit vor die Kamera. 20 Jahre später ist Paris ein has been. Kim ist nicht nur die Königin des Reality-TV, sie hat das Genre revolutioniert und ihre ganze Familie zu Multimillionären gemacht. Und so wie sich die Rollen hier vertauschten, ist es auch im echten Leben, wenn der eine Nerd zum IT-Chef wird und der andere im Hobbykeller der Eltern stecken bleibt. Wie geht man also damit um, wenn das Glück – oder noch schlimmer, Talent und Fleiß – der Freundin den besseren Job, Mann und Hautzustand verschafft? Glück ist launisch, das steht fest, und von außen sieht alles immer schöner aus. Also lohnt es sich immer, erst einmal 50 Prozent Glück auf alle Posts in sozialen Medien abzuziehen und dann die Perspektive zu wechseln. Die perfekte Freundin ist nämlich vermutlich abends genauso müde, erschöpft und voller Selbstzweifel wie man selbst, und wenn nicht: good for her. Sollte alle Psychohygiene nicht helfen, muss Distanz her. Denn Neid ist weder für den eigenen Gemütshaushalt noch für eine Freundschaft gut. Bevor Sie anderen permanent das Glück verderben oder vom Neid zerfressen werden, verabschieden Sie sich. Schließlich ist das der Unterschied zur zehnten Klasse. Als Erwachsener weiß man, dass es besser ohne einander als schlecht miteinander ist.

Verrat unter Freunden

Shania Twain wurde nach 14 Ehejahren von ihrem Ehemann für ihre beste Freundin verlassen. Nicht nur der Mann ist weg, sondern auch die beste Freundin; da bleibt nur die Frage, wer einen denn nun mehr verraten hat. Klar, das ist der Fünftausender des Verrats (der dafür erstaunlich häufig vorkommt, jeder kennt mindestens einen solchen Fall im weiteren Freundeskreis), aber im Kleinen taucht das Drama des Verrates spätestens im Schulalter auf.

Plötzlich erfahren Mitschüler die unaussprechlichen Geheimnisse, die im Dunkeln einer Pyjamaparty ausgetauscht wurden, trifft sich die vermeintlich gute Freundin mit dem Schwarm, werden gemeinsame Pläne mit anderen umgesetzt. Und es tut weh, mindestens genauso sehr wie Liebeskummer, wenn nicht noch mehr, denn bei der Liebe ist der Verrat schon immer eingepreist, während die Freundschaft Vertrauen auf Ewigkeit verspricht. Wo fängt also der Verrat an? Ist es die Notlüge, länger im Büro bleiben zu müssen, wenn man keine Kraft hat, sich die gleiche Litanei zum zehnten Mal anzuhören? Ist es das weitergetratschte Geheimnis, die lustige Anekdote, die für den betroffenen Freund vielleicht doch gar nicht so komisch, sondern eher peinlich ist? Oder fängt der Verrat erst beim Schneeballsystem, dem verführten Ehemann oder dem geklauten Schmuck an?

Dramen in der Freundschaft gehören wie die Frenemies in die Zeit vor dem dreißigsten Geburtstag. Danach sollte man seine Freunde kennen, mit all ihren Fähigkeiten und Macken, und nicht erwarten, dass sie ein Ideal aus einem Enid-Blyton-Roman erfüllen. Daher gibt es im Fall der Fälle genau drei Optionen: Der Schaden und die Enttäuschung sind irreparabel (Ehemann, Unterschlagung), dann beendet man die Freundschaft, klar, kurz, deutlich. Oder aber die Freundin ist eine Tratschliesl, war es immer und wird es immer bleiben, da hilft kein Streit und keine Diskussion, sondern nur zu akzeptieren, was sich nicht ändern wird, und zukünftig vorsichtig zu sein, was man weitergibt. Falls darüber die Freundschaft so erkaltet, dass Sie eigentlich gar nichts mehr teilen wollen, dann kann der Kontakt auch einfach in den Winterschlaf versetzt werden. Es gab einen Grund, warum man sich befreundet hat, und selbst wenn der einem nicht mehr klar ist, die gemeinsame Geschichte und die gegenseitige Prägung reichen aus, den anderen nicht gänzlich zu verdammen. Vielleicht kommt er ja wieder, der Moment, in dem genau diese Freundin die Einzige ist, die verstehen wird, was gerade passiert. Und wenn nicht, können wenigstens beide ohne Bitterkeit an die schönen Seiten der gemeinsamen Zeit denken. Die dritte Option ist die schwerste: den Konflikt lösen. Nicht der Charakter des Freundes steht zur Diskussion, sondern ein konkretes Problem, die Indiskretion, die ausgebliebene Einladung zum Abendessen. Schütten Sie den Freund nicht mit dem Bade aus, halten Sie die Wut im Zaum und verzeihen Sie, was Sie können.

Geld und Freundschaft

Bei Geld hört die Freundschaft auf, heißt es sprichwörtlich, aber man könnte es auch anders sagen. Bei Geld fängt wirkliche Freundschaft erst an. Meine Mutter hatte zum Thema Verleihen eine goldene Regel, allerdings ging es dabei nur um Barbiekleidung: Verleihe nichts, was du nicht auch verschenken könntest. Gegen diese Weisheit spricht zwar das fundamental schlechte Bild, das sie von Leihenden propagiert, aber zumindest bei Geld hat sich diese Regel bewährt. Zehn bis 100 Euro sind im Regelfall verschmerzbar und könnten deshalb auch freigiebig verliehen werden. Ohnehin ist diese deutsche Idee von getrennten Kassen und centgenau dividierten Kneipenrechnungen ein Teil unseres spießigen Images, türkisch fordert man sogar die getrennte Rechnung als »alman usulü«, die deutsche Weise. Jenseits der gewünschten Lässigkeit im Umgang mit Besitz kennt dennoch jeder von uns mindestens eine Freundschaft, in der über einer verlorenen Lieblingsjacke, einem zerknickten Krimi oder dem ewig geschnorrten Zehner die Zuneigung zumindest eine harte Probe erlebt hat. Denn häufig geht es eben nicht um Geld oder kurz vor der Klausur verschusselte Effi-Briest-Erklärheftchen, sondern um grundlegende Fragen. Respektierst du, was mir wichtig ist? Bin ich dir genauso lieb (und teuer) wie du mir? Und wie immer bei Stellvertreterkonflikten ist die Abwägung klar, ob der eigentliche Konflikt noch lösbar und der andere so wichtig ist, dass ich die Kraft investiere, oder wird Claudia für immer die Freundin sein, die 2005 meine schönste Jeansjacke und damit mich verloren hat? Beide Handlungsoptionen sind legitim, solange klar ist, dass es am Ende nicht um 20 Euro ging.

Für größere Finanznöte gilt: »A friend in need is a friend indeed.« Geld ist am Ende ja ohnehin nur eine Ressource von vielen, und wenn man gerade derjenige ist, der mehr Geld hat, heißt es noch lange nicht, dass der andere nicht wiederum über Ressourcen (Liebe, Geduld, Kochkompetenz, Job-Beziehungen, Bohrmaschinen) verfügt, die man genauso sehr benötigt. Solange ansonsten ein Gleichgewicht herrscht, zahlt man halt für den anderen mit. Und wenn es um Summen jenseits der Bagatellgrenze geht, lohnt sich eine klare, nüchterne, rechtlich abgesicherte Lösung, dann kann es auch bei größeren Summen problemlos gut gehen. Wenn Ihr Freund allerdings zu den Schluris gehört, die immer pleite sind und trotzdem das Teuerste auf der Karte bestellen: Sie sind nicht zu Subventionen ohne Hoffnung auf Besserung verpflichtet.

Liebe und Freundschaft

Spätestens seit dem gleichnamigen Film von 2011 ist der Begriff »Friends with Benefits« im deutschen Sprachgebrauch gelandet und bezeichnet die Grauzone zwischen Freundschaft und Liebe, wo man schon miteinander schläft und sich doch (noch) nicht liebt. Und während Harry und Sally in den Achtzigern noch entscheiden mussten, ob Männer und Frauen überhaupt Freunde sein können, weil es immer um Sex gehen wird, ist die Antwort heute: Seid doch einfach beides! Freunde, die gemeinsam Filme schauen, ausgehen, Kummer besprechen und miteinander schlafen – oder eben auch nicht. Natürlich bringt die ganz große Definitionsfreiheit auch den ganz großen Kummer mit sich, nämlich dann, wenn einer sich verliebt und der andere nicht. Was also tun? Häufig entscheidet sich das danach, was zuerst da war, die Freundschaft oder der Sex. Wenn die Freundschaft im Bett anfing, dann wird es schwieriger, den Sex auszuschleichen, als ihn in eine platonische Beziehung einzuschleichen. Erwartungsmanagement ist sinnvoll: Was erhoffe ich mir, was kann ich realistisch einfordern, will ich die Freundschaft aufs Spiel setzen? Eine enge Freundschaft wird auch aushalten, wenn das Level an Intimität mehrfach neu verhandelt werden muss oder einer sich eine Zeit lang entfernt, um zurückkehren zu können.

Überhaupt: Warum trennen wir so streng zwischen Liebe und Freundschaft? Halten heute Freundschaften nicht länger und fester als manche Ehe? Wieso sagen wir unseren Freunden denn so selten, wie sehr wir sie lieben, und nehmen sie so selten in den Arm? Die größte Liebe in unserem Leben ist vielleicht ohnehin unsere beste Freundin, die vermutlich auch am meisten über und um uns weiß, weil wir mit ihr weder über Kindererziehung noch Geldausgaben verhandeln müssen und unsere Erwartungen an sie so viel niedriger sind als an unseren Partner. Sagen Sie Ihren besten Freunden beim nächsten Treffen, wie glücklich Sie sind, dass Sie einander haben, und umarmen Sie sie noch fester als sonst. Intimität ist nicht nur zwischen Liebenden schön.

Kollegen, Bekannte oder Freunde?

Es gibt eine Hierarchie der Sympathie, bei der Beziehungen ein Name gegeben wird, um den Grad der Zuneigung zu benennen: Kollegen, Mitschüler, Bekannte, Facebook-Freunde, Freunde, beste Freunde, BFF, Office Husband. Aber so starr, wie diese Schlagworte es versprechen, ist die Zuneigung nicht, und so wechseln die Menschen die Kategorien, ehemals beste Freunde werden zu Facebook-Freunden, Kollegen zu besten Freunden.

Mit kaum jemandem verbringt man so viel Zeit wie mit seinen Kollegen; auf vierzig gemeinsame wache Stunden kommen die wenigsten Paare und Familien. Angeblich finden 15 Prozent der Paare durch die Arbeit zueinander. Dennoch gilt immer noch die goldene Regel: Dienst ist Dienst und Schnaps ist Schnaps. Wobei so vieles für gute Freunde bei der Arbeit spricht. Nirgends lernt man sich so gut kennen, erlebt so viele Krisen gemeinsam und braucht nirgends so dringend einen emotional support dog aka guten Freund wie im Büro. Woher also der schlechte Leumund der Bürofreundschaft? Wenn einer der Freunde auf der Hierarchieleiter emporklettert und der andere nicht, scheinen Gewissenskonflikte und Streit vorprogrammiert. Und was ist, wenn eine berufliche Entscheidung durch die Freundschaft beeinträchtigt wird? Andererseits beflügelt die Zusammenarbeit unter Freunden nicht nur das Betriebsklima, sondern erweitert auch den Horizont. Wenn es niemanden gibt, mit dem wir unsere Arbeitsprobleme gut besprechen und gemeinsam zu Mittag essen können, dann ist die Freude auf die Arbeit auch nicht mehr existent. Also spricht vieles dafür, Freundschaften auf der Arbeit zu schließen, eine innige Verbindung mit Kollegen einzugehen – solange man auf die Loyalitätsfrage »Freundschaft oder Arbeit« vorbereitet ist.

Und für alle anderen Kategorien gilt: Warum muss alles immer benannt und bewertet werden? Die Freundlichkeit im richtigen Moment, die Unterstützung bei der Wahl der richtigen Kita, ein Lächeln im Vorbeigehen, die kleinen Gesten sind, was unseren Alltag erträglich macht. Und dafür ist relativ egal, von wem sie kommen. Je starrer die Kategorien, umso enger die Erwartungen und Möglichkeiten. Die allerbeste Freundin muss auch alles am allerbesten machen, um ihre Position zu halten. Wenn es mehr als einen engsten Freund gibt, verteilt sich die Last, aber nicht die Zuneigung.

Facebook: Sind wir Freunde?

Der Neurologe und Oxford-Professor Robin Dunbar hat in den 1990ern nicht nur erforscht, dass Klatsch und Tratsch für Menschen die gleiche Funktion hat wie Fellpflege für Tiere und 60 Prozent unserer täglichen Konversationen ausmacht, er hat auch eine Zahl dafür definiert, mit wie vielen Personen wir eine soziale Bindung pflegen können. Die Dunbar-Zahl liegt bei 150, erstaunlich viel auf den ersten Blick. Wenn man davon aber die unterschiedlich große Familie, die Kollegen und die Alltagskontakte abzieht, dann bleibt gar nicht mehr so viel übrig für Freunde und Bekannte. Und tatsächlich, kaum jemand hat mehr als zehn bis 15 Freunde, im schlimmsten Fall der Fälle weinend anrufen würde man vermutlich nur zwei. Und die Dunbar-Zahl gilt auch für Facebook. Bei den meisten meiner dortigen Kontakte sehe ich 200 bis 300 Freundschaften, die fleißigen Netzwerker im Graubereich zwischen Privat- und Berufsleben haben auch mal 1 000. Was sind diese Verbindungen wert? In den sozialen Medien sehen auch Menschen, die man auf der Straße nur mit einem Nicken grüßen würde, was man aus seinem Leben teilt. Und nach der Phase des wilden Westens, in der niemand so recht wusste, wie Social Media funktionieren, und auf den Pinnwänden von Streit bis Liebeserklärungen alles geteilt wurde, ist nun eine freundliche Oberflächlichkeit eingekehrt. Urlaubsfotos, Porträts des Abendbrotes, kluge Artikel, etwas Werbung in eigener Sache. Was geteilt wird, orientiert sich nicht an den 15 besten Freunden, sondern an den 250 restlichen Kontakten, an der Semi-Öffentlichkeit. Wenn wir also nach unseren Freunden und Bekannten auf Facebook und Instagram schauen, dann sehen wir eine beruhigte und beruhigende Oberfläche. Damit ist auch schon klar, wie sehr wir darüber wirklich miteinander verbunden sind: sehr gering. Wir wissen sehr viel voneinander, ein Bewegungsprofil zwischen Laufstrecke und Lieblingsrestaurant, und doch wenig umeinander, was unsere Nöte, Gedanken, Wünsche sind. Instagram, Facebook, WhatsApp: Die Nachrichten sind die Postkarten von heute, kleine Grüße, hinter denen manchmal etwas durchscheint, aber die Gespräche, die körperliche Nähe ersetzen sie nicht. Andererseits ist das Wiederfinden des schwedischen Erasmus-Freunds, den man 2002 in Salamanca kennengelernt hat, so einfach wie noch nie. Hätte man früher Briefe an die letzte bekannte Adresse geschickt (oder auch nicht), kann man heute sehr schnell wieder anknüpfen, wo man vor fünfzehn Jahren aufgehört hat. Freundschaften zu pflegen ist leichter geworden. Die schnelle Nachricht zwischendrin, der geteilte Instagrampost aus dem gemeinsamen Lieblingsmuseum: Vielleicht ist der Kontakt oberflächlich, aber er kann jederzeit auch wieder vertieft werden, die Verbindung reißt nicht ab, und wenn doch, findet man sich wesentlich schneller wieder als noch vor zwanzig Jahren. An einem verlorenen Adressbuch scheitert heute keine Freundschaft mehr.

Kritik unter Freunden

Dale Carnegies Basisregel zum Umgang mit Freunden propagiert: »Don't criticize, condemn, or complain.« Nicht kritisieren, nicht verurteilen, nicht beschweren – das klingt nach Regeln für Hausfrauen in den Fünfzigern, als ob als Nächstes ein Kotelett im Negligé serviert wird. Soll man seinen Freunden eine glatte, einfache, bequeme Bedienungsoberfläche bieten, um die Sympathie zu erhalten? Sind Freunde nicht vielmehr dazu da, einander das zu sagen, was niemand sonst mitteilen kann?

Freundschaft ist aus Zuneigung und Vertrauen gemacht, aus der Sicherheit, angenommen und in Ordnung zu sein. Kritik ist nie schön, egal, in welches Sandwich aus positivem Feedback und Liebe sie verpackt wird. Und das fängt mit den kleinen Dingen an: Gerade unter Frauen war noch bis vor Kurzem akzeptiert, sich gegenseitig zu sagen, dass fünf Kilo weniger, ein anderes Kleid, der Haarschnitt von vor zwei Jahren, ein anderer Freund, eine leisere Lache so viel schöner wären: die beste Freundin als Erziehungsberechtigte. Heute ist die dauernde Kritik am Äußeren durch die Affirmation, die Bestätigung des anderen abgelöst. Und was bringt es auch, der Freundin zu sagen, dass ihr Rock zu kurz ist, wenn sie sich offensichtlich wohl darin fühlt und glücklich ist? Warum sollte man den Druck der Gesellschaft, dicke Schenkel nicht zu zeigen, in die Freundschaft hineintragen? Wenn jemand auf dem Auge für die Angepasstheit blind ist oder sich schlicht dem Diktat der Mehrheit entzieht, dann ist das vermutlich auch der Grund, warum man denjenigen so mag. So wie das Erziehungsideal heute ein gewaltloses, förderndes geworden ist, sind auch alle anderen Beziehungen heute von dem Wunsch nach Unterstützung, Liebe, Wachstum und Likes geprägt: Jeder ist eine Schneeflocke!

Trotzdem, manchmal ist ein Freund auf dem Holzweg, geht sich selbst verloren, verhält sich falsch. Und dabei zuzuschauen unter der Prämisse, ich unterstütze meine Freunde bedingungslos in allem, was sie tun, ist natürlich nicht richtig. Dann ist der Moment gekommen, Vertrautheit und Vertrauen, das entstanden ist, als man sich die blöden Sprüche über die Lippenstiftfarbe verkniffen hat, zu nutzen. Dafür gibt es gute und weniger gute Momente. Am besten funktioniert der gute Ratschlag dann, wenn nach dem Rat gefragt wird. Wenn der andere zeigt, dass er sich unsicher ist, wenn er die Unterstützung sucht. Und dann muss nichts in ein Sandwich eingepackt werden, sondern dann ist es Zeit für Ehrlichkeit. Wir kennen unsere Freunde, wir wissen, was ihnen weh- und gut tut, wir haben sie bestenfalls über Jahre erlebt. Deshalb kann man auch sagen, was niemand sonst sagen darf und kann. Dass sich der andere von sich selbst entfernt und man den alten Freund vermisst. Dass man die Traurigkeit sieht und sich fragt, wie man helfen kann. Dass der andere sich wie ein Arschloch in seiner Beziehung aufführt und damit aufhören sollte. Die Wahrscheinlichkeit, dass der Freund es schon längst weiß und es nur selbst nicht sagen kann, ist groß. Und wenn es in dem Moment nicht geht, dann wartet man eben, bis der andere so weit ist.

Zeit für Freunde

Als Zeit noch kein rares Gut war, habe ich ganze Tage, Abende, Wochen mit meinen Freunden verbracht. Vierstündige Telefonate, Gespräche, die morgens direkt weitergingen. Maßlos und ohne einen Gedanken an Hausaufgaben, Eltern oder Schlafmangel zu verschwenden, wurden grundlegende Themen von Haarschnitten bis projektierte Kinderanzahl, Verliebtheit und Politik beredet und manchmal auch einfach nur gemeinsam in Zeitschriften geblättert. Heute ist die Planung eines Treffens mit vielen meiner Freunde so komplex wie ein Staatsbesuch, Kinder müssen verstaut und in der knappen Zeit neben Beruf, Yoga, Ehrenamt und *Better call Saul* ein Zeitfenster gefunden werden. In den zwei Stunden finden dann Lebensabgleich und drei Gänge statt, und neben der Erinnerung an und der Verbindung von früher bleibt ein Gefühl von Stress zurück. Wieso sind die Menschen, mit denen man früher gemeinsam aufs Klo, in die Uni, auf Partys und zu Frühstücken ging, nicht mehr selbstverständlich dabei, wenn wir einkaufen, kochen, die Kinder ins Bett bringen? Wieso denken wir, der andere kann uns nicht mehr verstehen, weil seine Lebenswirklichkeit eine andere ist als unsere, und warum muss eigentlich jeder immer alles verstehen? Wieso sollte die Wohnung aufgeräumt und das Haar gebürstet sein, wenn man die Tür aufmacht? Freundschaften leben nicht von Effizienz und Effektivität, vom Druck, tiefgängige, wertvolle Gespräche zu führen, den gegenseitigen Gefälligkeiten, dem Erinnern von Geburtstagen und tollen Geschenken. Freundschaften ernähren sich von Zeit, Gemeinsamkeit, aneinander denken, einem kurzen Anruf, einem langen vertrödelten Sonntag, davon, den anderen in das Leben und in die Seele zu lassen. Wenn wir die Zeit und die Pflicht vergessen und gemeinsam in der unaufgeräumten Küche oder im Garten des anderen versacken, die Kinder spielen, es Gläser mit Eiswürfeln gibt, man gemeinsam in der Sonne döst, dann sind wir magisch miteinander verwoben.

Vorm Spiegel

Der Superbowl der Alterslosigkeit

Nachdem Jennifer Lopez und Shakira im Januar 2020 in der Halbzeit des Superbowl in winzigen Stripperinnenkostümen eine Bühnenshow auf Leistungssportniveau hinlegten, explodierten die sozialen Medien mit Memes, in denen J.Los altersenthobener Körper mit dem eigenen Verfallszustand kontrastiert wurde: links die fitte Sängerin an der Stripperstange, rechts der 60-jährige Danny de Vito, Untertitel: J.Lo at 50, me at 29.

Jennifer Lopez sieht beruflich gut aus, ihr Aussehen ist Teil ihrer Job-Description. Neben Genen, Sport, Geld und dem Talent der besten Kosmetikerinnen und Dermatologen wird sicherlich auch die permanente mediale Beobachtung in den Kampf um ihre Alterslosigkeit geflossen sein. Denn die Prämisse, schön und jung zu bleiben, ist der Teufelspakt Hollywoods. Wer hier ungehemmt altert, wird bald nur noch als Mutter, ältere Freundin oder Exfrau gecastet, also in die B-Rolle abgeschoben.

Doch die Erwartung, jung und fit zu bleiben, ist längst in der Mitte unserer Gesellschaft angekommen. Das wurde mir klar, als eine Freundin vor Kurzem vierzig wurde und sich eine Botoxbehandlung wünschte. Sie ist keineswegs ein alterndes Model oder ein hängengebliebener Single, sondern eine Akademikerin mit gutem Beruf, Haus, Mann und drei Kindern. Wenn der Wunsch nach einer medizinischen Antwort auf eine Zornesfalte so gesellschaftsfähig ist, dass er es in eine

Einladungsmail schaffen kann, dann sagt es viel über die Allgegenwärtigkeit der Altersbekämpfungsindustrie aus. Botox, Filler, chemisches Peeling, Resurfacing, Vampire Facials: Die Liste der temporären minimalinvasiven Eingriffe in der erschwinglichen Preisklasse bis zu 500 Euro ist lang. Und wenn mit dem »tweaking«, also den kleinen Verbesserungen, nichts mehr zu machen ist, hat die ästhetische Chirurgie für alle Alterserscheinungen schmerzhafte Gegenmittel: Liftings, Straffungen, Eigenfett aus den Schenkeln in die Wangen. Die höfliche Antwort auf die Äußerung des Alters ist schon ab dem dreißigsten Geburtstag ein ungläubiges »Niemals bist du so alt, ich hätte dich höchstens für… gehalten«. Das sichtbare Alter, Falten, graue Haare, Altersflecken, mangelnde Spannkraft werden bekämpft und durch Cremes, Sport und professionelle Hilfe im Zaum gehalten.

Wie geht man also mit dem Memento mori des eigenen Verfalls um, wo doch die Wissenschaft selbst die Jugend von Supermarkt-Tomaten von Tagen auf Monate verlängert? Wie glücklich macht ein glattes Gesicht, wie zufrieden die perfekte Augenbraue? Muss man mithalten, wenn Jugend den BMW als Statussymbol ablöst und sich schon 25-Jährige Hyaluron spritzen lassen?

Nicole Kidman wurde lange für ihren glatten Teint verspottet, Renée Zellwegers Augenlifting sorgte für einen Aufschrei der Empörung. Meg Ryan und Melanie Griffith haben sich mit der einen OP zu viel nicht nur in die Gruselcharts katapultiert, sondern auch um ihre Karrieren gebracht. Der Kampf gegen das Älterwerden darf nicht zu offensichtlich sein, niemand soll sehen, wie viel Arbeit und Schmerz hinter der vermeintlichen Jugend steckt. Es ist ja auch ein Kampf gegen Windmühlen, wenn die Renovierung an einem Ende abgeschlossen ist, beginnt es am anderen wieder von vorne, und vor manchen Körperteilen wie den Händen haben selbst die routiniertesten Experten Respekt. Und überhaupt: Nehmen wir uns mit dem Kampf gegen das Alter nicht den wichtigsten Vorteil, den Älterwerden mit sich bringt, nämlich Gelassenheit? Wenn eine medizinisch stillgelegte Stirnfalte andererseits mehr Seelenruhe verschafft als permanentes Cremen, Schminken und Zaudern, dann sind die 500 Euro gut investiert.

Beautywork – der Preis der Schönheit

Spray Tan, makrobiotische Ernährungsberater, Echthaar-Extensions, diplomierter Föhnexperte, Kosmetikerin, Personaltrainer: Angeblich gibt Jennifer Aniston so 140 000 Dollar im Jahr aus, und dabei sind die einmaligen und wiederkehrenden Maßnahmen beim Beautydoc nicht einkalkuliert.

Doch auch die deutsche Durchschnittsfrau investiert viel in die ewig flüchtige Schönheit: duschen, Haare waschen und föhnen, Beine rasieren, Bodylotion, Gesicht reinigen und eincremen, Make-up, so kommt rasch eine Stunde morgendliche Beautyroutine zusammen. Dass es mittlerweile mit dem Stewardessen-Syndrom ein eigenes Krankheitsbild der überpflegten Haut gibt und tägliches Duschen die Haut schädigt, erzählen Dermatologen ihren Patienten vergebens. Der Preis ist immens, jährlich werden in Deutschland rund 13 Milliarden für Pflegeprodukte und dekorative Kosmetik ausgegeben. Die Anzahl der minimalinvasiven Eingriffe (Botox, Filler) liegt bei 45 000, die der chirurgischen Eingriffe bei 35 000, wobei sich die Zahl der behandelten Männer verdoppelt hat. Und dabei sind die Opportunitätskosten nicht berechnet, also das, was sich in der Zeit, die wir mit unserem Spiegelbild verbringen, erreichen oder verdienen ließe.

Warum sind wir so sehr mit unserem Äußeren beschäftigt? Pflege ist für viele von uns mit Zuwendung zu sich selbst verbunden, die Werbung verspricht uns Wohlbefinden und Kuschelzeit auf Masken und Badesalztütchen. Außerdem ist für viele das frisierte, geschminkte, rasierte, kurzum das zurechtgemachte Äußere die Vorbereitung für die Außenwelt, die Herausforderungen des Alltags. Für manche fängt das Draußen bei den Mülltonnen an oder sogar beim Ehemann, der seine Frau in 50 Jahren nicht ohne Wimperntusche gesehen hat. Für andere ist ein Samstag ohne Make-up der Inbegriff für Erholung. Je mehr sich das Ausgehgesicht von dem Aufwachgesicht unterscheidet, umso wichtiger ist die Maske, die es schützt. Wenn die Haare, die Wimpern, die Haut dem entsprechen, was erwartet wird, steigt die Sicherheit. Auch wenn niemand außer einem selbst weiß, dass das Zähneputzen und Duschen ausgefallen ist, weil keine Zeit da war, die Angst, unangenehm zu riechen, ist ein schlechter Begleiter durch den Tag.

Teure Pflege ist der Inbegriff von Luxus. Faltencreme für 120 Euro, Parfums für 300 Euro, das ist so rational wie eine Mercedes G-Klasse als Familienwagen, nur weniger offensichtlich, denn auf den ersten Blick soll der Preis der Schönheit ja auch noch unsichtbar sein. Ein teures Beautyprodukt verspricht, einen gefühlten Makel für 50 bis 500 Euro zu beheben. Nichts ist attraktiver als Problemlösungen, selbst dann, wenn das Problem (etwa vergrößerte Poren) eine Erfindung genau jener Industrie ist, die die Lösung verkauft. Wenn sonst schon alles schiefgeht, dann kann man zumindest den Glow eines koreanischen K-Pop Stars ercremen.

Wenn Pflege und Make-up Sicherheit und Geborgenheit, Ablenkung und Luxus sein kann, wie viel Zeit und Geld ist dann zu viel? Alle sechs Wochen 60 Euro für den Friseur, das sind mehr als 500 Euro im Jahr. Dafür kann man ein Wochenende in einer anderen Stadt verbringen, und wer sagt eigentlich, dass Haare nach sechs Wochen dringend wieder geschnitten werden müssen? Wie viel besser pflegt eine Creme für 50 Euro als eine für 10 Euro? Würde perfektes Englisch das Renommee bei den Kollegen nicht mehr steigern als der perfekte Lidstrich? Wäre man mit 20 Minuten mehr Schlaf und am Abend luftgetrockneten Haaren vielleicht glücklicher als mit der perfekten Welle? Die Abwägung zwischen Maniküre und Riester-Rente fällt bei jedem von uns anders aus. Natürlich kann man jetzt einwenden, dass eine Lektion Französisch wertvoller ist als eine gut sitzende Frisur und jeder von uns mit seinem natürlichen Ich glücklich sein sollte. Aber am Ende ist das der gleiche Zwang zur Selbstoptimierung.

Der gleichberechtigte Druck: die männliche Schönheit

Lange waren die Frauen mit diesem Attraktivitätsdruck allein. Waren die Männer im Barock noch das attraktive, bunte, gepflegte Geschlecht, wurde mit der französischen Revolution und dem Siegeszug der Bürgerlichkeit die Schönheit die Hochburg der Frauen, ihre Jugend zum Ideal. Für Frauen gab es zwei Aggregatzustände: die begehrte Geliebte und die aufopferungsvolle Mutter. Männer verdienten Geld, Frauen sorgten für das Haus, die Kinder und das Glück der Männer. Und wenn die wichtigste Garantie für die eigene wirtschaftliche Existenz der Ehemann ist, dann ist die hübsche Schale, die einen guten Fang ermöglicht, das höchste weibliche Gut.

Doch entgegen der Vermutung, mit fortschreitender finanzieller Emanzipation würde auch der Beautydruck abnehmen, steigt er nur. Einziger Tribut an den Wandel: Er wird jetzt auch auf die Männer ausgeweitet. David Beckham tauchte vor 25 Jahren mit aufwendigen Frisuren und gestyltem Körper als Geburtshelfer des metrosexuellen Schönheitsideals in knappen Boxershorts und haarloser Brust in den Medien auf. Seitdem ist die Beautypflege für Männer in den bundesdeutschen Kulturbeutel und die Drogerien eingezogen. Bei dm gibt es unter dem Markennamen SEINZ ein Regal mit ungeahnten Produkten von Bartpflege bis Concealer in männlich-markanter Verpackung.

Ein Koloss wie Helmut Kohl würde es heute wohl nur schwer über die Kommunalebene hinaus schaffen, denn der Mann von heute ist so selbstdiszipliniert wie gesundheitsbewusst, also schlank, sportlich und gepflegt. 1973 schrieb Paul Simon noch »Why am I soft in the middle? When the rest of my life is so hard!«, heute ist der Sixpack so hart wie das Wirtschaftsleben, zumindest im Ideal.

Eine ganze Industrie lebt von männlichen Haaren, auf dem Kopf, über den Augen und auf dem Rücken, und was an der einen Stelle unerwünscht ist, wird an die kahlen Stellen am Hinterkopf transplantiert. Christian Lindner, Jürgen Klopp, Robbie Williams, aber auch Zivilisten aus dem Kollegenkreis nehmen Kosten und Schmerzen in Kauf, um dank voller Haare wieder jünger und viriler zu wirken.

Kein Datingprofil ohne den Hinweis auf Sport: Bouldern, Laufen, Crossfit, wer nicht mindestens einen Klimmzug schafft, ist schnell raus aus dem Spiel. Never skip leg day! Diäten sind schon lange nicht mehr die Domäne der Frauen: Proteinshakes, Coke Zero, Beef Jerky, wer in der Mittagspause in der Kantine nicht zumindest hin und wieder den Flexitarier-Wok wählt, ist entweder noch so jung, dass er sich keine Gedanken um seine Gesundheit und seine Figur macht, oder er hat den Kampf aufgegeben.

Body Positivity vs. Body Neutrality

Wenn also alle permanent ihren Selbstwert über Schönheit definiert sehen und wir lesen, dass man als gutaussehender Mensch erfolgreicher im Job und in der Liebe ist, hübsche Kinder mehr elterliche Liebe und Zuwendung von den Lehrern erfahren, was passiert denn dann eigentlich, wenn wir hässlich sind oder werden? Wer entscheidet darüber, was schön ist?

Die Antwort der Biologen ist: Symmetrie, Jugend und Gesundheit wirken attraktiv. Das Kindchenschema wirkt auch bei erwachsenen Frauen anziehend, eine schmale Taille im Verhältnis zu breiteren Hüften (waist-to-hip-ratio) verheißt Fruchtbarkeit und Gesundheit. Aber sind wir wirklich so simpel gestrickt? Die Geschichts- und Kulturwissenschaften sagen Nein, schließlich verändert sich ja auch das Ideal im Jahrzehnte-Takt. Sexyness ist nicht in biologistischen Stein gemeißelt, sondern eine Zuschreibung. Ikonen wie Jayne Mansfield, Twiggie, Kate Moss, Gisele Bündchen oder Kim Kardashian geben uns die Looks vor. Wer als schön gilt, ist auch immer ein Spiegel des Zeitgeschehens.

Der enorme Druck, sexy zu sein und unablässig dafür zu arbeiten, hat als Gegenbewegung die Body-Positivity-Bewegung hervorgebracht, das Versprechen, dass wir alle schön sind, und zwar so, wie wir sind. Egal, welche Farbe unsere Haut hat, dick, Dehnungsstreifen, schiefe Nasen und Narben, wenn wir nur oft und laut genug sagen, wie heiß wir sind, dann glauben wir es vielleicht irgendwann und finden auch jemanden, der es uns bestätigt. Schließlich ist unser Schönheitsideal diverser geworden, nicht nur durch die Body-Positivity-Bewegung, sondern auch durch die sozialen Medien. Wenn jeder mit dem nötigen Geschick und der nötigen Followerzahl das Ideal seiner Wahl propagieren kann, dann wird die Auswahl an Identifikationsmöglichkeiten und Nischen größer. Auf Instagram kann jeder ein Model sein, darüber entscheiden weder Heidi noch Anna Wintour, sondern nur die Anzahl der Follower. Diese Diversität ist mittlerweile auch im Mainstream angekommen, als Erstes in der Dove-Werbung. H&M zeigt Mode auch an älteren und runderen Frauen, und der Konzern Victoria's Secret, dessen Shows jahrelang das Ideal weiblicher Sexyness diktierten, steht mit seinen spindeldürren, weißhäutigen, hochgesexten Engeln nicht nur vor dem finanziellen, sondern auch vor dem moralischen Aus. Die Instagram-Komikerin Celeste Barber schaffte es nicht deshalb auf die australische *Vogue,* weil sie den perfekten Körper hat, sondern weil sie die Posen der Models nachahmt und mit ihrem Durchschnittskörper als frauenfeindlich, absurd und albern entlarvt. Damit ist sie so erfolgreich, dass auch die *Vogue* nicht mehr an ihr vorbeikann. Die schlimmsten Kritiker der Elche waren früher selbst welche.

Dennoch ändert sich dadurch nichts an dem Wert, den wir dem Aussehen zumessen: Nur weil wir plötzlich alle schön sein können, ist die Macht der Schönheit noch lange nicht gebrochen, sie ist nur greifbarer geworden. Dabei ist ja nichts so ambivalent. Niemand will auf sein Äußeres reduziert werden, und doch wollen wir permanent genau dafür Bestätigung. Unser Partner soll uns schön finden, und doch gibt es vermutlich wenige Ehepaare, die nach 40 Jahren sagen, vor allem das Äußere des anderen habe sie so lange beieinandergehalten. Den Job bekommen wir vielleicht leichter, weil wir attraktiv sind, und doch verlieren wir ihn, wenn wir inkompetent und faul sind.

Außerdem darf man sich ja auch nicht ungehemmt über die eigene Schönheit freuen, denn das ist fast so schambesetzt, wie reich zu sein. Deshalb werden Beautyshots auf Instagram auch nicht mit den Hashtags #beautiful #confident versehen, sondern laufen unter #humble #blessed #loved. Offensichtliche Eitelkeit gilt als so geschmackssicher wie zu großer goldener Schmuck, ein sunsetfarbener Porsche oder ein Pullover von Gucci.

Die neuen weiblichen Idole Billie Eilish und Greta Thunberg propagieren nicht, dass sie sich der Abweichung ihres eigenen Äußeren von der Norm bewusst sind und gerade deswegen schön sind, es ist ihnen schlichtweg egal. Billie Eilish verweigert durch riesige Pullover den Anblick und die Bewertung ihres Körpers, und die Ernsthaftigkeit ihres Anliegens verbietet die Überlegung, ob Greta Thunberg mit offenen Haaren und Wimperntusche nicht hübscher wäre. Die beiden Frauen haben so viele Talente und Anliegen, hinter denen ihr Äußeres zurücktritt, und paradoxerweise sind sowohl die strengen Zöpfe als auch die weiten Pullover neue Trends.

Die Bloggerin Melissa Fabello hat 2015 den Begriff der Body Neutrality als Gegenentwurf zur Body Positivity geprägt. Anstatt die Abweichung von gängigen Idealen zur neuen Schönheit zu stilisieren, die Dehnungsstreifen mit Glitzer zu Tiger Stripes umzudefinieren, ist ihr Ziel, sich einfach weniger mit Körper und Aussehen zu beschäftigen und sich so der Sucht nach Perfektion zu entziehen. Für sie ist der Körper ein Gefäß, das uns Dinge ermöglicht, das unseren Charakter und unsere Talente beherbergt.

Vorm eigenen Spiegel

Da stehe ich nun, vor meinem ausgeleuchteten Spiegel, dem Druck, den Versprechungen der Kosmetikindustrie und den Frauen, die sich verweigern und Utopien dagegensetzen. Was bedeutet das für meinen Alltag? Bin ich ein Opfer der Werbung, wenn ich mich eincreme? Bindet mich ein falsches Schönheitsideal, wenn es mich freut, dass mich jemand für jünger hält? Wieviel Geld ist zu viel? Muss ich aus dem Hamsterrad aussteigen? Und wie hoch ist der Preis für den Beauty-Exit?

Freiheit ist ein Ziel mit hohen Opportunitätskosten. Natürlich ist es cool und avantgardistisch, ein Foto bei Tinder zu verwenden, das mich nicht in meiner HD-Version zeigt, sondern ungefiltert, mit Falten, Augenringen, ohne Pose. Das mag heroisch und ehrlich sein, ein Kampf gegen Facetune. Aber wie frustrierend sind keine Matches?

Vielleicht ist der erste Schritt, das routinierte Spiegelgesicht abzulegen und sich so anzuschauen, wie man andere ansieht. Bestenfalls freundlich und mit einem Blick dafür, was liebenswert und schön ist, also nicht nur nach den Makeln zu forschen. Weniger Suche nach Mitessern, mehr Freude an den klaren Augen. Man würde niemals so streng über andere urteilen, wie man es mit sich selbst tut. Warum sind wir nicht milder mit uns? Es wird immer jemanden geben, der reinere Haut, glänzendere Haare, strahlendere Zähne, vollere Lippen, prallere Brüste, prägnantere Wangenknochen, schmalere Knie hat – wenn nicht im Umkreis von einem Kilometer, dann spätestens hinter den sieben Bergen bei den sieben Instagram-Filtern. Taylor Swift, die ihre Songs vor ihrem dreißigsten Geburtstag annähernd 200 Millionen Mal verkaufte und für die Erfüllung aller Schwiegereltern-Träume berühmt ist, hat bekannt, dass sie beinah an dem Kampf mit Schönheitsidealen zerbrochen ist: »There's always some standard of beauty that you're not meeting.« War sie dünn genug, war ihr Hintern nicht mehr Kardashian-rund, wer in high fashion passt, verliert seine Sexyness. Wenn es sich also selbst so kurz vor dem Gipfel der absoluten Erwartungserfüllung so vergeblich und eiskalt anfühlt, dann ist es Selbstschutz, die Erwartungen zu managen und sich auf das zu fokussieren, was sich gut und gesund anfühlt. Wir messen unsere Fähigkeiten in der Analysis II ja auch nicht an Stephen Hawking und unsere Spaghetti Carbonara an Massimo Bottura, wieso sollten wir also so makellos und jugendlich sein wie Jennifer Lopez?

Ich jedenfalls freue mich über Schaumbäder, Cremes, wenn

der Lidstrich so schwingt, wie ich es mag, und meine Haare unverhofft beim Aufwachen so sitzen, wie es mit dem Föhn nie gelingt. Und wenn die Falten nach zu wenig Schlaf unerwartet tief sind, ein Pickel neben den Krähenfüßen mit zwanzig Jahren Verspätung pubertiert, eine weitere graue Strähne auftaucht – so what. Die Frau im Spiegel ist mir fremd, aber ich putze ihr trotzdem die Zähne, tusche ihr die Wimpern und mache ihr einen ordentlichen Zopf.

Draußen

Eine Runde durch die Stadt

Unauffällig mag er aussehen, gepflastert mit grauen Beton-flächen, oft viel zu schmal, das Grün spärlich und verloren. Da-bei ist der Gehweg ein spektakulärer Ort, der trotz seines be-scheidenen und zurückgenommenen Aussehens ein Laufsteg für alle Varianten des menschlichen Verhaltens im öffentlichen Raum ist.

Denn der Gehweg ist so viel mehr als eine betonierte Fläche, er kann eine Bühne oder eine Mini-Piazza sein, Menschen kön-nen dort plaudern oder sich treffen. Es ist der Ort, an dem man sich mit Bettlern, Eckenstehern, Rauchern, Spendensammlern, Gassigehern und Vollquatschern konfrontiert sieht. Man prä-sentiert oder versteckt sich, hier sind alle zusammen, denn nur die wenigsten Menschen fahren direkt mit dem Auto/Bahn/ Bus/Fahrrad in ihr Haus hinein – für ein paar Meter benutzen alle den Bürgersteig.

Manche haben es eilig, manche machen einen Bummel, nicht umsonst geht man so gerne spazieren, wenn man verliebt ist. Man kann gut miteinander reden, der Körper hat etwas zu tun; man muss nicht den Blickkontakt halten, es gibt auf jedem Meter etwas Neues zu sehen, über das man reden kann, und auch Konflikte lösen sich so besser.

Wer einen guten gemeinsamen Takt beim Gehen findet, der schwingt im Gleichklang mit dem anderen, das sorgt für Gemeinsamkeit. Eine neue Stadt, einen neuen Stadtteil, das kann man zu Fuß am allerbesten erobern, riechen, anschauen und kennenlernen.

Der öffentliche Raum ist so etwas wie unsere Bühne, wo ein wechselndes Setting auf eine wechselnde Version unserer Selbst trifft: Mal laufen wir im Schlumpilook zum Altglascontainer, mal im Filmstaroutfit auf dem Weg in die Oper daran vorbei. Mal eilen wir nachts voller Sorge nach Hause, weil es dunkel und bedrohlich ist, mal stehen wir mit einer Kaffeetasse vor der Tür und plaudern mit den Nachbarn von gegenüber.

Und so wie wir den Raum mit unserer Präsenz, unserem Aussehen und unserer Haltung beeinflussen, so prägen der Hausflur, die Nähe zum Fluss, der kleine Park und der Kiosk auch uns. Die vertrauten Orte schenken uns Identität und Halt, sie bewahren unsere Erinnerungen und geben eine Vorstellung davon, was eigentlich das Zuhause ausmacht.

Und weil privater Platz mittlerweile in der Großstadt fast unerschwinglich ist, ist öffentliche Fläche umso wertvoller. Zwar steigt die Pro-Kopf-Wohnfläche in Deutschland insgesamt von Jahr zu Jahr (aktuell sind es 47 Quadratmeter), doch in den großen Städten sieht das ganz anders aus: Wenn man in München 800 Euro für ein 20-Quadratmeter-WG-Zimmer zahlt, wird der öffentliche Raum umso wichtiger.

Wenn es keinen Partykeller gibt, müssen sich die Teenager woanders treffen. Und wenn Drinks in einer Bar acht Euro kosten, dann hängt man doch lieber gemeinsam an der Tischtennisplatte ab. Wenn Kinderzimmer zum Luxus werden, dann ist der Spielplatz die Rettung, wem das Fitnessstudio zu weit weg ist, der kann neben dem Bolzplatz seine Übungen machen. Der Stadtbewohner hat zwar in der Regel eine kleinere Wohnung als die Eltern im Vorort, doch dafür ist der öffentliche Raum sein Reich.

Durch die zunehmende Verdichtung der Städte wird die

Mehrfachnutzung verschiedener Flächen immer mehr zum Problem, und Fragen tauchen auf: Dürfen Hunde mit auf den Spielplatz, wenn sie ganz friedlich an der Leine neben der Bank hocken? Darf der Fitnessfreak auf dem Spielplatz seine Übungen machen? Wie nahe dürfen Jogger einen überholen, darf man Hundebesitzer ansprechen, die die Wurst nicht eintüten, und Maskenmuffel zur Räson bringen?

Wann lohnt sich ein energischer Einwurf, wann ist man mit seinem Mikroengagement dabei, sich den goldenen Ehrenblockwart zu verdienen, und wann läuft man Gefahr, eine verpasst zu kriegen? Die Konflikte mögen klein sein, aber man muss sie nicht kleinreden, denn ehrlicherweise ist der Mensch ja so gestrickt, dass ihn die Explosion im Hafen von Beirut weniger aufwühlt als der Typ, der die Hundekacke im Park liegen gelassen hat. Wie viel negative Energie verträgt der öffentliche Raum und die eigene Psychohygiene? Darf ich Falschparker auf dem Radweg anmotzen, wenn ich selbst mit dem Fahrrad ein Stück auf dem Gehweg fahre? Zeige ich Courage, wenn ich dem Fliederpflücker im Park erkläre, dass sein Privatvergnügen auf Kosten aller anderen Besucher geht? Oder haben wir ein Recht auf schlechtes Benehmen, auf das weggespuckte Kaugummi, den einen blühenden Zweig in der Wohnung? Hat nicht jeder das Recht, sich mal schlecht zu benehmen? Überhaupt, vielleicht ist Schimpfen mit denen, die ihre leere Zigarettenschachtel fallen lassen, viel weniger die Lösung, als hin und wieder etwas Rumliegendes aufzuheben und still und leise in den Mülleimer zu werfen?

Während man in den sozialen Netzwerken zeigt, wer man am liebsten wäre, zeigt sich auf der Straße, wer wir sind und welches Verhältnis man tatsächlich zum Rest der Gesellschaft hat. Hier ist man nicht mehr Beobachter, Kommentator oder Image-Kurator, sondern Akteur und Teil des großen Ganzen. Der öffentliche Raum fordert jeden dazu heraus, Stellung zu beziehen. Tröste ich die beste Freundin, wenn sie mich im Zug anruft? Wohin mit dem Auto, wenn es doch absolut keinen Parkplatz gibt? Darf ich schnell mit dem Rad bei Rot rüber, wenn die Straße leer ist?

Diese Fragen müssen jeden Tag entschieden werden; manchmal gibt es kein Richtig und kein Falsch, sondern individuelle Interessen, Wetter, den Akkustand des Smartphones, Radwegparker, Stop-and-go und falsche Schuhe. Der Wahnsinn auf der Straße wird auch dadurch befeuert, dass man sich in Deutschland einerseits rühmt, für alles ein Regelwerk zu pressen und es mit größter Disziplin auszuüben, weshalb die Kommunikationskultur im öffentlichen Raum nicht auf das Miteinander ausgerichtet ist. Doch andererseits werden diese Regeln kaum kontrolliert und immer mehr als Serviervorschlag angesehen, und so kommt es jeden Tag zu Reibungsverlusten auf allen Seiten.

Die kleinen Freiheiten, die wir uns manchmal rausnehmen, gefährden jedoch irgendwann das Konzept der liberalen Gesellschaft. Wenn Regeln ständig gebrochen werden, dann werden irgendwann die Stimmen laut, die nach mehr Polizei, mehr Kontrollen und härteren Strafen rufen. Wo ständig Hunde hinscheißen, wächst die Frustration auf Hundebesitzer, und ein autoritärer Staat wird herbeigewünscht – ganz so, als ob drakonische Strafen und die damit einhergehende Überwachung wünschenswert wären.

Darum sollten wir im Kopf behalten, dass der öffentliche Raum ein hohes Gut ist, dass er uns allen gehört und wir alle dafür verantwortlich sind: Unser Verhalten beeinflusst auch das Verhalten der anderen, gemeinsam erstellt man eine Stimmung, ein Gewebe des Miteinanders, das uns alle zusammenhält – oder auch nicht.

Wir bestimmen, welche Atmosphäre auf dem Gehweg herrscht, ob die Grünanlagen von Müll und Scherben verwüstet sind oder ob wir uns auf der Parkbank aufhalten und mit den Nachbarn plaudern möchten. Wir müssen uns klarmachen, dass wir Zeit sparen, wenn wir an der abgesenkten Fläche parken, weil wir ja nur kurz Brötchen holen, aber wir diesen Gewinn anderen Leuten in Rechnung stellen, wenn sie mit dem Kinderwagen oder Rollstuhl dort nicht mehr vorbeikommen. Dass Hupen und Mittelfinger keine normale (urbane) Kommunikation sind, sondern etwas, das man sich nur aus einem Autopanzer heraus oder mit einem Fluchtfahrrad unter sich traut – und die Aggressionsspirale unnötig weiterdrehen. Damit das Flussufer, der Verkehr, die U-Bahn und der Kinderspielplatz zu guten Orten werden, muss jeder einen Schritt von seinen Bedürfnissen nach Bequemlichkeit, Wutemission und Zeitersparnis zurücktreten und stattdessen versuchen, die Bedürfnisse der anderen Menschen mitzurechnen. Darum liegt es an allen, für das Gute, Schöne und Nette einzustehen, weiße Magie statt Bösartigkeit an den Tag zu legen. Manche Dinge muss man hinnehmen und weglächeln, bei anderen wiederum sollte man eingreifen und Zivilcourage zeigen.

1. Im Hausflur

Was ist das Schöne?

Die alte Weisheit, man solle sich seine Nachbarschaft anschauen, dann wisse man auch, was aus seinen Kindern werde, bewahrheitet sich immer wieder im Leben: Zeig mir deine Nachbarn, und ich sage dir, wer du bist. Das kann, je nach Nachbarschaft, eine gute oder eine schlechte Nachricht sein, ist jedoch kein Anlass zu Fatalismus: Wenn man mit seinem Lebensstil seine DNA verändern kann, dann kann man auch dafür sorgen, dass die Stimmung in der Nachbarschaft gut ist. Denn in der nachbarlichen Zwangsgemeinschaft hat jeder einen gewissen Gestaltungsspielraum, und selbst bei desinteressierten oder in Kleinkriege verwickelten Nachbarschaften ist es möglich, nette Menschen auf der anderen Straßenseite kennenzulernen und mit ihnen ein wenig zu plaudern.

Und selbst wenn sie nur Statisten des eigenen Lebens sind, die kurz die Tür aufhalten, während man selbst gerade mit den Einkäufen hereingerauscht kommt: ein freundliches Hallo, ein angenommenes Paket, ein geliehenes Ei sollten die Mindeststandards sein, auf die jeder aktiv hinarbeiten kann. Vielleicht werden dann aus den Statisten gute Bekannte, manchmal Freunde – doch letztendlich sind diese losen Kontakte ein Wert an sich und genauso wichtig wie echte Freunde. Dabei muss man mit seinen Nachbarn weder seine Beziehungsprobleme noch das letzte Jobdilemma besprechen, doch die fehlenden 300 Gramm Mehl, die dringend benötigte Motorsäge und die Babysittersuche sind die Themen, die den Alltag genauso prägen. Die niedrigschwellige Hilfe, der geleerte Briefkasten, die Lagerung des Ersatzschlüssels, der verquatschte Nachmittag im Garten, dass jemand im Notfall die Katze füttert, sind für das Seelenleben ebenso wichtig wie das Wissen, dass man die beste Freundin nachts um drei anrufen kann, selbst wenn das Aufstehen am nächsten Morgen dann unmöglich erscheint.

Und während die echte, tiefe Freundschaft oder die wahre Liebe die Kür der emotionalen Fähigkeiten sind, so ist die Kulturtechnik des freundlich distanzierten Miteinanders die Pflicht. Als wir uns während der Corona-Krise entweder allein oder mit den engsten Familienmitgliedern in unseren Wohnungen verschanzen mussten, merkte man deutlich, welche seelischen Folgen diese Ausnahmesituation hatte – so wie einem Menschen bestimmte Vitamine fehlen, wenn er tagein, tagaus das gleiche Pfannengericht isst, so fehlte uns auch das Herumstehen und Plaudern am Spielfeldrand der F-Jugend.

Was ist das Problem?

Die Probleme in der Nachbarschaft sind meist praktischer Natur: Wer Lärm macht, nervt. Wer sich Sachen ausleiht und sie nicht zurückbringt, nervt. Wer schlecht über die anderen Nachbarn redet, seinen Kram herumliegen lässt und die Anwohner mit seinem Kohlegrill in Geiselhaft nimmt: dito. Egal, ob Hunde, Kinder, Balkonraucher oder überfüllter Speicher, wo viele Menschen, da viele Reibungsverluste. Diesen kann man nicht entgehen, man kann sie aber würdevoll in einem Gespräch unter Erwachsenen auflösen. Jeder, der einmal bei einer Eigentümerversammlung anwesend war, weiß, wie leidenschaftlich um jeden Ast und jeden Fahrradstellplatz gestritten werden kann und dass die Frage, ob Kinder das Gemeinschaftseigentum mit Kreide bemalen dürfen, für 15 Minuten als das dringlichste Problem der Welt eigenstuft werden kann. Ohne Streit geht es manchmal nicht, und selbst wenn hinterher alle mit einem schalen Gefühl aus der Sache herausgehen sollten, muss jeder dazu in der Lage sein, Abstand von seiner Wut zu nehmen, sich zu beruhigen und das nächste Mal wieder die Tür aufzuhalten, wenn der Nachbar sein Liegerad durch den Flur schiebt. Und je sanfter man im Umgang war (keine Schuldzuweisungen, keine Boshaftigkeiten), desto leichter hat es das Gras, da wieder drüberzuwachsen.

Doch auch Nähe ist manchmal zu viel des Guten: Die Macht der sozialen Kontrolle ist zwar mittlerweile erheblich gesunken, doch so eine Hauswand kann eben auch verdammt dünn sein. Ob Streit, Sex oder Kaufverhalten, manchmal kennen die Nachbarn einen besser als der Psychotherapeut und Amazon-Algorithmus zusammen.

Selbst das ist natürlich leichter auszuhalten als jene Fälle, die wirklich antreten, um der Nachbarschaft mit ihren Ansprüchen das Leben zur Hölle zu machen. Jeder hatte schon mal einen

Problembären nebenan, dessen Problembewältigungsstrategien in passiv-aggressiven Aushängen, autoritären Briefen oder eskalierendem Menschenhass bestehen. Hier hilft nur Social Distancing, der feste Glaube an das Karma und ein Verbündeter, mit dem man zumindest darüber lachen kann. Wem das zu anstrengend ist, dem bleibt nur, das Ganze mit Humor zu nehmen oder den Wohnort zu wechseln.

Und wie geht's besser?

Kleine Geschenke erhalten die Nachbarschaft, ein Evergreen. Wer in den Urlaub fährt, kann seine Schnittblumen ein Stockwerk weiter unten weiterleben lassen, wer nach einem Ei gefragt wird, kann dieses auch gleich verschenken, geliehenes Essen sieht man eh nie wieder. Wenn vom Kuchen etwas übrig ist, freut sich vielleicht die ältere Dame aus dem zweiten Stock, und anstatt die rausgewachsene Kinderkleidung zu verkaufen, bietet man sie der Studentenfamilie unterm Dach an. Wer eine Party feiert, lädt alle mit ein, und wenn sich jemand wider Erwarten über die Musik beschwert, entschuldigt man sich und dreht sie leiser. Gerade in hellhörigen Nachbarschaften mit mehreren Häusern, die sich einen Innenhof teilen, ist es opportun, nicht die ganze Nachbarschaft mit dem 18. Geburtstag zu strapazieren, denn wenn das jeder für sich in Anspruch nehmen würde, hätte eine ruhige Wohnanlage schnell Ballermann-Charakter.

Manche Nachbarschaften feiern einmal im Jahr ein Hoffest, andere essen gemeinsam im Hausflur, wieder andere treffen sich am 24. Dezember und laufen von Wohnung zu Wohnung zum »Baumloben«. Das mag für manchen nach Klaustrophobie und Kleinstadt klingen, führt aber dazu, dass man den anderen nicht nur als den Vater des dauerbrüllenden Teenagers kennenlernt, sondern als freundlichen Grillgott mit einem Talent für

Kräuterdips. Eine WhatsApp-Gruppe informiert nicht nur zuverlässig darüber, wann die Kaminkehrerin oder der Mensch mit dem Glasfaseranschluss vorbeikommt, sondern kann auch schnell die Frage beantworten, wer Sonntagabend eine Zitrone im Haus hat. Und wer unbedingt seine »zu verschenken«-Kiste irgendwo abstellen möchte: dort nur heile, brauchbare und saubere Dinge anbieten. Nicht den Nachbarn vor die Tür stellen, sondern schön vor dem eigenen Haus parken. Alles, was nach einem Tag nicht weg ist, wird wieder eingesammelt und ordentlich entsorgt.

2. Zu Fuß

Was ist das Schöne?

Der Passant ist die kleinste mobile Einheit, und er nutzt die menschlichste von allen Fortbewegungsformen. Er braucht keinen Bremsweg und keinen Wendekreis, er erreicht nur die Geschwindigkeit, mit der er auch umgehen kann. Ein Fußgänger verletzt oder tötet niemanden, er spaziert niemanden über einen Haufen, und er zeigt auch niemandem den Mittelfinger und saust dann unerkannt davon. Der Fußgänger kennt keine Anonymität, keine Abschottung und keine Flucht, er verbrennt kein Benzin und macht keinen Lärm – und entsprechend nervenschonend ist er unterwegs.

Aber zu Fuß gehen ist mehr als eine rücksichtsvolle Mobilitätsform, sondern angesichts des aggressiven und überprivilegierten Autoverkehrs fast ein Akt der Subversion. Der Fußgänger hält seine Nachbarschaft zusammen, er weiß, wo gerade jemand einzieht, wo welcher Hund wohnt und warum der Schreibwarenladen zumachen muss.

Je mehr Fußgänger, desto höher die Lebensqualität eines

Viertels: Die sogenannte Walkability, also die schnelle Erreichbarkeit von Ärzten und Dingen des täglichen Bedarfs zu Fuß sowie eine attraktive Gestaltung des öffentlichen Raumes, ist Zeichen dafür, dass ein Stadtviertel planerisch gelungen ist und einen guten Zusammenhalt hat. Passanten sind gewissermaßen die Plattfische des Straßenverkehrs: Nur unter guten Umweltbedingungen können sie gedeihen – und je mehr es von ihnen gibt, desto besser ist das Gewässer beziehungsweise der Kiez.

Denn der Fußgänger ist der Denker unter den sich Bewegenden. Gleichmäßiges Gehen macht froh und gesund, ist gut für die Gelenke und den Kreislauf und bringt die besten Gedanken hervor. Der Flaneur ist meist ein eher ausgepegelter, defensiver und höflicher Charakter, da er weder von einem Blechpanzer geschützt noch mit einem Fluchtfahrrad ausgestattet ist.

Was ist das Problem?

Lange wurde der Fußgänger gleichgesetzt mit Grundschülern, Wenigverdienern und führerscheinlosen Rentnern, die weder eine Gemeinsamkeit hatten noch eine Lobby verdienten. Seine Bedürfnislosigkeit und Unabhängigkeit ist der kapitalistisch strukturierten Gesellschaft ein Dorn im Auge: Weil man ihm mit Statusversprechen kein Geld aus der Tasche ziehen kann und er außer einem Paar Schuhen keinerlei Konsumnotwendigkeiten hat, wurde er lange von Wirtschaft und Politik verachtet und zugunsten des Autoverkehrs in düstere Untertunnelungen verbannt.

Zwar wurden Städte ursprünglich mal für Fußgänger gebaut, doch dann kam die autofreundliche Stadt, und seither müssen sie entlang von tristen Betonboulevards gehen und sich um falsch geparkte Autos herumschlängeln. Oft sind diese so riesig und die Straßen so eng beparkt, dass ein Überqueren der Straße oft unübersichtlich bis gefährlich ist. Von barrierefreien

Straßenkreuzungen kann er nur träumen, weil Autos alles voll-
parken, was nicht zugepollert ist und wo keine Abschleppgefahr
herrscht. E-Roller nehmen ihnen den Platz weg oder verwandeln sich direkt in Stolperfallen. Radfahrer, die vor der mangel-
haften Infrastruktur auf den Bürgersteig flüchten, fahren übergriffig und gefährlich nah an sie heran.

Egal, ob Falschparker, E-Scooter, Baustellenbeschilderung
oder Cafébestuhlung, der Fußweg verkommt immer mehr zur
Resterampe des Verkehrsraumes. Während die Rechte der Radfahrer gestärkt werden, fristet der Passant immer noch ein politisches Mauerblümchendasein, und das, obwohl er doch der
heimliche Qualitätsbeweis eines Stadtviertels ist.

Und wie geht's besser?

Insgesamt fehlt das Bewusstsein dafür, wie viel der Fußgänger
für sein Umfeld leistet: Er hält sich beweglich und fit, er kann
niemanden mit seiner Mobilitätsform verletzen, er braucht
keine Bremswege, keine Parkplätze, und bei all der lobenswer-
ten Stärkung des Radverkehrs darf nicht vergessen werden, dass
der Passant und Fußgänger der Zivilbürger in Reinkultur ist.
Der Lobbyverband Fuß e.V. wurde lange belächelt, heute sorgt
er für Aufmerksamkeit für die Belange von Fußgängern – und
veranstaltet Mahnwachen, wenn einer auf der Straße getötet
wurde. Bessere Wege, eine bauliche Trennung von den Radfahrern, barrierefreie Übergänge und Sicherheit für Kinder, die
nicht auf flehentlichen Schildern (»Hier bitte langsam fahren,
Schulkinder!«), sondern auf einer Selbstverständlichkeit beru-
hen, sind noch lange nicht in Sicht. Um seinen Status zu verbessern, lohnt sich bürgerschaftliches Engagement: Der Einsatz
für Verkehrsberuhigungen, für die Umwidmung von Parkraum
in Lebensraum und Urban Gardening sind aktuelle und emotionale Themen, für die es immer Anhänger und Aktivisten gibt.

Die Bereitschaft, den öffentlichen Raum zu verändern, neu aufzuteilen, zu begrünen und menschlicher zu machen, nimmt immer weiter zu. Dies ist die Chance für jeden, den öffentlichen Raum nach seinen Vorstellungen zu gestalten und für die Fläche vor der Haustür ein bisschen Verantwortung zu übernehmen.

3. Auf dem Radweg

Was ist das Schöne?

Fahrradfahren ist schön und gut, toll für die Figur und die Umwelt, ja, ja, ja, ist ja alles klar. Und es wird noch besser: Auf Strecken bis vier Kilometer ist das Rad in der Stadt das schnellste aller Verkehrsmittel, man muss niemals einen Parkplatz suchen oder seine Lebenszeit im Stau absitzen. Es produziert keine laufenden Kosten für den Fahrer und keine Emissionen für den Rest der Welt. Doch was bei all diesem Pragmatismus untergeht: Radfahren ist ein Genuss. Der Fahrtwind bläst die Haare aus dem Gesicht, der Körper fährt langsam hoch, und man kann ein paar Worte wechseln, wenn man ein bekanntes Gesicht auf der Straße sieht, oder anhalten, wenn man ein interessantes Geschäft entdeckt. Man ist leise, umweltfreundlich und schnell, vor allem aber ist man ein Teil der Stadt. Man verbindet das Gute mit dem Schönen, das hat das Radfahren mit Schokokeksen auf Basis von schwarzen Bohnen und Einkäufen in Secondhandläden gemeinsam.

Was ist das Problem?

Noch immer sind Fahrradfahrer im Straßenverkehr stark benachteiligt. Das fängt bei der Budgetverteilung im Verkehrsetat an, geht über die Platzverteilung auf der Straße weiter, macht eine unselige Schleife über die gestiegene Zahl der tödlich verunglückten Radfahrer und endet bei der diskriminierenden Sprache in Polizeimeldungen (»Radfahrer fiel in LKW«). Doch die Sache ändert sich, auch wenn Radfahrer einen langen Atem brauchen und es in Deutschland nicht so schnell Pariser Verhältnisse geben wird, wo die energische Bürgermeisterin Anne Hidalgo mit einem Streich 60 000 Parkplätze strich und für ein vollkommen neues Stadtbild sorgte.

Vielleicht werden wir in 20 Jahren so auf den heutigen Autoverkehr in der Innenstadt gucken, wie wir heute Zigaretten sehen – als ein beinah ausgestorbenes Ärgernis, das Lobby und Fahrer sich selbst und der Gesellschaft angetan haben. Doch bis dahin gibt es noch einiges zu tun, und dies auch aufseiten der Radfahrer. Denn jetzt, wo gerade Pop-up-Radwege und schnittige Tangenten angelegt werden, geht es auch für die Radfahrer um eine Richtungsentscheidung: Will ich mich wie ein Fußgänger oder wie ein Auto auf zwei Rädern durch die Stadt bewegen? Möchte ich ein Teil von ihr sein, oder möchte ich, dass mir alle Hindernisse aus dem Weg geräumt werden? Möchte ich Fußgängern Angst einjagen und Kinder an den Rand drängen, nur damit ich fünf Minuten früher ans Ziel komme? Das Ziel der Aufwertung des Radverkehrs darf doch nicht sein, dass er von der Wirklichkeit abgetrennt wird wie der Autoverkehr, der Passanten, Kinder und Radfahrer nur noch als Hindernisse wahrnimmt. Menschen aus dem Weg zu klingeln ist genauso ärgerlich wie Autofahrer, die die Hupe für erzieherische Maßnahmen einsetzen. Passanten sind keine Hindernisse, sondern Menschen, und die 30 Sekunden, die man gewonnen hat, indem man jemanden vom Radweg bimmelt, sind ein Verlust für das große Ganze, für die psychische Verfassung der Stadt.

Rücksichtnahme ist die eine Sache, Regelkonformität die andere. Radfahrer erleben täglich, dass sie auf der Straße geschnitten, angehupt und von lärmenden Maschinen bedrängt oder

»übersehen« werden. Die Infrastruktur ist (noch) miserabel, sodass sie gezwungen werden, Um- und Schleichwege oder illegale Strecken zu nehmen. Gesetze, die Radfahrer schützen sollten (wie etwa anderthalb bis zwei Meter Abstand beim Überholen), werden so gut wie nie durchgesetzt oder so gestaltet, dass sie genug Interpretationsspielraum haben, um nicht befolgt werden zu müssen.

Und wie geht's besser?

Jeder Radfahrer muss selbst entscheiden, wie weit er Teil der Verkehrswende sein möchte: Möchte er sie einfach nur passiv voranbringen, indem er durch die sich verbessernde Infrastruktur radelt? Oder möchte er sich engagieren, in politischen Parteien, in Bürgerinitiativen oder Lobbyverbänden wie dem ADFC? Beides ist legitim und jedem selbst überlassen. Doch wichtig ist, dass sich Radfahrer nicht in fitte Autofahrer mit Ökozertifikat verwandeln: Freie Fahrt für freie Bürger, das ist schon auf der Autobahn widerlich und darf nicht auf das Fahrrad angewandt werden. So sehr man diskriminiert wird, so sehr Radfahrer die Opfer der Überprivilegierung des Autoverkehrs sind – wir wollen keinen Israel-Palästina-Konflikt auf den Straßen, sondern uns als Gesellschaft weiterentwickeln.

4. Im Auto

Was ist das Schöne?

Es wird zu Recht viel über das Auto gemeckert: Stau, Abgase, Klimawandel, hässliches Blech, Platzverbrauch. Aber der Mensch sitzt ja nicht in seinem Wagen, weil er sonst nichts zu tun hat, sondern weil es ihm die meisten Vorteile verschafft:

Man kommt schnell von A nach B, man tut dies ohne Knitterfalten und nervige Gesellschaft. Ein Auto ermöglicht, dort zu leben, wo man es schön findet, und nicht dort, wo einen zufällig der Arbeitsmarkt hingewürfelt hat. Pendeln bedeutet, Geld zu verdienen und einer qualifizierten Tätigkeit nachzugehen, ohne sämtliche Beziehungen zu Familie und Freunden zu kappen. Nachdem unsere Städte 70 Jahre lang in monothematische Flächen eingeteilt und die öffentlichen Verkehrsmittel in den Vororten ausgedünnt wurden, ist ein Auto oft die Voraussetzung, um halbwegs effizient durch den Alltag zu kommen.

Und noch mehr: Das Auto ist gerade unter älteren Menschen ein Inbegriff von Freiheit, Intimität, Praktikabilität und Lebensqualität. Hund rein, Koffer rein, Familie rein, ab geht's zum Wochenendausflug, der ohne den Wagen vielleicht gar nicht möglich wäre. Und dann bleibt da noch die emotionale Variable, das Auto als Partner, der einen nicht im Stich lässt. Als Faraday'scher Käfig schützt es nicht nur vor Blitzen, sondern auch vor dem gefährlichen anderen im Straßenverkehr; als Statussymbol zeigt es, wie weit man es gebracht hat. Gerade Letzteres ist natürlich wenig souverän, aber so sind die Menschen. Sie wollen immer ein kleines bisschen besser sein als ihr Nachbar. Das kann man jetzt lächerlich finden oder nicht, doch ändert das nichts an der Tatsache, dass ein Auto nicht nur Mobilität, sondern auch Kommunikation und Identität ist.

Was ist das Problem?

Ein Auto ist kein Problem, zwei sind es auch nicht. Das Problem ist die Macht und die Masse, die der motorisierte Individualverkehr in unserer Gesellschaft bekommen hat. Für den Einzelnen ist ein Wagen praktisch und schön, aber in der Konsequenz steckt der deutsche Autofahrer durchschnittlich 46 Stunden pro Jahr im Stau, verpestet die Luft, zerstört die Atmosphäre, verursacht knapp 200 000 Unfälle und sorgt für rund 2 000 Tote im Jahr. Falschparker behindern Kinderwagenschieber, Rollstuhlfahrer, Müllabfuhr und Feuerwehr und gefährden Kinder und Radfahrer. Richtigparker fressen Stadtflächen auf, auf denen Leben, Gemeinschaft und kommerzielle Aktivitäten stattfinden könnten.

Die externen Kosten für den Autoverkehr – also jene, die von der Gesellschaft und nicht allein vom Fahrer getragen werden – lagen laut *Allianz pro Schiene* bei sagenhaften 141 Milliarden Euro im Jahr: Infrastruktur, Unfälle, Gesundheitskosten, Klima- und Umweltschäden. Das ist nicht hinnehmbar, und darum muss sich etwas ändern. Es führt einfach kein Weg daran vorbei: Wir müssen das Auto klüger – und vor allem: weniger einsetzen. Davon profitiert nicht nur die Umwelt oder der Radfahrer, sondern auch der Autofahrer – denn diejenigen, die es brauchen, können wieder zügig fahren und finden Parkplätze. Für alle ist es schöner, wenn die Luft wieder besser wird, wenn keiner Angst um den Schulweg seiner Kinder haben muss, wenn Flächen entsiegelt und begrünt werden. Wenn sich der Autofahrer auch wieder als Teil des großen Ganzen begreift und nicht mehr als Bewohner eines mobilen Panikraums. Diese Ansage wäre eine Aufgabe für das Verkehrsministerium, doch das Ressort bedient seit Jahrzehnten die Autolobby, anstatt ihr etwas entgegenzusetzen. So eskaliert die politische Bocklosigkeit auf der Straße, wo Autofahrer nicht verstehen, warum ihnen ihre Privilegien gestrichen werden müssen, ihre Lebenszeit mit sich zunehmend verlängernder Parkplatzsuche verschwendet wird und die Aggressivität jeden Tag zunimmt.

Und wie geht's besser?

Das Ziel kann nicht sein, Autos zu verbannen: Was sich für mittlere Städte und Stadtkerne anbietet, muss noch lange nicht für die Rentnerin im Vorort oder den Pendler jenseits des S-Bahn-Netzes funktionieren. Unser Land wurde in den letzten 70 Jahren auf den Autoverkehr ausgerichtet, entsprechend einfach kommt man von der Tiefgarage ins Einkaufszentrum und entsprechend schwer ohne Auto vom Vorort zur Kinderkrippe, zur Arbeit, zum Termin, zum Supermarkt und die ganze Strecke wieder zurück. Aber Autofahrer müssen mit dem Gedanken klarkommen, dass der aus dem Ruder gelaufene Verkehr (zu viele, zu große, zu stark motorisierte Autos) wieder eingegrenzt werden muss. Außerdem muss jeder Autofahrer begreifen, dass sich seine kleinen Verkehrsverstöße durch die große Menge potenzieren und bei einem Unfall den Unterschied zwischen Leben und Tod bedeuten. Der Gedanke, dass es ein Recht auf die Einsparung von Reisezeit gibt, indem man das individuelle Tempo erhöht, ist zwar deutsche Selbstverständlichkeit, aber gefährlich und falsch.

Eine kleine Mobilitätsinventur ist hilfreich: Welche Strecke muss ich mit dem Auto fahren, für welche bietet sich das Rad an? Käme ich mit dem Bus nicht viel entspannter ans Ziel? Halte ich genügend Abstand, wenn ich ein Fahrrad überhole? Das Auto ist eine stahlgewordene Filterbubble, und wer sie verlässt, merkt, wie verletzlich Menschen im Straßenverkehr sind. Kein Autofahrer ist daran schuld, dass die Infrastruktur unseres Landes hauptsächlich auf ihn zugeschnitten ist. Aber er muss sich der Tatsache stellen, dass sein Komfort zulasten anderer Menschen geht.

5. Im öffentlichen Nahverkehr

Was ist das Schöne?

Während Auto- und Fahrradfahren so viel Aufmerksamkeit wie ein komplexes Videospiel brauchen, hat der Passagier in der U-Bahn den Vorteil, dass er die Navigation an einen Profi outgesourct hat. Er muss keine Stadtpläne lesen, keine Tempo-30-Schilder beachten und sich nicht um geöffnete Autotüren scheren. Er kann an seinem Telefon herumspielen, schlafen, das Abendessen planen oder an Sex denken, all die Tätigkeiten, nach denen wir uns den ganzen Tag über sehnen. In Straßenbahn und Bus zuckelt man durch die Stadt und kann sie in schönster Touristenmanier beobachten. Außerdem ist der Passagier in den Öffentlichen ein wahrer Urbanist. Während wir im Alltag zunehmend mit Menschen und Meinungen verbubbelt werden, die genauso denken wie wir selbst, ist man hier gezwungen, sich mit den Menschen auseinanderzusetzen, die ebenfalls in der Stadt leben, aber nicht in das gewohnte Raster passen.

Die gestresste Mutter mit dem Kleinkind und Kinderwagen, die Schulkinder, die sich um ein Smartphone drängeln und ganze 30 Minuten über die Skins der Superbrawler reden. Der Alkoholiker mit dem leeren Blick, die kichernden Teenager, der Pendler, der sich durch die Akten pflügt – man gehört mit ihnen zusammen zu einer Stadt, auch wenn man nicht die Postleitzahl mit ihnen teilt. Außerdem ist der U-Bahn-Passagier streetsmart: Er weiß, wie er Konflikten aus dem Weg geht, denn Deeskalation ist für ihn die beste Chance, sicher ans Ziel zu gelangen.

Was ist das Problem?

Die Hölle, das sind die anderen, und erst recht in einem U-Bahn-Abteil. Wenn die Berufsschülerin sich hingebungsvoll die Haare mit den Fingern kämmt oder der Student in aller Seelenruhe seinen Döner verzehrt, wenn der blasse Typ mit dem Herpes einmal raumgreifend niest, dann versteht man den Reiz der Exklave Auto. Hinzu kommen unberechenbare Verspätungen, Schienenersatzverkehr, musizierende Tanzgruppen, Bierpfützen, Überfüllung und Geschubse, Pöbeleien, Männer in unzivilisierter Sitzpose, sexistische Sprüche, schlimmer Geruch, Angst vor Taschendiebstahl und die Sorge, sich Viren aller Art zuzuziehen. Die absolute Passivität, die bei etwas Müdigkeit noch angenehm sein kann, ist bei Verspätung oder Überfüllung ein Fluch, denn selten ist man seiner Selbstwirksamkeit so beraubt wie in einem stehen gebliebenen S-Bahn-Waggon ohne Info und Umleitung.

Und wie geht's besser?

Schlechte Verbindungen, Verspätungen, Stellwerkschwierigkeiten, kaputte Rolltreppen, vollgepinkelte Aufzüge: Auf diese Widrigkeiten hat der U-Bahn-Fahrer kurzfristig keinen Einfluss. Damit der Weg zur Arbeit nicht zur Höllenfahrt wird, kann man zumindest die zwischenmenschliche Interaktion positiv beeinflussen, indem man selbst ein angenehmer Mitfahrer wird.

Das Fenster (sofern man es überhaupt öffnen kann) gehört im Sommer auf und im Winter zu, am besten aber, niemand fasst es an, denn das Mikrobiom der Heimatstadt mag zwar im Großen und Ganzen harmlos sein, man muss es aber nicht darauf ankommen lassen, sich fünf Mal im Jahr eine Erkältung zuzuziehen. Deshalb niest man auch in den Ellbogen oder ins Taschentuch, nicht in das Gesicht des Nachbarn. Ähnlich ekelhaft: Scheibe anhauchen und geheime Nachrichten für die Nachwelt hinterlassen. Wer einen Bus betritt, rückt bitte auf, damit sich an den Türen kein Stau bildet. Körperpflege ist zwar prinzipiell schön, sollte aber zu Hause oder in einer Toilette vollbracht werden. Essen im Bus ist zwar erlaubt, aber trotzdem eine Zumutung. Manchen Leuten wird bei dem Geruch von Äpfeln schlecht, andere sind hungrig und neidisch auf die Pendlerbanane neben ihnen. Döner, Burger, Mettbrötchen sind olfaktorisch eindeutig auf der verbotenen Seite. Da Rucksäcke dazu neigen, wie ein Schwerlaster nach hinten auszuschwenken (nur ohne zig Seitenspiegel und rote Warnwimpel), bitte abnehmen, sobald man das Abteil betritt. Nur Freaks setzen sich direkt neben einen anderen Menschen, anders schaut es natürlich aus, wenn kein anderer Platz mehr frei ist. Dann gehört der Rucksack übrigens auf den Fußboden oder den Schoß und nicht auf den Nachbarplatz und der eigene Sitzplatz selbstverständlich denjenigen, die ihn dringender benötigen. Pendlerkollegen kann man freundlich zum Gruß zunicken, aber kein Gespräch aufdrängen – die meisten Menschen sind auf dem Weg zu einer Arbeit, auf die sie keine Lust haben, das ist nicht der geeignete Zeitpunkt, über das Wetter oder das Wochenende zu plaudern. Legen Sie sich lieber einen Instagram-Account zu und pflegen Sie ihn während dieser Zeit, Netflix und Spotify sorgen für lückenlose Unterhaltung. Lesen Sie ein Buch oder schauen Sie einfach aus dem Fenster und tun gar nichts, das ist fast wie Meditation, nur ohne Attitüde.

Und ein Wort zur Maske: Wo Maskenpflicht besteht, da wird eine getragen. Das Coronavirus ist nämlich kein Projekt von Bill Gates, sondern eine Botschaft aus dem All, dass wir als Gesellschaft nur gut zusammenleben, wenn jeder sich an die Regeln hält.

Und nur weil man selbst keine Angst vor Corona, Erkältungen und Schmierinfektionen aller Art hat, hat man noch lange nicht das Recht, anderen Menschen diese Entscheidung aufzuzwingen. Das Getue um die Maske lässt sich am besten an Donald Trump beobachten, der der Meinung war, andere Menschen zu schützen sei unmännlich, und damit seine Rücksichtslosigkeit und Dummheit illustrierte, die in den USA in der Corona-Krise für über 300 000 Corona-Tote gesorgt hat.

Und zu guter Letzt: Nur die Doofen steigen ein, bevor die anderen ausgestiegen sind!

6. Im Park

Was ist das Schöne?

Das Leben in der Stadt hat in den letzten vierzig Jahren eine erstaunliche Karriere hingelegt. Lange galt sie als verpestet, kriminell und lebensfeindlich, doch dann machten die Umweltbewegung und die Gentrifizierung das Unmögliche möglich: Das Leben in den deutschen Metropolen verband Kultur, Unterhaltung, Restaurants, bessere Jobs, die Vorteile der Anonymität, niedriger Kriminalität (Einbrüche, Mord, Totschlag) mit gepflegten Grünflächen und nachbarschaftlichen Netzwerken, die denen auf dem Land in nichts nachstanden. Plötzlich konnte man sogar wieder in den Flüssen baden: Die Münchner Isar wurde renaturiert, den Städtern ein sagenhaftes Naherholungsgebiet inklusive Forst, FKK-Insel, Fitnesspark und Sonnenuntergangsterrassen geschenkt. Baden in der Hamburger Elbe, lange Synonym für Selbstverstümmelung in der Chemiesuppe, wurde zur Kirsche auf dem Sahneberg des urbanen Lebens. Sogar die Mehrheit der Hundebesitzerfraktion hat man dazu bekommen, die Häufchen wieder wegzuräumen. Das hat Folgen: Der vermeintlich ewige Kreislauf des menschlichen Seins, nämlich lachsgleich mit der Geburt der Kinder gen Vorort zu schwimmen, wurde aufgebrochen: Die neuen Familien bleiben nun in der Stadt, weil Job, Infrastruktur, Nachbarschaft und Grün einen so hohen Quotienten für Lebenszufriedenheit bilden, dass einzig und allein die daraus resultierende Wohnungsnot die Menschen wieder aus den Citys hinauszentrifugiert.

Was ist das Problem?

Die Tragik der Allmende – nirgendwo bietet sie mehr Anschauungsmaterial als in deutschen Parks um sieben Uhr morgens, kurz bevor die Müllwagen anrücken. Die Allmende war ursprünglich ein Weideland, das dem König gehörte und von allen Bauern nach Belieben genutzt werden konnte. Da die Nutzungsansprüche rivalisierten, war sie bald so leergegrast, dass niemand mehr etwas davon hatte: das Land zerstört, die Kühe ausgemergelt. Weil die Allmende so klein war, die Menschen so viele waren und dann auch noch alle ihren kurzfristigen Vorteil im Blick hatten, ging die Weide langfristig kaputt. Heute kann man dieses Prinzip auf überfischte Meere, CO_2-Verbrauch und alles übertragen, das so lange von den Menschen beansprucht wurde, bis es irgendwann auf einen traurigen Endpunkt zurast.

Was lassen sich die Städte alles einfallen, um das Problem zu lösen: Die Müllflotten werden aufgestockt, Mülleimer mit humorigen Sprüchen versehen, den Besuchern des Isarufers auf Plakaten im Vorhinein gedankt und kubikmetergroße Container aufgestellt, die man selbst mit 1,0 Promille in der dunkelsten Nacht nicht verfehlen kann. Doch nichts hat geholfen, einzig die Stadt Hamburg hat einen Weg gefunden, das Problem halbwegs in den Griff zu bekommen, indem es einfach sehr teuer ist, beim Littering erwischt zu werden. Und wieder bewahrheitet sich: Wenn Ordnungswidrigkeiten nicht flächendeckend, sondern nur in homöopathischen Dosen kontrolliert werden, dann muss die Strafe so hoch sein, dass allein das Risiko, erwischt zu werden, die Menschen aus ihrem Tran aufweckt. Die Vermüllung ist nicht nur ein ästhetisches Problem, sondern auch eines für die Natur. Die achtlos weggeworfene Kippe verseucht das Grundwasser, der liegen gelassene Schrott wird irgendwann ins Meer getragen und trägt dort zur Verbreitung von Mikroplastik bei. Dass die Polizei, Ordnungsdienste und die Müllabfuhr sich mit Aufgaben beschäftigen müssen, die eigentlich jedem Menschen aus sich heraus klar sein sollten, ist ein Drama, das beweist, dass man sich leider nicht auf Selbstverpflichtungen, »den gesunden Menschenverstand« und andere vermeintliche Selbstverständlichkeiten verlassen darf, wenn es darum geht, die Dickfelligkeiten des Alltags zu korrigieren. Denn ein einzelner Kronkorken mag kein Problem sein, 83 Millionen hingegen schon.

Und wie geht's besser?

Seinen Abfall liegen zu lassen ist kein Kavaliersdelikt und keineswegs egal, weil ohnehin die Müllabfuhr kommt, man Steuern zahlt, es eh alle machen und auch niemand kontrolliert. Darum sollte man bei der Planung eines Picknicks oder einer Outdoor-Party schon im Vorfeld so weit wie möglich auf Verpackung verzichten: Kohlegrills sind prinzipiell ein Problem, der Einmalgrill für 3,79 Euro ist das Böse. Die Investition in einfaches Campinggeschirr und wertige Coffee-to-go-Becher werden jeden erfreuen, der sich ein Mittagessen ins Büro mitbringt. Während des Picknicks/Grillens/Freundetreffens wird der Müll nicht großflächig verstreut, sondern gleich wieder eingesammelt. Wenn es keinen Mülleimer gibt, nimmt man die Verpackung eben wieder mit nach Hause. Und wer ein paar

Karmapunkte sammeln möchte, nimmt noch ein Stück fremden Abfalls mit, das blöd in der Landschaft herumliegt. Wem das absurd erscheint, der sollte mal einen Blick nach Japan und Südkorea werfen, gewissermaßen dem Fort Knox der guten Manieren und des gesellschaftlichen Zusammenhalts. Dort wird der öffentliche Raum nämlich nicht als Allmende betrachtet, über die jeder so lange seine ausgemergelte Kuh treiben darf, bis kein Grashalm mehr wächst. Dort gehört es zum guten Leben, die Blätter vor seinem Haus zu kehren, einfach nur weil man sich für diesen Raum auch verantwortlich fühlt. Wer seine Nachbarschaft als verlängertes Wohnzimmer behandelt, der wird wieder zu einem Teil einer Gemeinschaft und nicht zum neoliberalen Doofidioten, der meint, für den Müll seien die Männer in den orangenen Anzügen zuständig.

Und wer seine Nachbarschaft nicht nur erhalten, sondern auch verbessern möchte, der kann sich mit anderen zusammentun und sich gemeinsam für etwas einsetzen: sei es bei der Unterstützung von wohnungslosen oder ausgegrenzten Menschen, der Integration von Geflüchteten, Widerstand gegen Nazis oder ein Urban-Gardening-Projekt. Für die einen mag es nur eine Zucchini sein, für die anderen ist es Vitamin-A-gewordenes Heimatgefühl.

Es macht zwar Mühe, verschönert aber auch das Leben, wenn man sich gemeinsam für etwas einsetzt und für eine gute Sache und eine bessere Stadt kämpft – in dem Moment, in dem man die Verantwortung für die Stadt übernimmt, ist man nicht mehr von unerreichbaren und anonymen Politikern abhängig. Man holt sich den öffentlichen Raum zurück und schafft eine neue Struktur, die besser als das ist, was man im Moment vorgesetzt bekommt. Gemeinsam etwas zu gestalten verschönert nicht nur das Stadtbild, sondern auch die Seele.

Beim gemeinsamen Essen

Der durchschnittliche Deutsche verbringt angeblich fünf Jahre seines Lebens mit Essen und drei Jahre mit Kochen. In jedem Büro kommt spätestens um 12 Uhr die Frage »Was essen wir heute?« auf, das ZDF füllt gefühlt 30 Prozent der Sendezeit mit Kochshows, und vermutlich jeder dritte Familienstreit hat mit Essen zu tun: Wer geht einkaufen, wer kocht, wem schmeckt es schon wieder nicht, und wer hat das letzte Würstchen gegessen? Ohne Essen sterben wir früher oder später und über das Essen verhandeln wir eine Menge Emotionen. Liebe geht durch den Magen, Stress schlägt uns auf den Magen, etwas stößt uns sauer auf, schlechte Nachrichten müssen erstmal verdaut werden, und Essen ist die Erotik des Alters. Wie das Lieblingsessen in der Kindheit geschmeckt hat, vergisst niemand. Wer verliebt ist, verliert den Appetit, zumindest aufs Essen. Kochen ist eine fantastische Form der Alltagskreativität, die Hände haben etwas zu tun, alle werden satt, und niemand muss sich am Ende ein hässliches Bild an die Wand hängen. Wenn wir mit jemandem den Tisch teilen, dann ist das ein Vertrauensbeweis. Dafür muss man sich nur in deutschen Firmen um die Mittagszeit umsehen, so klar kann man die soziale Stellung im Mikrokosmos Unternehmen selten visualisieren.

Tim Mälzer, Yotam Ottolenghi, Cynthia Barcomi, Ella Woodward, Jamie Oliver – die Liste der Kochbuch-Größen ist lang. Sich nicht fürs Essen und Kochen zu begeistern ist quasi unmöglich. War es in den Achtzigern noch ein Zeichen von Feminismus, sich weitestgehend nicht für Kulinarik zu interessieren und seine Kinder mit Tiefkühlkost satt zu kriegen, können heute selbst Erstsemester schon recht passabel kochen. Sich als Mann nicht für Ernährung zu interessieren ist so gestrig wie das Alleinverdienermodell und Bratkartoffeln aus der Konservendose. Gut für sich zu sorgen entspricht dem Zeitgeist, und wer nicht selbst kochen mag, geht eben essen. Libanesisch, Sichuan, Ceviche, vegan-regional, Döner oder sechs Gänge, Restaurants machen uns glücklich oder zumindest satt. Und zu Hause integrieren wir in unsere eigene Küche, was uns im Urlaub so gut geschmeckt hat: Lasagne, Thai Curry, Humus, Sushi. In deutschen Töpfen wird schon lange nicht mehr schweinsbratenschwer gekocht, sondern international.

Ethisch essen – bio, regional, vegetarisch, vegan, gerettet

Avocados aus Israel, Spargel aus Peru, Flugmangos aus Thailand – Lebensmittel sind billig, jederzeit verfügbar, viele auch beides. Die wenigsten von uns machen sich Sorgen darum, wie sie morgen das Essen bezahlen sollen. Aber der Preis ist dennoch hoch, wenn auch nicht an der Discounterkasse: Nicht nur der Kohlenstoffdioxidausstoß unserer Lebensmittelindustrie ist immens, Lebensmittel werden wegen kleinster Mängel aus der Produktionskette genommen oder vergammeln im häuslichen Kühlschrank. Spätestens seit der Corona-Krise ist jedem klar, dass in den Schlachthäusern von Tönnies und anderen nicht nur Tiere gequält werden, sondern auch Menschen aus Rumänien den Preis unseres Fleischgeizes zahlen. Dass das allen bewusst ist, zeigt sich in Umfragen. Zwei Drittel der Menschen geben an, für das Tierwohl höhere Preise zahlen zu wollen, als sie es dann im Supermarkt tun. Der Fleischhaltungsindex auf jeder Packung zeigt, wie es dem Lebewesen ging, das in unserer Pfanne landen wird. Und dennoch ist unsere Sparsamkeit so groß, Geiz immer noch so geil, dass deutsche Fleischprodukte nur zu zwei Prozent aus biologischer Aufzucht stammen.

Während das Reformhaus in meiner Kindheit noch merkwürdig roch und die Suche nach unbehandelten Zitronen schwierig war, ist der Bio-Supermarkt heute an jeder Straße zu finden. Aber ist die Bio-Paprika tatsächlich besser als der konventionelle Spitzkohl aus der Region? Und überhaupt, besser für wen? Für mich, der sie isst? Die Umwelt? Den Bauer, der sie geerntet hat? Kann ein Wasserfresser wie eine Avocado überhaupt ein Bio-Siegel tragen, nur weil keine Pestizide zum Einsatz kommen? Ist eine gerettete Gurke aus dem Supermarkt-Container besser für die Ökobilanz als die Bio-Gurke vom Erzeuger auf dem Wochenmarkt? Kann Konsum guten Gewissens passieren, oder ist nicht Einschränkung die einzige Antwort auf die biologischen und ethischen Probleme, die unsere Lebensmittel mit sich bringen?

Richtig, es ist zum Verzweifeln. Aber die Augen zu verschließen und unbesorgt weiterzumachen wie bisher ist keine Lösung. Man kann anfangen, gerade wenn man zu denen gehört, die nicht auf Discounterpreise angewiesen sind. Auf dem Wochenmarkt kann man die Erzeuger direkt kennenlernen und mit ihnen über ihre Produkte reden, sehen, was gerade Saison hat, und sich vom Angebot inspirieren lassen. Das dauert vielleicht länger als ein Supermarktbesuch, ist aber ein größeres Vergnügen und ein schönes Wochenendritual. Im Sommer gibt es dort genug Obst und Gemüse aus der Region, Himbeeren schmecken im August ohnehin besser als jede Flugmango. Dafür kann man im Winter neben dem schrumpeligen Lagerapfel auch die Importorange und Ananas einkaufen, ohne sich zu grämen. Unser aktueller Fleischverbrauch ist ökologisch und ethisch fragwürdig, deshalb sollte man den Konsum durch Genuss ersetzen: also weniger, dafür aber bewusster essen. Nicht nur Hähnchenbrust-filet schmeckt gut, wer ein ganzes Bio-Huhn für 25 Euro kauft, sieht erstens wieder, dass da ein Lebewesen vor einem liegt, und kann zweitens mindestens drei Mahlzeiten daraus herstel-len: Suppe, Frikassee und gebratene Hähnchenbrust. Außerdem wandert dann das Hühnerklein nicht auf afrikanische Märkte, die darunter kollabieren. Auch wenn die Hege und Jagd in deut-schen Wäldern wiederum ökologisch ihre Tücken haben mag, zumindest sind die Rehe und Wildschweine bis zur letzten Mi-nute frei durch den Wald gelaufen und nicht in extensiver Wirt-schaft aufgewachsen. Wenn Fleisch so teuer ist, dass selbst ein Besserverdiener zusammenzuckt, dann wird nicht mehr so viel davon gegessen und vor allem nicht weggeworfen.

18 Millionen Tonnen Lebensmittel werden jedes Jahr in Deutschland vernichtet, 42 Prozent davon landen bei uns Ver-brauchern im Müll. Jeder von uns schmeißt 75 Kilogramm Nah-rungsmittel in die Tonne. Und auch wenn niemand anfangen sollte, verschimmeltes Brot zu essen, das Mindesthaltbarkeits-datum bezeichnet nicht den Zeitpunkt, an dem sich der Käse in eine biologische Todeswaffe verwandelt, sondern den, bis zu dem der Hersteller garantiert, dass sich das Produkt unverän-dert genießen lässt. Gerade Milchprodukte sind häufig länger genießbar, und wenn man weiß, dass man die Schlagsahne heute oder morgen benötigt, kann man auch gut zu den Exemplaren greifen, die der Supermarkt bereits reduziert hat.

Saisonal, regional, so wenig Fleisch wie möglich, seinen Kühlschrank im Blick behalten, damit kann man schon viel er-reichen und befindet sich heute auch nicht mehr am verspon-nenen Demeter-Rand der Gesellschaft, sondern im Konsens. Jeder Coffeeshop bietet heute neben der Kuhmilch pflanzliche Alternativen an, selbst in der tiefsten fränkischen Provinz ist die vegetarische Alternative im Restaurant mittlerweile frei von Speck und Fleischbällchen.

Ja, es geht um die Zukunft unserer Welt, ja, alle sollten etwas tun. Und trotzdem: Nicht jeder hat die Ressourcen, seinen Einkauf ethisch und ökologisch zu gestalten, und vielleicht wohnt die Frau mit dem Fleischwurstpäckchen für 90 Cent zu viert auf 60 Quadratmetern und macht in ihrem ganzen Leben zwei Flugreisen. Bevor man also angesichts seiner drei Schalen regionaler Erdbeeren ein erhabenes Gefühl aufs Kassenband legt: Die Ökobilanz einer Person sieht man ihrem Einkaufswagen nicht an.

Der Feind auf dem Teller

Schlank ist schön, schlank ist gesund. Weil die allermeisten genetisch gute Futterverwerter sind und Backshops an jeder Ecke Schokocroissants für 90 Cent verkaufen, sind extra Kilos kein Zeichen von Reichtum mehr, sondern werden als Manifestation von Faulheit, Ahnungslosigkeit und sich gehen lassen rezipiert. Dicke kriegen schwieriger Jobs und werden als dümmer, willensschwach und ungebildeter eingeschätzt.

Tatsächlich ist starkes Übergewicht in den meisten Fällen ungesund und erhöht das Risiko für diverse Krankheiten, so wie Rauchen, Alkohol, Büroarbeit, Stress und Wurst, die wiederum alle (bis auf das Rauchen) auch das Übergewicht befördern. Unsere medizinische Versorgung ist so gut, dass wir immer älter werden, und der Appell an alle ist, doch bitte cholesterinarm und trainiert ins Grab zu fallen. Und damit kommen die Diäten auf den Tisch, low carb, no carb, Paläo (nur Lebensmittel, die ein Steinzeitmensch hätte finden können, allerdings einer mit Flugticket, wenn man den Avocadokonsum einrechnet), Intervallfasten, Ducan, Keto. Was alle diese Diäten eint: Kohlenhydrate, vor allem Weizen und Zucker, sind das Böse, Zimtschnecken sind also mit so viel Schuldgefühlen verbunden wie Zigaretten. Das Fett hingegen, jahrzehntelang als das Böse verdammt, ist rehabilitiert, zumindest in gesunden, ungesättigten Varianten. Weil wir alle aber den Zuckerrausch seit dem ersten Ferrero-Riegel im Belohnungszentrum einprogrammiert haben, ist der Verzicht auf die süße Sünde quasi unmöglich. Während die einen sich für die heimlich gekauften M&Ms schämen, rühren die anderen vermeintlich gesundes Nutella aus Datteln und Nussmus an. Denn so unattraktiv wie Übergewicht ist genussfreie Askese, und so verkaufen Influencer Süßkartoffeln und Kichererbsen als das Soul Food ihrer Generation.

Gluten, Laktose, Fruktose, Histamine, neben den Allergien werden Lebensmittelunverträglichkeiten so offen thematisiert wie noch nie. Musste man vor 20 Jahren mit einer Glutenunverträglichkeit Reisbrot im Spezialgeschäft kaufen, sind die entsprechenden Produkte mittlerweile in jedem Supermarkt angekommen. Zum Glück, denn ein Leben mit Bauchkrämpfen, Blähungen und schlechter Haut ist kein Problem von überspannten Besserverdienern, sondern eine ernstzunehmende Erkrankung. Natürlich ist nicht jeder, der seinen Kaffee mit Hafermilch trinkt und einen glutenfreien Energyball isst, wirklich erkrankt, manche sind auch einfach der Überzeugung, sich ohne Gluten und Laktose wohler zu fühlen. Darüber zu lachen ist leicht, aber vor 30 Jahren hat man auch über Vegetarier Witze gemacht, und heute gibt es in der Kantine den fleischlosen Flexitag, Rügenwalder stellt vegetarische Schinkenwurst fürs Supermarktregal her, und Bodybuilder feiern den veganen Lifestyle. Der Fleischersatz ist mitten in der Gesellschaft angekommen und dank der geballten Macht der Lebensmittelindustrie geschmacklich kaum noch vom Original zu unterscheiden.

Neben der Anorexie und Bulimie ist die Orthorexie, die krankhafte Suche nach gesunden Lebensmitteln, in den Kanon der Essstörungen gelangt. Wir sollen gesund, bewusst, lustvoll und nicht zu viel essen, während die Regale und die Werbung voll mit ungesunden, hochprozessierten Lebensmitteln sind, die mit dem Ziel designt werden, unsere Suchtzentren anzutriggern. Sich in diesem Labyrinth nicht zu verlieren fordert Disziplin und Bewusstsein, Zeit und Wille. Wenn Sie nach einem langen Tag, der Ihnen bei der Arbeit und in der Familie alles abgenötigt hat, was Sie an Impulskontrolle aufbringen können, es nur zum Käsebrot bringen oder Sie den Kampf mit der Schokolade verlieren, sind Sie damit nicht allein. Die Kohlenhydrate sind überall, ihr Lockruf ist laut, und Selbstbeherrschung ist ein endliches Gut. Essen sollte nicht unser Feind werden, weder durch Überfluss noch durch Selbstkasteiung.

Alkohol: flüssige Geselligkeit?

Im Noma, dem avantgardistischen Restaurant von René Redzepi in Kopenhagen, ist Küche immer auch politisch. Nicht nur wird mit regionalen Produkten radikal gekocht, Selleriescha- warma und Seetangravioli, sondern es geht immer auch um die Frage, wie die Ernährung der Zukunft aussehen kann. In der Laborküche wird erforscht, womit wir in der Zukunft unseren Proteinbedarf decken werden und was vielleicht alles essbar ist von dem, was wir beiläufig wegwerfen oder bisher noch nicht einmal als Nahrungsmittel wahrnehmen. Und hier gibt es selbstverständlich nicht nur alkoholische Getränke als Menübegleitung, sondern ein so revolutionäres alkoholfreies Programm mit Fermenten, Säften, Aufgüssen und Suden, dass selbst die wirklichen Gourmets den Wein links liegen lassen. Wenn also die kulinarische Avantgarde auf Quittensaft mit Bienenwachs und Safran setzt, warum fällt es uns so schwer, etwas anderes als Champagner für festliche Anlässe zu öffnen?

Noch vor 40 Jahren bot man seinen Gästen in speziell dafür

designten Porzellanbecherchen Zigaretten an, heute würde eine Party mit Zigarettensträußchen neben den Knabbernüssen irritieren. Alkohol hingegen ist immer noch und überall selbstverständlich. 2018 konsumierte der durchschnittliche Deutsche 325 Flaschen Bier, 27 Flaschen Wein, 5,5 Flaschen Schaumwein und 7 Flaschen Schnaps, das entspricht fast 10 Litern reinem Alkohol. 1,3 Millionen Deutsche sind alkoholkrank, 74 000 sterben jedes Jahr daran.

Natürlich ist ein Glas Wein, ein Glas Sekt, eine Flasche Bier zum Essen nicht das Problem. Aber wir sollten uns davon verabschieden, den Konsum von Alkohol als normal anzusehen und die Menschen, die nicht trinken, erst einmal auf mögliche Schwangerschaft, religiöse Gründe oder gar trockenen Alkoholismus abzuchecken. Vielleicht hat derjenige einfach keine Lust darauf, kann nicht gut mit Alkohol umgehen, verträgt ihn nicht, achtet auf seine Gesundheit oder nimmt Medikamente, die nicht mit Alkohol gemeinsam eingenommen werden dürfen.

Das Argument, Alkohol würde gut schmecken, zieht übrigens nicht, denn niemand denkt bei seinem ersten Glas Bier, Wein oder Schnaps, dass er so etwas Köstliches noch nie getrunken hat. Alkohol ist ein acquired taste, wir müssen lernen, ihn zu mögen. Vielleicht fällt es uns deshalb so schwer zu verzichten, weil wir uns als Teenager so verdammt anstrengen mussten, das Zeug runterzubekommen, wenn es nicht in der zuckersüßen Tarnung als saurer Apfel daherkam?

Rausch bedeutet nicht nur Erwachsensein, sondern auch Katharsis, Vergnügen, Ekstase, ja, sogar beinahe religiöse Erfahrung, stiftet Freundschaften und Beziehungen, und als solchen sollten wir ihn feiern, wenn wir wollen. Aber er bringt auch Kummer, Leid und zerdepperte Teller für viele mit sich. Wir müssen nicht alle zu Missionaren der Nüchternheit werden, aber statt einem teuren Wein mal einen sortenreinen Saft aus Birnenquitten oder Merlot-Trauben zu versuchen kann auch spannend sein. Gegen Durst ist Wasser die beste Hilfe, und auch hier gibt es mittlerweile spezialisierte Sommeliers, die sich mit nichts anderem beschäftigen als der perfekt passenden Mineralität zu den Austern.

Tischmanieren

Am Tisch meiner Familie gab es zwei Sätze, die bei keinem Essen fehlten: »Ellbogen vom Tisch« und »Wo ist die andere Hand?« Die anderen Standards, nicht mit offenem Mund kauen, nicht schmatzen und schlürfen, nicht mit vollem Mund reden, das Besteck nicht ablecken, die Gabel nicht durch die Zähne ziehen, die Serviette in den Schoß legen, die Schinkenscheibe mit der Gabel und nicht den Fingern von der Aufschnittplatte nehmen, all das schien halbwegs zu sitzen und sich uns Kindern auch zu erschließen. Den rätselhaften Kampf gegen den Ellbogen und die Hand unterm Tisch hingegen führte meine Mutter jeden Tag von neuem, und manchmal warte ich heute noch auf die magischen Worte, wenn ich bei ihr zu Besuch bin. Neben dem, was bei uns in der Küche fürs Familienfrühstück galt, gab es noch die Tischmanieren, die uns beigebracht wurden, falls wir eingeladen wurden und uns extra gut benehmen sollten: wie man ein belegtes Brot mit Messer und Gabel isst, statt es in die Hand zu nehmen, wie man einen Olivenkern auf die Gabel expediert, dass »lecker« kein feines Wort ist, man nicht zu viel (aber auch nicht zu wenig) nehmen sollte und die Gastgeberin immer als Letzte aufisst, damit sich kein Gast verfressen vorkommt.

Man könnte meinen, damit hatten wir alles gelernt. Doch seit meiner Kindheit in den frühen Achtzigerjahren ist viel passiert, und Tischmanieren sind mittlerweile das kleinste Problem, dem man beim gemeinsamen Essen begegnet. Überhaupt, die Manieren sind stille Helden: Wenn man sie hat, fällt es niemandem auf, und sich über die fehlende Tischkultur anderer aufzuregen ist auch wiederum stillos. Die »bessere Gesellschaft« eröffnet sich einem nicht auf magische Weise, weil man jede abseitige Menüfolge mit Bravour meistern würde, und wer einen Burger oder eine Streuselschnecke mit Messer und Gabel isst, wirkt heute eher schrullig als erhaben. Falls wider Erwarten doch die Bundeskanzlerin zum Essen einlädt, hat man es sicherlich durch ganz andere Qualitäten an diesen Tisch gebracht als durch die perfekt platzierte Serviette. Außerdem gibt es im Kanzleramt Protokollprofis, die alle Essenshürden wie Schnecken und Olivenkerne aus dem Weg geräumt haben. Und wenn man der Kanzlerin dann gegenübersitzt, wird man ganz andere Sorgen haben, als versehentlich die Kartoffelsuppe zu schlürfen.

Regeln sind sinnvoll, weil sie davor schützen, dass anderen Menschen der Appetit vergeht, sie sind ein Zeichen der Wertschätzung des anderen. Schlürfen, Schmatzen, Rülpsen, Essensgeräusche insgesamt sind für viele so ekelhaft, dass es dafür sogar ein Fachwort gibt: Misophonie. Dieser Ekel kann so groß werden, dass darüber ein vielversprechendes erstes Date zum letzten wird und sich im Misophoniker Hass auf den Schmatzer regt. Einen solchen Radikalisten hat man vermutlich selten am Mittagstisch neben sich sitzen, aber dennoch: Leise essen ist eine sinnvolle Strategie. Messer und Gabel nicht abzulecken, die Gabel nicht an den Zähnen entlangzuziehen, den Mund beim Essen zu schließen, hartnäckige Ananasfasern nicht mit den Fingern aus den Zahnzwischenräumen zu popeln. Das schuldet man den ästhetischen Basisbedürfnissen der Mitessenden. Sich die letzte Olive zu schnappen, Kern hin oder her, ist nicht nur in der Gegenwart von latent futterneidischen Geschwistern schlecht. Jenseits dessen sind Manieren dem Zeitgeist unterworfen: Messer können heute sehr gut Spargel zerschneiden, deshalb wird man beim Schlürfen eines Spargels eher irritierte Blicke ernten. Viele Familien bilden eine Binnenkultur der Tischmanieren aus. So kann es bei der einen üblich sein, dass die Mutter allen auftut, bei anderen nimmt sich jeder selbst, so viel er mag, und schon mit dem Bruch solcher Traditionen wird man zum Außenseiter. Was als richtig gilt, ist immer kultureller Konsens, und der ist regional unterschiedlich, dafür muss man nicht bis Japan reisen, meistens reicht schon ein Haus weiter.

Ikea und Wohnküche vs. Aussteuerporzellan und Esszimmer

So wie sich ändert, was wir essen und wie wir uns dabei benehmen, hat sich auch das Wo radikal gewandelt. Noch vor dreißig Jahren gab es in den meisten Häusern ein Esszimmer oder zumindest einen Esstisch im Wohnbereich, die Küchen hingegen waren klein und maximal für das Frühstück in der Familie geeignet. Mahlzeiten fanden am Esstisch oder zumindest am Küchentisch statt, wer heute allein oder zu zweit isst, tut dies häufig auf dem Sofa und schaut dabei die neueste Folge der Lieblingsserie. Ohne weitere Ablenkung einzeln vor einem gedeckten Tisch zu sitzen, ohne Radio, Netflix oder zumindest Smartphone, kommt einer meditativen Übung gleich, die entweder in große Melancholie oder glückliche Vertiefung führen kann.

Statt einer Küche, auf deren klinisch reiner Oberfläche man auch eine spontane Notoperation durchführen könnte und hinter deren Tür man nur die Familie schauen lässt, sind die Grundrisse heute offen: Küche, Essbereich, Wohnzimmer sind häufig eine große Fläche, die Gäste sitzen nur von einem Kochtresen getrennt, während gekocht wird. Und damit stellt sich auch eine andere Herausforderung: Wie manage ich das Küchenchaos, wenn alle jederzeit auf meine Arbeitsfläche schauen können? Da gibt es nur zwei Strategien, entweder radikale Akzeptanz oder sehr gute Vorbereitung und viel Stauraum. Offene Küche, umfangreich kochen und der Wunsch nach cleanen Flächen, das ist so wie Familie, Karriere und der Anspruch, dabei auch noch gut auszusehen. Nur Übermenschen kriegen alles gleichzeitig hin.

Auch wie wir den Tisch decken, hat sich geändert. In den Sechzigern fiel die Gründung eines eigenen Hausstandes mit der Hochzeit zusammen, und was die Frauen nicht schon als Aussteuer über Jahre angesammelt hatten, wurde zur Heirat geschenkt. Silberbesteck, Sonntagsporzellan, Tischwäsche mit Monogramm, Topfsets, Esszimmermobiliar, alles aus einem Guss. Wie ein schön gedeckter Tisch aussah, war klar. Gestärkte und gebügelte Servietten, zusammenpassendes Porzellan, je nach Wohlstand einfarbig weiß von Rosenthal bis handbemalt und mit Goldrand von Meissen, mit silbernen Kerzenständern und Blumenschmuck. Ein Service war eine Lebensentscheidung, nicht nur für den Essenstisch, sondern auch für den Geschenketisch.

Diese mühsam zusammengekauften Service von teuren Manufakturen werden heute vererbt, und die Kinder und Enkel der ursprünglichen Besitzer haben entweder genug Schränke, in denen das zerbrechliche, nicht spülmaschinenfeste, viel zu vornehme Geschirr ungenutzt verschwindet, oder es wandert in die Antiquitätengeschäfte, in denen es nur noch Bruchteile des ursprünglichen Wertes einbringt. Galt Meissen noch vor 20 Jahren als ein ähnlich solides Investment wie eine Münzsammlung, deckt die akademische Mittelschicht heute Tische, die man in den Fünfzigern noch nicht mal im dritten Hinterhof erwartet hätte. Nichts passt zusammen, Flohmarkt, Ikea, shabby chic, Wohnkonfetti. Unsere Ästhetik hat sich gewandelt, die Teller erzählen eine Geschichte vom ersten Semester bis zum Italienurlaub, und so finden wir es schön. Unser Besteck reicht nur für sechs Personen, Tischdecken und Stoffservietten gibt's für Gäste, und bügeln muss man auch nicht alles. Monogramme sind vom Trödel oder der Großmutter, und wie man Messing und Silber richtig putzt, weiß nur noch der Manufactum-Katalog. Was sich nicht geändert hat: Für Gäste und Feiertage deckt man den Tisch schöner als für die beiläufige Mahlzeit zu zweit, Blumen, Kerzen, Hintergrundmusik. Und der größte Vorteil von gedimmtem Licht: Unordnung, Staub und strubbelige Haare werden mit einem vergebenden Schimmer überzogen.

Zehn Tipps für Gastgeber

1. Feiern Sie die Feste, wie sie fallen

Warum lädt man ein? Manche Essenseinladungen ergeben sich aus äußeren Anlässen, Geburtstagen, Ostern, Jubiläen, andere aus gemeinsamen Traditionen mit Freunden. Andere sind ein Dankeschön oder die Revanche für eine andere Einladung. Manche sind spontan und einfach, andere monatelang geplant. Vielleicht kann auch der Anblick von frischen Steinpilzen Anlass genug sein, fürs Wochenende ein spontanes Essen zu planen. Überhaupt, nichts ist schöner als ein improvisiertes Beieinander, denn wir verbringen viel zu wenig Zeit mit unseren Freunden.

Wie viele Gäste man einlädt, ist natürlich einerseits dem Anlass geschuldet, andererseits auch der maximalen Füllhöhe der eigenen Wohnung und der Kochkompetenz. Zu Hause mehr als acht Gäste mit einem warmen Menü zu bewirten ist ambitioniert, und entweder die komplette Feier oder zumindest die Essensplanung Profis zu überlassen immer eine reichliche Überlegung wert.

Bei der Einladung sollte klar sein, was der Anlass ist (Geburtstag, neue Gardinen, Spargelsaison), welches Format (60 Geburtstagsgäste zum gesetzten Essen, entspanntes Grillen im Garten, Spaghetti zu viert) und was erwartet (plus eins oder keins, Kleidung, Geschenk) wird. Dabei ist das Format der Einladung (WhatsApp, E-Mail, Brief) schon ein guter Indikator, was von den Gästen an Ressourcenaufwand geleistet werden soll.

2. Wer sitzt alles am Tisch?

Meistens diktiert der Anlass, wer sich zusammenfindet: Weihnachten mit der Familie, Essen mit den Studienfreunden, Nachbarschaftsgrillen, Besuch der Schwiegereltern, Treffen mit den liebsten Kollegen. Selten ist es tatsächlich eine kuratierte Runde, die sich um den Tisch versammelt, und auch eine Tischordnung gibt es bei wenigen Anlässen, Hochzeit, große gesetzte Essen, runde Geburtstage. Bei der Tischordnung bieten sich verschiedene Ansätze an: Man sortiert nach Gruppen, setzt also zum Beispiel die Schulfreunde mit Anhang zusammen, oder man würfelt Gäste aus verschiedenen Bereichen durcheinander. Und so wie Fusion Kitchen ist das die hohe Schule: Manchmal sind die Schwiegermutter und die ausgeflippte Bekannte aus dem Chanting-Kurs eine perfekte Kombi, weil sich magischerweise gemeinsame Interessen (Kräutergärten) finden, häufig endet es so wie Königsberger Klopse mit Kokosmilch, nämlich wortlos. In jedem Freundeskreis gibt es jemanden mit der Integrationskraft eines Karnevalsvereins und in jeder Familie mindestens ein verschrobenes Mitglied, das die Tischrunde sprengen könnte. Beide sind strategisch gut zu platzieren, damit sich alle gut unterhalten fühlen. Sie können sogar an Ihre Gäste Aufgaben verteilen, sagen Sie dem Alleinunterhalter, um wen er sich kümmern soll, und geben Sie dem schrulligen Onkel einen sanftmütigen Aufpasser an die Seite. Ansonsten gilt: Die allermeisten Gäste sind im Alltag in der Lage, allein zu überleben, also werden sie es auch an Ihrem Essenstisch. Sie sind nicht die UNO, und noch nicht einmal die schafft es mit dem Weltfrieden.

3. Konsensessen statt Makrobiotik

Regional, saisonal, biodynamisch, vegetarisch, vegan, histaminfrei, glutenfrei, allergisch unbedenklich und bestenfalls ebenso gesund wie originell: Seit dem Hawaiitoast der 1960er ist nicht nur Wolfram Siebeck, sondern auch noch die Gesundheit in die deutschen Küchen eingezogen. Zum Glück! Denn niemand möchte seine Gäste zugeschwollen und mit Bauchweh nach Hause schicken. Also gilt: Allergien und Unverträglichkeiten ernst nehmen. Wer wirklich unter einer Laktoseunverträglichkeit leidet oder sich konsequent vegan ernährt, wird es rechtzeitig ankündigen, und dann sollte man als Gastgeber eine Alternative anbieten oder das Menü für alle entsprechend planen.

Was also kocht man? Am besten etwas, das die meisten Menschen mögen: Kartoffeln, Nudeln, etwas Geschmortes aus dem Ofen, das, was die Amerikaner Soul Food nennen. Sie müssen nicht mit einem japanischen Kaiseki-Menü überraschen oder sich zur gesunden Küche bekehren, machen Sie es sich einfach.

Die wichtigste Regel: Keine Experimente! Kochen Sie etwas, das Sie schon mindestens zweimal erfolgreich hinbekommen haben und das sich gut vorkochen lässt. So banal es klingt, wenn zwei Stunden vor der Einladung alles vorbereitet ist und das Schmorgericht im Ofen auch 30 Minuten Verzögerung verträgt, sind Gastgeber und Gäste gleichermaßen entspannt. Wenn es drei Gänge sein müssen, dann bietet sich zumindest für Vorspeise und Nachspeise etwas an, das kalt oder nur kurz aufgewärmt serviert wird und fertig in der Küche wartet. Für den Fall, dass Vegetarier und Fleischfans an einem Tisch zusammenkommen, sollte der Fleischbestandteil des Gerichts getrennt zubereitet sein, zum Beispiel Spargel, Kartoffeln, Hollandaise und optional Schinken oder Semmelknödel mit Wildgulasch, für die Vegetarier stattdessen ein Pilzragout. Denken Sie daran: So gerne die Menschen healthy bowls auf Instagram posten, Kohlenhydrate, Butter und Geschmortes machen glücklich, und Sie sind nicht für die Diät Ihrer Gäste, sondern das Gelingen Ihres Abends verantwortlich.

4. Sie sind kein Kandidat beim perfekten Dinner

Egal, für wie viele und auf welchem Niveau das Essen geplant wird, man darf und sollte es sich leicht machen, der Stress kommt von allein. So unmodisch Brunch oder Büfett klingen mögen, wenn eine Auswahl an Gerichten auf dem Tisch steht, kann jeder essen, was und so viel er mag, und als Koch muss man nicht die Gangfolge orchestrieren. In vielen kulinarischen Welttraditionen kennt man die Idee einer Gangfolge überhaupt nicht, sondern alles kommt so auf den Tisch, wie es eben kommt. Schließlich geht es weder darum, den Gästen zu imponieren (außer, der Gourmetclub tagt), noch will man als Gastgeber völlig erschöpft am Tisch sitzen. Ja, Kochen macht Freude, Essen ist wichtig, allen soll es schmecken, und vielleicht wollen Sie Ihre Gäste auch ein bisschen beeindrucken. Aber viel wichtiger als die Instagram-Tauglichkeit Ihrer Küchenfähigkeiten ist die Zeit, die man mit Freunden gemeinsam entspannt verbringt. Wenn Sie bei der Vorbereitung merken, dass Sie Angst haben, ob alles gelingt oder ob jemand enttäuscht sein wird vom Menü, gibt es genau zwei Handlungsoptionen: Streichen Sie das Menü zusammen und/oder überdenken Sie die Liste der Eingeladenen.

Und noch einen wichtigen Unterschied gibt es zum perfekten Dinner: Es gibt Ihnen niemand ein Budget von 500 Euro. Sie müssen sich für Ihre Gäste nicht finanziell verausgaben. Scampis, Rinderfilet, Austern, Champagner, Kaviar? Sie sind nicht die KaDeWe-Feinschmeckeretage in den 1990ern. Es ist völlig in Ordnung, preiswert zu kochen. Vegetarische Gerichte sind meistens günstiger, was Saison hat obendrein. Und nochmal ein Lob auf das Schmorgericht: Fleischstücke, die lange in Wein vor sich hin schmurgeln, gelingen erstens relativ sicher, schmecken allen und sind auch preiswerter als teure Steaks. Und wenn es ganz eng wird, Kartoffelsuppe mag übrigens fast jeder, nicht nur die Bundeskanzlerin.

Überhaupt, der Perfektionismus ist der Feind der Gemütlichkeit, und Sie wollen nicht mit 10 von 10 möglichen Punkten aus dem Abend gehen, sondern mit einem zufriedenen Seufzer und vielleicht einem Schwips.

5. Zeitpuffer Aperitif

Bei meiner Großmutter hieß eine Einladung zum Mittagessen um eins, dass das Essen um eins gegessen wird und wir rechtzeitig ankommen mussten. Die deutsche Gastlichkeit hat erst in den letzten Jahrzehnten das akademische Viertel, den Aperitif und den Puffer vor dem Essen für sich entdeckt. Ein gemeinsamer Sekt, um den sich auch die Gäste kümmern können, falls es nur einen Gastgeber gibt, verschafft einen Zeitpuffer von dreißig Minuten bis zur Vorspeise, damit ein Zuspätkommer nicht für verkochte Kartoffeln sorgt. Wenn ich ein größeres Essen plane, versuche ich, in der Stunde vor dem Essen nicht mehr viel tun zu müssen und mich in Ruhe duschen und umziehen zu können. Nichts ist für alle Beteiligte ein ungemütlicherer Start, als verschwitzt und in der Schürze die Tür öffnen zu müssen. Wenn ich gute Freunde erwarte, dann gehe ich hingegen davon aus, dass sie mir gerne in der Küche bei den Vorbereitungen Gesellschaft leisten werden. Nehmen Sie für sich und die Gäste Druck aus der Situation, ein paar Oliven, eine Handvoll geröstete Nüsse, ein bisschen Musik, Gutes zu trinken, der Rest findet sich von allein.

6. 5 sind geladen, 10 sind gekommen, gieß Wasser zur Suppe, heiß alle willkommen

Nein, es gehört sich nicht, spontan mit einem Gast mehr aufzutauchen oder eine Stunde vorher anzukündigen, dass der beste Freund spontan in der Stadt ist. Aber: Wir sind nicht dazu da, unsere Freunde zu erziehen, sondern zu lieben. Die allermeisten von uns kochen eh zu viel, also sehen Sie zusätzliche Gäste als Alternative zur Biotonne. Abgezählte Portionsgerichte haben ohnehin den Nachteil, dass niemand nachnehmen kann und man bescheidenen Essern häufig zu viel Panna cotta zumutet. Wer nicht mit 15 Geschwistern aufgewachsen ist, wird automatisch überschlagen, wie viel Kartoffelbrei aus der Schüssel ihm wohl zusteht, und den Futterneid beiseiteräumen. Bei den Beilagen kann man häufig improvisieren und etwas mehr kochen, machen Sie zum Aperitif eine Tüte Chips mehr auf, und wenn am Ende wirklich noch jemand hungrig sein sollte, findet sich meistens noch alles für eine spontane Käseplatte oder eine Schachtel Pralinen. Die hohe Kunst der Gastlichkeit ist die Improvisation, eine herzliche und lustige Gastgeberin bleibt in Erinnerung, nicht der eine Rosenkohl zu wenig. Außerdem ist es doch auch mal eine schöne Abwechslung, den Gästen kein schlechtes Gewissen zu machen, weil sie zu viel gegessen haben.

7. One-Hit-Wonder? Eat it again, Sam.

Sie hassen es zu kochen und mögen Gäste trotzdem? Sie können genau ein Gericht gut kochen, nämlich Spaghetti bolognese? Kein Grund, nicht gemeinsam zu essen. Entweder laden Sie in ein Restaurant ein, oder Sie kochen das, was Sie kochen können. Oder Sie entwickeln ein neues Talent: das perfekte kalte Abendessen. Kaufen Sie alles ein, was Ihnen und Ihren Gästen schmecken könnte: Käse, Schinken, Antipasti, Fischspezialitäten, Hummus, Salat, gutes Brot, schönes Obst, ein paar Petits Fours, und fertig ist eine Festtafel, die in der Küche außer Auspacken und Anrichten keinerlei Arbeit bereitet. Oder Sie bestellen gleich ein Catering. Sie kennen Ihre Stärken und zwingen Ihre Gäste nicht, traurige Experimente zu essen.

8. Spannen Sie die Gäste ein

Zwei Hände, zwölf Teller? Lassen Sie sich helfen, und zwar von Ihren Gästen. Wir alle lieben es, wenn wir jemandem helfen können, also tun Sie Ihren Freunden den Gefallen und spannen Sie sie ein. Sie sind ein Nachtischautist? Georg macht das tollste Tiramisu. Fragen Sie einfach, ob er es mitbringt, falls er es nicht ohnehin von alleine anbietet. Ihre beste Freundin und Sie haben sich ewig nicht gesehen, und Sie möchten auch gerne mit ihr allein Zeit verbringen? Vielleicht mag sie zwei Stunden früher kommen, den Tisch gemeinsam decken und dabei mit Ihnen plaudern. Wenn die Konversation stockt, können Sie einen engen Freund aus der Runde diskret bitten, Schwung hineinzubringen oder vereinsamte Tanten ins Gespräch einzubinden. Sie haben sich um den Raum, die Getränke und das Essen gekümmert, die Konversation und die Manieren sind die Aufgabe der Gäste. Dazu gehört übrigens auch, dass die Telefone in der Tasche bleiben. Alle prophylaktisch aufzufordern, die Smartphones in eine Telefonkiste zu tun, klingt vielleicht nach einer originellen Idee, wirkt aber bestenfalls wie aus einem Meeting-Ratgeber, schlimmstenfalls wie Grundschulpädagogik. Natürlich ist es schöner, wenn sich alle angeregt miteinander unterhalten und nicht über Instagram, aber Sie sind nicht für das Digital Detoxing Ihrer Gäste verantwortlich. Und Sie sind kein Restaurant, also ist es völlig legitim, Hilfe einzufordern.

9. Aufgeräumt wird später

Schmutzige Teller, verrückte Stühle, dreckige Töpfe machen Sie nervös? Jetzt ist der richtige Moment, sich seinen Dämonen zu stellen! Nichts ist ungemütlicher als ein aufspringender Gastgeber, der den Tisch wischt, mit den Tellern in der Küche klappert und die Gläser zusammenräumt. Eine saubere Küche kann das Seelenheil retten, zumindest für fünf Minuten, aber die besten Gespräche entstehen über dem Memento mori eines unabgeräumten Tisches. Sie haben gekocht, Sie haben serviert, jetzt entspannen Sie sich, reden mit Ihren Gästen, trinken vielleicht ein Gläschen zu viel, und morgen früh oder heute Nacht, wenn der letzte Gast gegangen ist, räumen Sie auf, denken an die Ereignisse des Abends. Wenn Sie zu zweit sind, ist der Moment gekommen, über das eine oder andere gemeinsam zu lachen. Und wenn alles erledigt ist, vielleicht noch ein Löffelchen vom Nachtisch zu essen, den man vorhin gar nicht recht würdigen konnte.

10. Gute Nacht, Freunde!

Normalerweise findet sich ein natürliches Ende, die Ersten gehen, die Zweiten gehen, und dann dauert alles, was man noch zu sagen hätte, eine Zigarette und ein letztes Glas im Stehen. Wenn nicht, dann ist es legitim, die zwei müden Restgäste freundlich, aber klar rauszukomplimentieren. Vielleicht, indem man befindet, dass das »später« fürs Aufräumen gekommen ist, entweder wird man dann Hilfe beim Spülen haben, oder die Gäste gehen. Alternativ können Sie auch freundlich und deutlich sagen, dass der Abend wunderschön war und jetzt der Zeitpunkt gekommen ist, ins Bett zu gehen. Oder Sie fragen, ob die beiden noch etwas vom Nachtisch für den nächsten Tag mitnehmen möchten, auch das ist ein deutliches Signal.

Zehn Tipps für Gäste

1. Zugesagt heißt zugesagt

Als Gast erzeugt eine Einladung genau eine Pflicht: zusagen oder absagen und bei der Entscheidung zu bleiben. Sollte sich spontan ein Grund jenseits akuter Unlust ergeben, der es unmöglich macht zu kommen, muss die Absage so rechtzeitig wie möglich erfolgen. Selbst für das Grillen im Garten wird meistens zwei Tage vorher eingekauft und vorbereitet, und nichts ist frustrierender, als zu viert vor einer Lasagne für zwölf Gäste zu sitzen. Möchte man jemanden mitbringen, den Partner, einen Hausgast, dann sollte die Frage immer so formuliert sein, dass der Gastgeber auch ohne Bedenken Nein sagen kann, wenn es nicht passen sollte. Überraschungsgäste sind nur auf der Showbühne willkommen.

Zu einem Essen sollte man innerhalb des akademischen Viertels erscheinen, aber niemals zu früh, auch keine zehn Minuten vorher. Wenn man gerne helfen möchte, sollte man dies anbieten und nicht spontan früher kommen. Als erster Gast bietet man immer seine Unterstützung bei der Begrüßung der nachfolgenden Gäste an, zum Beispiel beim Einschenken des Begrüßungsgetränks. Ansonsten: Je selbstständiger die

Gäste für das eigene Wohl sorgen, sowohl was das Trinken als auch die Konversation angeht, umso entspannter für den Gastgeber. Nehmen Sie sich vor, der Gast zu sein, den Sie selbst auch haben möchten – oder stellen Sie sich vor, Ihr Leben hinge davon ab, nächstes Jahr wieder eingeladen zu werden.

2. Sagen Sie vorher, was Sie nicht essen können

Falls man unter Allergien und Unverträglichkeiten leidet oder bestimmte Lebensmittel nicht isst, sollte der Gastgeber rechtzeitig Bescheid wissen. Wenn es sich dabei nur um Abneigungen handelt (Koriander, Knoblauch, Kapern), sollte man sich eine Nachricht verkneifen, Mäkeleien gehen nur bis zur Volljährigkeit durch. Bei tatsächlichen diätischen Anforderungen hingegen ist eine Info wichtig, bestenfalls aber mit dem Hinweis, dass man auch gerne einfach das isst, was man von dem, was gekocht wird, eben verträgt. Damit kann der Gastgeber dann nach Ambition und Fähigkeit entscheiden, in welchem Umfang er den Restriktionen entsprechen kann. Zitronenschale beim Kochen wegzulassen ist einfacher, als am Abend selbst improvisieren zu müssen. Wenn Sie gerade eine Diät machen, wägen Sie vorher ab, ob heute der Cheat Day ist, Sie sich den restlichen Tag einschränken wollen oder ob Sie Ihre Ernährungsprinzipien durchziehen wollen. Wenn Sie sich für die Diät entscheiden, warnen Sie vorher die Gastgeber, anstatt die Dinnerrunde mit Ihren neuesten Ernährungserkenntnissen zu sabotieren. Ihnen geht es vermutlich ohne Kohlenhydrate am Abend besser, aber alle anderen lassen Sie die Tarte Tatin und den Kartoffelstampf nur mit dem normalen Umsatz an Reue genießen.

3. Kleine Geschenke erhalten die Freundschaft

Bringen Sie dem Gastgeber etwas mit! Über die Größe des Gastgeschenks entscheidet der Anlass und Aufwand. Zu einem Geburtstagsessen bringt man selbstverständlich ein Geschenk mit, eventuell gemeinsam mit den anderen Gästen. Wenn es nur eine Fleischbällchenpasta mit den vier besten Freunden gibt, dann reicht eine Flasche Wein, die am Abend getrunken werden kann, und vielleicht eine zweite, noch bessere, die der Gastgeber am nächsten Tag genießen kann. Grundsätzlich sind Wein, Blumen und Süßigkeiten zwar banale Gastgeschenke, aber nicht umsonst Klassiker. Einerseits, weil sie konsumierbar sind und keine Folgeaufträge an den Beschenkten stellen (wo hänge ich das Bild nur hin, wo bringe ich die zwölfte Vase unter, muss ich die Memoiren des Grafen lesen). Andererseits, weil sie sich ansonsten problemlos weiterverschenken lassen, vermutlich gibt es Mon-Chéri-Schachteln, die seit zehn Jahren im ewigen Geschenkekreislauf kursieren.

4. Kein Apfelkuchen ohne Ankündigung

Falls man selbst in der Küche ambitioniert ist und gerne etwas zu essen beisteuern möchte, sollte man unbedingt nachfragen und einen konkreten Vorschlag machen (»Ich könnte ein Tiramisu zum Nachtisch mitbringen.«). Wenn der Kochende allerdings schon weiß, dass er ein koreanisches Barbecue machen möchte, dann wird er einen gedeckten Apfelkuchen vermutlich ablehnen, so sehr er ihn sonst liebt. Nehmen Sie es niemandem krumm, wenn Ihre Hilfe abgelehnt wird, so gerne wir alle helfen, so schwer tun sich die meisten von uns, Hilfe auch anzunehmen. Vielleicht möchte Ihr Gastgeber endlich zurückgeben, was er so oft von Ihnen bekommen hat, oder er möchte zeigen, wie gut er im Kochen ist. Beides hat nichts mit Ihnen und der

Qualität Ihres Desserts zu tun. Und wenn Sie unbedingt etwas aus Ihrer eigenen Herstellung beisteuern möchten, können Sie Marmelade, Kekse, Pesto oder einen länger haltbaren Kuchen auch als Gastgeschenk mitbringen.

5. Sie sind kein Panda und auch kein Koala

Menschen sind keine Nahrungsspezialisten, wir können neben Nudeln und Ketchup auch alles andere verdauen, insbesondere als Erwachsene. Unser Magen ist in der Lage, rohes Fleisch, Karotten, Käfer und giftige Nachtschattengewächse wie Tomaten zu vertragen, also ist er auch Oliven und Schimmelkäse gewachsen. Wenn Sie für sich ganz sicher wissen, dass Kümmel, Leber und Stilton das Böse unter der Sonne sind, dann umfahren Sie das Übel weiträumig. Aber denken Sie immer an die Regel: Alles mindestens zehn Mal probieren, bevor man es für immer verdammt. Die Liste des Grauens sollte nicht mehr als fünf Einträge beinhalten, ab dann ist man offiziell ein picky eater, und solange Sie Ihr Geld nicht als Leistungssportler oder Supermodel verdienen, ist das nur kapriziös und nicht charmant. Und zu behaupten, man sei gegen Koriander allergisch, um absolut sicherzugehen und nicht blöd dazustehen, ist ein bisschen so wie die Ausrede, der Hund habe die Hausarbeiten gefressen. Auf dem Teller liegt etwas, das Ihnen nicht schmeckt? Essen Sie ein wenig, räumen Sie es unauffällig zur Seite, machen Sie keinen Aufriss.

6. Stellen Sie sich vor, Ihre Mutter schaut zu

Ihr Gastgeber hat sich Mühe gegeben, Zeit, Geld und Gedanken investiert. Also ziehen Sie sich einen sauberen Pullover und Ihr freundlichstes Lächeln an und tun alles, um wieder eingeladen zu werden.

Das Wichtigste zuerst: Lassen Sie das Telefon in der Tasche oder zumindest unterm Tisch, wenn der Erste sein Smartphone zückt, greifen alle anderen auch in die Hosentasche. Natürlich gibt es Anrufe (Babysitter), die angenommen werden müssen, aber Instagram, Twitter, Arbeitsmails und WhatsApp sind auch nach 90 Minuten noch da.

Die komische neue Kollegin Ihrer Freundin erzählt seit 20 Minuten von der perfekten Kaschmirjogginghose? Wahrscheinlich sucht sie genauso verlegen nach einem Gesprächsthema wie Sie, das nichts mit Religion, Politik, Geld und Sexualität zu tun hat. Befreien Sie sich und Ihr Gegenüber aus dieser Misere der vermeintlich verbotenen Themen, reden Sie über etwas, das Sie beide interessiert und unterhält. Solange sich von der Themenwahl niemand ausgeschlossen oder irreparabel schockiert fühlt, ergeben Babykatzen, Friedrich Merz und Fetischboutiquen keine unmöglichen Gesprächsinhalte. Überhaupt, die wenigsten Streitereien entstehen wegen der falschen Themenwahl, sondern werden nur auf dem Rücken der Politik ausgetragen, eigentlich geht es um jahrelange Animositäten oder unüberbrückbare Generationsdifferenzen.

Wenn gar nichts anderes hilft, reden Sie über das Essen oder fragen Sie nach dem letzten Urlaub oder worauf sich der Gesprächspartner an diesem Wochenende besonders freut. Falls jemand Sie unaufhaltsam zutextet, greifen Sie auf Kulturtechniken aus Chemieunterricht und Buchhaltungsmeeting zurück: freundlich lächeln und so tun, als würde man verstehen, worum es geht. Schließlich hat der Gastgeber mit Kochen und Servieren schon genug Sorgen, für den Fluss der Konversation sind Sie als Gast zuständig. Nach dem Essen löst sich die Tischordnung ohnehin meistens auf, dann können Sie sich einen neuen Gesprächspartner schnappen. Exitstrategien, die hingegen unelegant sind: Vollrausch, Businesstermine am frühen Morgen, Halskratzen.

7. Sie sind kein Kandidat beim perfekten Dinner

Die Tischdeko bekommt 7 Punkte, das Abendprogramm 8 Punkte, den Hauptgang hätte man sich wärmer gewünscht, die Suppe war langweilig, der Apfelstrudel zu nah am Nachtisch vom letzten Treffen, deshalb leider nur 6 Punkte fürs Essen, macht gemeinsam aber trotzdem ganz lieb gemeinte 7 Punkte!

Nein, weder sind Sie Kandidat in einem Reality-Format noch Gastrotester, also sollte sich das Feedback am Tisch auf Komplimente beschränken. Sie haben ein viel besseres Rezept für eine Rotweinsauce, Ihre Semmelknödel werden viel fluffiger, weil Sie weniger Mehl verwenden? Schön für Sie, uninteressant für die Tischrunde. Maximal ein Küchenkniff pro Essensrunde ist eine gute Dosis, die man auch als noch so begeisterter Koch nicht überschreiten sollte, das gilt übrigens auch für den Gastgeber. Wer Sie einlädt, verdient Anerkennung und Dankbarkeit, keine Manöverkritik. Und tapsen Sie niemals in die Falle, in die Selbstkritik der Köchin einzustimmen. Ihre Tante kann sich zwölffach für die fettige Sauce entschuldigen, widersprechen Sie jedes Mal, egal, wie gut es war. Nehmen Sie nach, greifen Sie zu, zeigen Sie, dass es Ihnen schmeckt.

8. Helfen Sie mit

Für die Hilfe während des Essens gilt das Gleiche wie für mitgebrachten Apfelkuchen: anbieten, aber nicht aufdrängen. Der Gastgeber kämpft mit den Tellern, dem Abwasch, dem Korken? Fragen Sie einmal und ohne großes Aufheben. Und wenn der Gastgeber nicht möchte, dass Sie ihn in der Küche unterstützen, dann stehen Sie auch nicht zwischen Kühlschrank und Herd im Weg oder, noch schlimmer, kommentieren das Geschehen am Herd. Die größte Hilfe ist ohnehin, wenn Sie sich und die anderen Gäste amüsieren, das Gespräch am Laufen halten, Spaß haben und Komplimente verteilen, für das Essen, den Tischschmuck, die Outfits der anderen Gäste, die Bilder der Kinder.

9. Gehen Sie niemals als Letzter

Alle anderen sind im Aufbruch, Sie können gar nicht verstehen, warum, es ist doch erst kurz nach zwölf? Vermutlich sind Sie die Ausnahme, last man standing, schön für Sie, aber dennoch, folgen Sie dem Herdentrieb und stehen Sie mit den anderen auf. Versuchen Sie nicht, die anderen Gäste zum Bleiben zu überreden, vor allem nicht, wenn der Gastgeber es nicht vor Ihnen bereits getan hat. Für Feste gilt: Man sollte aufhören, wenn es am schönsten ist. Und dabei vertrauen Sie ruhig auf den Konsens des gemeinsamen Aufbruchs. Natürlich gibt es immer Ausnahmen, die Gastgeberin ist Ihre beste Freundin, Sie haben versprochen, beim Aufräumen zu helfen.

10. Bedanken Sie sich!

Sei es nur ein informelles Essen unter Freunden oder ein Geburtstagsfest, Ihr Gastgeber hat Zeit, Geld und Gedanken investiert, um Ihnen und den anderen Gästen einen schönen Abend zu bereiten. Falls Sie sich am Abend danebenbenommen haben sollten, dann ist jetzt der Zeitpunkt gekommen, sich zu entschuldigen. Nur weil Sie den Gastgeber seit 1986 kennen, ist es nicht selbstverständlich, dass Ihr Platz an seinem Tisch für immer reserviert ist. Zerdepperte Gläser sollte man ersetzen, Konversationshavarien aufklären, schlechte Laune, fehlende Hilfe und die halbe Flasche Wein zu viel direkt adressieren und zukünftig Besserung geloben. Wenn andere Gäste in den Strudel geraten sein sollten, entschuldigt man sich selbstverständlich auch bei denen. Ob Ihnen vergeben wird, entscheidet sich bei der Zusammenstellung der nächsten Tischrunde.

Ein Dankeschön in den Tagen nach dem Abend ist immer angebracht. Dabei orientieren Sie sich einfach an dem Aufwand Ihres Gastgebers: eine WhatsApp am nächsten Tag, eine Postkarte, ein Blumenstrauß, die Fotos, die Sie an dem Abend gemacht, der Wein, von dem Sie erzählt haben.

Und mit etwas zeitlichem Abstand folgt natürlich die obligatorische Gegeneinladung, die den ewigen Kreislauf von Planungspanik und Pralinen aufrechterhält.

Elternschaft neu sortiert

Einen Tiefpunkt in meiner Karriere als Mutter erlebte ich in einem Outlet-Center kurz hinter dem Brenner. Mein Mann und ich wollten noch Schuhe und Kleidung für den Schulbeginn kaufen, die Kinder eher nicht. Sie äußerten ihre Bocklosigkeit schon im Auto, wir fuhren trotzdem raus. Was dann folgte, war das Stuttgart 21 der familiären Shoppingunternehmungen: ein Protest, der sich gewaschen hatte. Die Kinder drehten in der Mall derart durch, dass es mich bis heute wundert, dass uns der Sicherheitsdienst nicht mit Wasserwerfern nach draußen befördert hat. Der große Sohn triezte meine kleine Tochter, sie heulte, ich ignorierte beide und schob das Streitknäuel in den Adidas-Store. Beim Hinausgehen warf sich meine Tochter auf den Steinboden in die Einkaufspassage, wand sich dort, als sei sie vom Poltergeist besessen, und schrie, dass sie hier und jetzt hinpieseln werde. Ich raffte das Kind an mich, raste auf den Parkplatz, wo sie darauf bestand, auf einen Gullideckel Pipi zu machen (Pro-Tipp an alle Eltern: Lassen Sie Ihr Kind niemals auf harten Boden pinkeln), und ich in letzter Sekunde das Schlimmste verhindern konnte. Und während sie weinte, schrie und an ihrem ganzen kleinen wütenden Körper bebte, dachte ich kurz daran, wie gut es war, dass wir uns nicht zu Hause in München, sondern in weiter Ferne befanden, wo keine Mutter, Schwägerin, Nachbarn oder Kollegen uns bei diesem Wahnsinn beobachten konnte. Was sie wohl gesagt hätten? Der Sichtweise meiner Mutter folgend war dieser Anfall lediglich ein Zeichen dafür, dass ich nicht konsequent genug war; wäre es nach meiner Schwägerin gegangen, wäre vielleicht mein beruflicher Ehrgeiz das Problem gewesen. Vielleicht hätte irgendeine wohlmeinende Freundin bemängelt, dass ich nicht gut genug auf die Kinder einging, und eine Katja Saalfrank hätte mit einem Pokerface daneben gesessen, um mir dann hinterher zu erklären, dass es jetzt Zeit für einen Familienrat war und wir beide auf die stille Treppe gehörten. Jesper Juul hätte vermutlich meine Leuchtturm-Kapazitäten infrage gestellt und andere Experten zu weiteren Sachbuchtiteln inspiriert: »Jedes Kind kann shoppen lernen«.

Denn egal, ob Pandapapa (faul) oder Tigermutter (ambitioniert), Erziehung à la française (Weißwein auf dem Weg zum Bäcker, schlampig kaschierte Affären, kein Tipi im Wohnzimmer) oder der German Way in die Selbstständigkeit (auch als Free Range Kids bezeichnet, Grundschulkinder dürfen alleine U-Bahn fahren) – die Auswahl an Konzepten ist riesig. Von Remo H. Largo (nachsichtig) über Jesper Juul (erratisch) über Annette Kast-Zahn (umstritten) oder Nora Imlau (pragmatisch) – wer Orientierung sucht, gute Ratschläge möchte oder Kindererziehung als Fortführung des eigenen Lebensstils mit anderen Mitteln sieht, der wird in jedem gut sortierten Bahnhofsbuchhandel den passenden Ratgeber finden.

Und auch an praktischen Angeboten für Eltern mangelt es nicht. Allein vom Staat gibt es 150 verschiedene Leistungen für Familien: Kindergeld, Elterngeld, Mutterschaftsgeld, Elterngeld plus, Partnerschaftsbonus, Unterhaltsvorschuss. Hinzu kommen zahlreiche kommunale Leistungen wie Elterncafés, Vergünstigungen auf Jahrestickets für Zoo, Bibliothek und die S-Bahn sowie eine unendliche Vielfalt von Stillgruppen, Müttertreffs und psychologischen Beratungen. Für Kinder ab einem Jahr gibt es mittlerweile in jeder Stadt zahlreiche Betreuungsmöglichkeiten und eine Phalanx von privaten Bildungsangeboten.

Doch trotz aller Unterstützung, pluralen Entwürfen und enger Bindung zwischen Eltern und Kindern scheint sich Erziehung in eine Art Ironmom & Dad verwandelt zu haben – die Gleichzeitigkeit von Familie und Beruf ist für die meisten Eltern zwar Standard, hat aber den »Mombie« hervorgebracht, ein Zwitterwesen aus Mom und Zombie: übermüdet und gestresst, ungekämmt und mit Spinatfleck auf der Bluse. Der Mombie und der dazugehörige Vater jonglieren Schultermine und Kindergartenfeiern, Impfpässe und Hobbys, Fahrdienste für Fußballspiele, die eigene Karriere (beziehungsweise das, was nach der Geburt der Kinder noch davon übrig ist) und die Sorge für die eigenen gebrechlichen Eltern.

Das Müttergenesungswerk (MGW) fasst dieses Lebensgefühl in Zahlen: 2,3 Millionen Mütter und 230 000 Väter sind nach seiner Einschätzung kurbedürftig. 90 Prozent aller Anträge werden bewilligt. Der Zustand von Müttern, Vätern und Kindern, die eine Kur antreten, ist schlechter, als zuvor angenommen, ein Fünftel von ihnen sind bereits so weit geschädigt, dass eine Kur nicht reichen wird, um den Zustand zu bessern, und eine Reha-Maßnahme notwendig erscheint. Die Hauptgründe sind Erschöpfungszustände bis hin zum Burnout oder Depressionen.

Dafür gibt es viele strukturelle Gründe, und es ist unverantwortlich, diese auf die einzelnen Eltern zurückzuschieben – schließlich tun die allermeisten Eltern ihr Bestes, um mit ihren Ressourcen, Charakteren und Kompetenzen dafür zu sorgen, dass es ihren Kindern so gut wie möglich geht. Manchmal ist »so gut wie möglich« ein schönes, selbstbestimmtes Kinderleben mit vielen Hobbys, einem hellen Zimmer und Freunden, manchmal bedeutet es eben auch, dass eine gestresste Alleinerziehende ihre dreijährige Tochter mehrere Stunden alleine in ihrem Zimmer spielen lässt, weil sie nebenan arbeiten muss. Oft bestimmen nicht die großen Ideale unsere Erziehung, sondern die Alltagsnöte: die hohe Großstadtmiete, der Husten, der nicht weggehen mag, die kaputte Waschmaschine, der chronische Ärger bei der Arbeit und der Kampf um die Hausaufgaben.

Unsere Kinder sind fast immer (geplante) Wunschkinder, und wir lieben sie mit einer Wucht, die jedes andere Gefühl in den Schatten stellt. Die meisten Familien entscheiden sich aktiv für ein Kind, Mütter sind statistisch beim ersten Kind so alt wie nie. War es in der Generation unserer Eltern und Großeltern noch der Regelfall, dass Sex mit einer gewissen Zwangsläufigkeit zu Kind und Ehe führte, haben Frauen heute meistens genug Verhütungsoptionen, Zeit und Bildung, um sich ein eigenständiges Leben aufzubauen, bevor sie zur Familie werden. Gleichzeitig wird Kinderlosigkeit heute nicht mehr hingenommen, sondern als behebbarer Fehler betrachtet; Kinderwunschhandlungen sind schon lange kein Tabu mehr, sondern ein Thema, über das zumindest im privaten Rahmen gesprochen wird.

Doch auch die beste Erziehungsstrategie bewahrt Eltern und Kinder nicht vor Konflikten: Mit einem Kind zusammenzuleben ist ein Schattenboxen mit den eigenen Stärken und Schwächen, eine turbulente Amour fou, bei der Tränen fließen, Fetzen fliegen und so innig umarmt und gekuschelt wird, wie man es selten zuvor in seinem Leben getan hat. Mit Kleinkindern bekommt man einen neuen Blick auf eine alte Welt, werden sie älter, wandelt er sich in einen alten Blick auf eine neue Welt. Mit Kindern erlebt jeder sich selbst noch mal neu, Kräfte werden geweckt, von denen man zuvor gar nicht ahnte, dass sie in einem stecken. Die Momente, wenn die Fünfjährige morgens zu einem ins Bett klettert, sich an einen schmiegt, laut pupst und dann lauthals über den eigenen Shock Value lacht, gehören zu vielen kleinen Momenten der Alltagsanarchie, die sich ins Familiengedächtnis einprägen und noch Jahre später für Heiterkeit sorgen.

Für diese Miniglücksammlung braucht man weder teure Hobbys noch einen theoretischen Überbau, sondern die Fähigkeit, Chaos mit Humor zu begegnen, Mut zur Lücke zu lernen, sich selbst zu hinterfragen, die Macken der Kinder und den eigenen Privatwahnsinn anzuerkennen. Denn wer Kindern vermittelt, dass es bei der Liebe nicht nur darum geht, die guten Seiten eines Menschen zu mögen, sondern auch die schlechten Eigenschaften auszuhalten, hat sie schon ein Stück auf dem Weg ins Erwachsenenleben begleitet.

Auch dann zu lieben, wenn der ehemals hochbegabte Sohn mit schlechten Noten nach Hause kommt, das gehört genauso dazu wie das Stärken praktischer Kompetenzen wie Gärtnern, selbst ein Regal an die Wand bohren zu können, ein paar Gerichte kochen zu können oder ein Musikinstrument zu spielen.

Statt also immer alles zu geben, ist es wichtiger zu erkennen, wann Einsatz und Ehrgeiz und wann Faulheit und Humor die richtige Antwort sind. Der Weg des geringsten Widerstandes hat in unserer Gesellschaft einen schlechten Ruf, er gilt als die Strategie der Faulanten, Opportunisten und Schleimer. Doch Kindererziehung hat sich in ein so zeit- und kräfteintensives Mikromanagement verwandelt, dass ein pragmatisches Haushalten mit den eigenen Kräften wichtig ist, um nicht im Hamsterrad der Anforderungen zu verglühen – ganz unabhängig davon, ob diese von außen an einen herangetragen werden oder man sich selbst in den Wahnsinn treibt.

Darum gibt es hier keine To-do-Liste, sondern eine To-don't-Liste, Magic Cleaning gewissermaßen. Denn okay ist gut genug, eine gesunde B-Mutter familienverträglicher als eine AAA-Version mit Schlafstörungen. Lieber ein fauler Vater als ein ausgebrannter Soccerdad, lieber ein Kind mit mittelmäßigen Noten als eines, das aus Angst vor Prüfungsstress nicht mehr zur Schule gehen kann.

1. Weg mit dem Perfektionismus

Oft stehen die heutigen Großmütter neben ihren Kindern und können es kaum fassen, wie viele Gedanken man sich neuerdings machen muss. Für sie waren Frosties ein gesundes Frühstück und Rauchen kein Grund, sich auf dem Balkon zu verstecken, und die Nachbarn nebenan eine ausreichende Kinderbetreuung, wenn man selbst mal außer Haus musste.

Diese Zeiten sind vorbei: Kinder nehmen ein gesundes Pausenessen im Bentoformat und eine wiederverwendbare Sigg-Flasche Mineralwasser mit in die Schule, Müsliriegel und Süßigkeiten sind offiziell verboten. Rauchende Eltern dürfen ihrer Sucht nur noch in angemessenem Sicherheitsabstand zu den Kindern nachgehen (und das bestimmt nicht in der Wohnung oder, heute unvorstellbar, im Auto). Seine Kinder anzuschreien gilt mittlerweile als Charakterversagen, die klassische Watschn ist so gut wie ausgestorben und glücklicherweise strafbar.

Mit Kopfschütteln macht man es sich einerseits leicht, andererseits haben die entspannten Omas auch ein Argument auf ihrer Seite: Man kann nicht bei jedem Ausflug das richtige Format für jedes Familienmitglied finden. Keine Mutter muss tolle Kuchen backen, toll Vokabeln trainieren, toll fit sein und eine tolle Karriere haben. Manchmal reichen eben auch eine tolle Karriere und ein gekaufter Kuchen oder ein toller Kuchen und eine halbe Karriere. Oder ein gekaufter Kuchen auf dem Sofa, während das Kind im Kindergarten ist.

Doch das Nickerchen auf dem Sofa muss man sich erkämpfen: Sport canceln oder das Treffen mit den Freundinnen, die Wohnung schulterzuckend im Chaos versinken lassen, oder gibt es heute Abend nur ein Trashessen aus Kroketten mit Ketchup? Da hilft die Anwendung der erfolgreichsten Überlebensstrategie überhaupt: die der selektiven Wahrnehmung. Waschmaschine und Geschirrspüler gleichzeitig kaputt? Body auch nicht mehr so toll? Die Kinder bringen fleißig Vierer nach Hause? Das E-Mail-Postfach quillt über? Das ist in fast allen Familien die Regel, nicht die Ausnahme.

Alles zu wollen ist der Wahnsinn im Quadrat, da sich alle diese Forderungen in ihrer Summe widersprechen. Vielleicht stoßen findige deutsche Ingenieure irgendwann auf eine Lösung, die Wohnung automatisiert aufzuräumen, aber solange man dem Saugroboter den Weg freiräumen muss, gibt es keinen Shortcut fürs blitzblanke Familienglück. Darum kann man sich damit trösten, dass es bislang keiner Frau gelungen ist, alle Ansprüche des Zeitgeistes gleichzeitig zu bedienen. Die einzige Frau, die einen Superjob, einen Superbody, vier Superkinder, ein Superhaus in Malibu und einen jungen Ehemann hat, ist Heidi Klum. Und Menschen, die drei Nannys haben und die es als Lizenzbarbies von Mattel gibt, nimmt man sich als erwachsener Mensch nicht zum Vorbild.

2. Weg mit der Zuckerpanik

Wir sind ja alle einer Meinung – kein Kind sollte sich täglich mit Süßis vollstopfen, Zucker ist ungesund, und auf den Raffaello-Rausch folgt der Cola-Kater. Aber muss man ihn deshalb gleich meiden? Tatsächlich gibt es Eltern, die ihre Kinder zuckerfrei erziehen – doch diese sagenumwobenen 100-Prozent-Eltern sind so selten wie Albinokrokodile.

Allerdings sollte man sich nicht einreden lassen, dass Agavendicksaft, Datteln und Honig irgendwie gesündere Alternativen als raffinierter Zucker sind. Süß, aber gesund – was zu gut klingt, um wahr zu sein, das ist es leider auch: Alles, was süß ist, ist Zucker, mit all den bekannten Nebenwirkungen. Natürlich gibt es zahlreiche Süßstoffe, die zwar kalorienfrei sind, aber deren tatsächlicher Nutzen wissenschaftlich umstritten ist. Anstatt also nach »gesundem Zucker« zu suchen oder wegen des ungesunden in Panik zu verfallen, kann man den familiären Blutzuckerspiegel in normalverträgliche Bahnen leiten: Säfte, Limonaden und Cola fliegen im Alltag raus. Ebenfalls weg müssen alle Produkte, die extra für Kinder entwickelt wurden: Kinderjoghurts, Kindermüsli, Kinderschokolade und Pausensnacks, denn die heißen nicht so, weil sie besonders gut für Kinder sind, sondern besonders perfide auf diese Zielgruppe zugeschnitten sind. Anstatt im Supermarkt zur Haribotrommel zu greifen, könnte man auch auf zuckerarme Biokekse oder Reiswaffeln mit Zartbitterschoko ausweichen. Und wer noch Ambitionen hat, der backt einfach selbst.

Und während die Kinder an zahnschonenden Hafercookies herumlutschen, kann man sich selbst die Luxusschokolade geben, die man so mühsam vor der Familie versteckt hat. Ein gutes Keksrezept, ein gutes Schokoversteck: So kommen sowohl Kinder als auch Eltern auf ihre Kosten.

3. Weg mit dem Notenstress

Natürlich ist es für Kinder wichtig, Durchhaltevermögen zu entwickeln, sich auf Dinge konzentrieren zu können und auch dann weiterzumachen, wenn sie mal keine Lust haben. Diese Fähigkeiten sind für ein gutes Leben unabdingbar. Aber das muss nicht zwangsläufig über den Matheunterricht laufen. Wenn Ihr Kind gute Noten hat und sich leichttut, wunderbar. Aber seien Sie nicht enttäuscht, wenn Ihr Kind vor allem mit Durchschnittlichkeit glänzt. Was bei allem Exzellenzstreben gerne vergessen wird: Ein durchschnittliches Leben kann auch ein sehr glückliches oder zumindest zufriedenes Leben sein; und die Geschichte der Wunderkinder lehrt auch, dass diese im

Leben oft viel mehr zu kämpfen haben als ihre mäßig begabten Sitznachbarn aus dem Mathe-LK.

Im Japanischen gibt es den Begriff des »Ikigai«, frei übersetzt mit »etwas, wofür es sich zu leben lohnt«. Das kann für einen Erwachsenen alles sein, vom Schachverein über den Buchsbaum im Gemeinschaftsgarten, der vor dem gefräßigen Zünsler beschützt werden muss, bis zur Perfektion des sonntäglichen Rühreis. Wer Ikigai hat, behält den unerschütterlichen Glauben, dass das Leben wert ist, gelebt zu werden – was wiederum auf Gesundheit, Lebensqualität und allgemeine Zufriedenheit abstrahlt. Natürlich ist es schön, wenn Kinder in der Schule ihr Ikigai finden – eine Theater-AG, Begeisterung für Sport oder Mathematik. In der Regel sind sie aber mit mäßiger Begeisterung bei der Sache. Ein Blick in den eigenen Abschlussjahrgang zeigt doch, dass gute Noten nur begrenzt mit einer tollen Karriere korrelieren – und ohnehin, Karriere, muss man nicht mittlerweile schon bei dem Wort lachen? Es sollte doch hinlänglich bekannt sein, dass Überstunden, Intrigen und Chefschleimerei nicht gerade Ikigai-Potenzial haben. Sondern eher die stillen Leidenschaften, die nicht unbedingt kommerziell verwertbar oder prestigeträchtig sind.

Nehmen Sie den Stress aus der Schule und ermutigen Sie Ihre Kinder dabei herauszufinden, welches ihre Strategien sind, um sich ein Thema anzueignen. Die einen schaffen es mit Fleiß und Disziplin, die anderen haben ein Gespür dafür entwickelt, was von ihnen erwartet wird, und liefern punktgenau. Die nächsten blühen auf, wenn man ihnen praktische Aufgaben gibt, die nächsten werden handzahm, wenn man sie selbst vorschlagen lässt, wie sie ihre Arbeit erledigen sollen. In Gesprächen mit Kindern kommen oft brauchbare Vorschläge heraus, die auch eine höhere Compliance haben als die elterlichen Maximalforderungen. Erfahrungsgemäß helfen zehn Minuten Englisch am Tag mehr als Hauruck-Panikaktionen am Wochenende vor der

Klausur, und wer sich einmal daran gewöhnt hat, jeden Tag ein bisschen zu lernen, der geht auch selbstbewusster und leichtherziger in die Schule.

Ein Sorgenkind, über dem stets das Damoklesschwert des Sitzenbleibens hängt, das die Schule wechseln muss oder eine Lese-Rechtschreibschwäche hat, braucht natürlich eine andere Unterstützung als eines, das schlichtweg keine Lust auf Schulaufgaben hat. Die Schulangst, mit der ein Kind jeden Morgen aus dem Haus geht, ist auch für die Eltern eine Belastung. Hier muss sich niemand schämen, professionelle Hilfe innerhalb und außerhalb der Schule in Anspruch zu nehmen. Im Gegenteil: Damit werden der Druck und die Schuldgefühle zumindest teilweise aus dem Eltern-Kind-Verhältnis outgesourct.

4. Weg mit dem Essenstheater

In der hohen Kunst der zeitgemäßen Erziehung sollen Eltern ihren Kindern komplexe Geschmackserlebnisse bieten, sie zu Manieren, Gesundheit und Kulinarik erziehen, auf verschiedenfarbige Gemüse, ausgewogene Makronährstoffe (Fett, Eiweiß, Kohlenhydrate) und biodynamisches Essen achten. Außerdem sollen Ihre Kinder neugierig sein, mitkochen und den ganzen Kram nach dem Essen auch wieder freiwillig aufräumen. Wenn Sie und Ihr Kind das so handhaben – auch hier meinen aufrichtigen Glückwunsch.

Das ist alles schön und gut und richtig, doch manchmal hat man eben wenig Zeit und Kinder, die nichts lieber essen als nackte Nudeln mit Butter und Parmesan. Dann wird das aufwendig mit Gewürzen, Nüssen, Öl und Safran ottolenghisierte Gemüse zur Quelle der Frustration – für die Kinder, denen das Essen mal wieder nicht schmeckt, und für die Eltern, die sich die Arbeit gemacht haben.

Darum: Sparen Sie sich den Ärger und gehen Sie direkt zum Käsebrot! Sparen Sie sich die Zeit mit den Thymianhonig-Karotten mit Tahini-Dip, heben Sie sich das Grand-Cooking-Spektakel für das Wochenende auf, wenn Sie das Essen wenigstens genießen können. Als Ausgleich kaufen Sie unnötigen Süßkram wie Limos und Ketchup gar nicht erst ein und stellen tagsüber geschnittenes Obst und Gemüse in Kindernähe auf (Pro-Tipp: je feiner geschnitten, desto eher kommt das Kind darüber hinweg, dass es gerade mit einem Süßi-Ersatzprodukt abgespeist wird). Kindern, die ausschließlich Bolognese essen, kann man Sojahack und geraspelte Karotten im Mett-Tarnmantel hineinschmuggeln, irgendwie kommt der Nachwuchs schon halbwegs gesund durch den Tag. Und wenn Kinder den gegrillten Blumenkohl ablehnen, auf den Sie schon seit Stunden hinarbeiten, dann sollen sie eben ein Butterbrot oder die Nudeln vom Vortag essen, dann sind alle zufrieden.

5. Weg mit dem Körperterror

Das Herumgemäkel am eigenen Körper hat System: Je geschickter man Menschen einredet, sie seien defizitäre Existenzen, desto eher sind sie dazu bereit, Geld in Produkte und Dienstleistungen zu stecken, die vermeintlich Abhilfe schaffen. Natürlich soll keine Mutter die Freude am neuen Busen verlieren, wenn sie sich nach drei Kindern dazu entschlossen hat, den alten zu sanieren.

Niemand muss sich im Namen des Antikapitalismus und des Feminismus aus dem Beautywork verabschieden und fortan ungeschminkt in die Schlacht des Alltags ziehen – die zahlreichen Vorteile, die Frauen durch attraktives Aussehen bekommen, sind so groß, dass ein Verzicht darauf teuer werden kann –, auch wenn die jüngeren Frauen zunehmend auf Sex-

Verstärker wie hohe Absätze, Wimperntusche, Make-up und Blondierungen verzichten.

Der Au-naturel-Trip setzt jedoch große Mengen an Zeit und Geld frei, außerdem kennt jeder genug ungeschminkte Ökomoms, die allein deshalb strahlend aussehen, weil sie noch den Fahrtwind von ihrem Hollandrad im Gesicht haben.

Doch so viel Unabhängigkeit ist auch den souveränsten Frauen nur selten gegeben, darum ist ein wenig Fassadenmalerei hier, ein Botox-Stop da und ein Jahresabo bei der Kosmetikerin des Vertrauens im weiten Feld der Selfcare zu verorten.

Aber es lohnt sich zu fragen, warum man das eigentlich tut – hoffe ich, demnächst als Germany's next Topmilf zu reüssieren? Möchte ich gerne mehr Zwinkizwonki in der U-Bahn? Die anderen Mütter beeindrucken? Mein Sexleben überarbeiten? Meinen Partner glücklich machen? Wenn Sie meinen, Ihrem Mann oder Ihrer Familie einen Gefallen tun zu müssen: Denken Sie daran, was Ihr Körper für Ihre Beziehung und Ihre Kinder leistet. Wie viel Liebe, Zärtlichkeit, Bestätigung, Trost und Ruhe ein Frauenkörper geben kann– und zwar völlig unabhängig von Schrumpelbauch, müdem Busen und sonstigen Abnutzungserscheinungen. Erinnern Sie sich an die Umarmungen Ihrer Mutter – hatte das etwas mit ihrem Geruch, ihrem Herzschlag, ihrem Atem zu tun? Oder mit ihrem flachen Bauch? Und Männer, die Sie lieben (oder geliebt haben)? Haben die sich durch einen Netflix-reifen Sixpack hervorgetan, oder haben Sie sie eher im Gesamtpaket aus Persönlichkeit, Körper, Knutschtechnik und Kochkünsten betrachtet? Und ohnehin, Männer: An deren ungeschminktes Gesicht und die ewigen zwei gleichen Hosen haben wir uns schon längst gewöhnt, und niemand stellt diese Praxis groß infrage.

Und was ist mit dem Vaterbauch, jener kleinen kugelförmigen Erhebung, die selbst die sportlichsten Männer ab dem 40. Lebensjahr kultivieren? Der ist in den seltensten Fällen der

Grund dafür, warum das Sexleben flachliegt, die Partnerinnen-laune im Keller und die Scheidungspapiere eingereicht sind. Die meisten Frauen stören sich daran kaum bis gar nicht, im Gegenteil, sie finden ihn garantiert attraktiver als die sogenann-ten Mamils, nämlich middle aged men in Lycra, die nun in der Lebensmitte das Rennrad entdecken und stundenlang alleine ihre einsamen Ellipsen durch das Naherholungsgebiet ziehen.

Der eigene Körper ist das beste Ausdrucksmittel, um seiner Familie zu zeigen, dass man sie liebt. Dafür muss er keine be-stimmte Form haben: ein weicher Bauch, das gewohnte Par-fum, die Wärme der Umarmung, das sind die Parameter, die für Geborgenheit, Sicherheit und Sich-geliebt-Fühlen sorgen. Gleichzeitig kann jeder Körper erwarten, dass sein Bewohner (oder seine Bewohnerin) die Verantwortung dafür übernimmt, dass es ihm ebenfalls gut geht.

Dafür muss man sich nicht ins Gym quälen und einmal pro Woche Bauch-Beine-Po anwerfen, sondern sich so viel wie möglich selbst bewegen. Wer also auf dem Spielplatz herum-tobt, Kinder und Einkäufe durch die Gegend trägt, kürzere und mittlere Strecken mit dem Fahrrad oder zu Fuß erledigt, der hat damit einen effektiven Fitnesshebel.

Die größten Gesundheitsfallen für Mütter (und natürlich auch Väter) sind ohnehin Stress und Schlafmangel. Wer bis zum Anschlag unter Stresshormonen steht, kann sich das Diät-joggen auch gleich sparen, Schlafmangel ist für die Gefäße ge-nauso schlecht wie zu wenig Bewegung.

6. Weg mit der Barbie-Angst

Da bemühen sich die Eltern um eine faire Verteilung von Care-arbeit und Müllwegbringen, da liest man Kinderbücher über Künstlerinnen und Artenforscherinnen vor, über diverse Familien und Mädchen, die alles sein können. Und was möchte die Tochter haben? Die Regenbogen-Barbie, das Barbie-Auto und das Barbie-XL-Schloss. Und was möchte sie werden? Prinzessin, wer möchte es ihr verübeln, und zwar in Vollzeit. Glitzer, Pink, Tüll, das ganze Programm, alles, was die H&M-Disney-Trash-Lizenzabteilung hergibt. So viel Polyestermüll, umweltschädlich, schlechte Qualität, und dann erst das Frauenbild! Natürlich hat Disney nachgebessert. Die Rapunzel unserer Zeit benutzt ihre Haare als Lasso und Fessel, Elsa ist so eigenwillig und seltsam, dass ihr in »Frozen«-Symposien schon eine Borderlinestörung diagnostiziert wird. Mulan zieht in den Krieg und gewinnt das Herz des Soldaten durch ihren Mut. Es hat sich also schon einiges getan, seitdem Schneewittchen 1937 bei den sieben Zwergen auftauchte und als Erstes anfing, den verwahrlosten Junggesellenhaushalt wieder aufzupolieren. Und auch Mattel hat mit »Fashionista« eine Puppenserie aufgelegt, die vom Blondbusenideal abweicht: Es gibt kleine und normalgewichtige Puppen, alle Hautfarben und Haarstrukturen sind vertreten, es gibt sogar Rollstuhlfahrerinnen, eine Puppe mit Glatze und eine mit goldener Beinprothese. So gesehen ist der Mainstream definitiv schon im Spielzeugregal angekommen und die Konzerne sogar weiter als manche Eltern.

Trotzdem schmerzt das gendersensible Akademikerinnenherz, wenn das Kind in Glitzer vertüllt in den Kindergarten gehen möchte und sich für italienische Zeichentrickserien begeistert, deren Protagonistinnen wie Poledancer aussehen.

Der wahre Genderwahn besteht nämlich nicht darin, dass

aus Studenten Studierende wurden, sondern dass es mittlerweile pinke Ü-Eier für Mädchen und Piratenzahnpasta für Jungs gibt. Dies ist nicht nur problematisch wegen der erschwerten Weiterbenutzung von ansonsten problemlos recyclebaren Kindergegenständen. Sondern auch ein gesellschaftliches Problem, wenn Pink für Jungs unbenutzbar wird, weil sie sich darin »mädchenmäßig« fühlen und meinen, eine Zielscheibe für den Gleichaltrigenspott abzugeben. Dass sie stattdessen ein Heldennarrativ von männlichen Feuerwehrmännern, Polizisten und Drachenzähmern nachleben sollen, das ist in seiner Beschränktheit genauso gefährlich wie die hilflose Prinzessin oder die konsumversaute Barbie.

Wer beim Einkauf darauf achtet, dass auch neutrales Spielzeug in den Haushalt gelangt, der muss sich nicht an der Regenbogenbarbie abarbeiten. Wer es schafft, dass ein Junge die gebrauchte Kleidung seiner Schwester trägt, hat so viele Gender-Karma-Punkte gesammelt, dass es für das gesamte Traumhaus reichen sollte. Wer seiner Tochter neben der Barbie auch ein Piratenschiff ins Kinderzimmer stellt und neben den Feuerwehrhelm ein Ballett-Tutu in die Verkleidungskiste legt, bietet verschiedene Welten zum Ausprobieren an.

Und ohnehin, anstatt die Kinderzimmer nach Geschlechtergleichheit zu kuratieren, sollte jedes Elternpaar in dieser Hinsicht erst einmal vor der eigenen Waschmaschine kehren: Denn solange ein Vater unter Carearbeit »mithelfen« und nicht »die Hälfte« versteht, kann man sich lange an Mattel, Disney und Co. abarbeiten. Es wäre ja schön, wenn Plastikpuppen für 13,95 Euro das Schicksal unserer Kinder lenken würden, doch am Steuer sitzen immer noch die Eltern, Lehrer, Freunde und die Kinder selbst.

7. Weg mit dem Exzellenzquatsch

Manch ein Kind hat einen anstrengenderen Terminkalender als ein Topmanager – Montag Fußball, Dienstag Schach, Mittwoch Klavier, Donnerstag Sockenstricken für den guten Zweck und Freitag progressive Muskelentspannung. Oder, wie die Mutter von Christian Grey, dem sexhungrigen Milliardär in »Shades of Grey« ihr Erziehungskonzept zusammenfasst: eine Fremdsprache, ein Sport, ein Musikinstrument – damit sind sie fit fürs Leben. Diese Idee von Lebensfitness basiert auf der Idee, dass das Kind nicht aus sich selbst heraus den Aufstieg schafft oder zumindest das Niveau der Eltern hält, und auf der Sorge, dass das Kind irgendein ungenutztes Talent hat, das nur dann seinen Weg findet, wenn die Eltern sich frühzeitig darum kümmern. Dieser Support ist sicherlich hilfreich, wenn es sich bei dem Kind um ein Fußballgenie oder ein Bratschenwunderkind handelt. Doch die Sache ist die: Natürlich kann man als Eltern das widerwillige Genie eine Weile zum Schachunterricht schieben, wenn es nur eine Phase der Unlust hat. Aber ohne Spaß an der Sache, rein aus elterlicher Vernunft, ist diese Strategie kräftezehrend für alle Beteiligten.

Es ist schön, einem Kind die Welt der Musik nahezubringen, seine Kreativität in der Malschule zu fördern oder zu sehen, wie es im Fußballverein zehn neue Freunde und einen Sinn für Teamsport bekommt. Aber strategische Hobbys kippen dann in Energieverschwendung um, wenn jede Blockflötenstunde mit aufreibenden Diskussionen verbunden und die Lust, außerhalb der Stunden zu üben, gleich null ist. Wenn das Kind nach der Schule einfach lieber lesen, rumhängen oder Freunde treffen will, lassen Sie es gut sein oder probieren ein neues Hobby aus, vielleicht bleibt ja eines kleben. Wenn es dann Kraft, Inspiration und Trost spendet – schön. Wenn es einen weiteren Punkt auf einer nicht mehr zu bewältigenden To-do-Liste ist, dann lassen Sie es gut sein, die Schulzeit ist für die meisten Kinder und Jugendlichen schon so anstrengend genug.

Kinder sind kein Vehikel der eigenen verpassten Chancen, keine Erfüllung der eigenen unrealisierten Wünsche und vor allem kein Ehrgeizspielball; dafür hat man sein eigenes Leben. Die Mär, man könne nur in der Jugend Musikinstrumente erlernen, ist längst widerlegt – wer Lust hat, kann sich auch ruhig selbst weiterbilden. Und wer bei der Vorstellung, jeden Tag eine halbe Stunde Geige zu üben, ganz furchtbar müde wird, weiß, wie sich der vorpubertäre Sohn fühlt.

8. Schluss mit der Kinderüberwachung

Erinnern Sie sich noch an den Pixarfilm »Findet Nemo«? An Nemos Vater Marlin, der seinen Sohn Nemo vor allen Gefahren der Welt beschützen möchte: »Ich habe ihm versprochen, dass ich nie zulasse, dass ihm was passiert!« Und was sagt die unter Amnesie leidende Paletten-Doktorfisch-Dame Dorie dazu: »Du kannst doch nicht zulassen, dass ihm nie etwas passiert. Dann passiert ihm doch nie etwas.« Natürlich wollen Eltern, dass ihre Kinder im Leben nur großartige Dinge erleben. Aber wenn man dies zu weit treibt, dann passiert genau das Gegenteil. Sie werden zwar beschützt, aber in erster Linie kontrolliert. Die Nebenkosten für diese Kontrolle sind zu hoch – sie macht viel Arbeit, generiert zu viele Informationen, die Sie vom Schlaf abhalten, und führt nur dazu, dass dem Kind Erfahrungen vorenthalten werden, von denen es später, wenn es alt und langweilig geworden ist, noch zehren kann.

Und wir vergessen dabei, dass wir unseren Kindern genau die Abenteuer vorenthalten, die uns selbst die größte Freude bereitet haben – und von denen wir auch im Nachhinein noch schwärmen (Geschichtsklitterung hin oder her).

Auch wenn wir uns in Gefahr begeben, Latten gerissen und Erwartungen enttäuscht haben, so sind es doch diese überschrittenen Grenzen, die uns am stärksten in Erinnerung bleiben. Manchmal kommt man aus einem Risiko als Held heraus, mal als Dorftrottel – und idealerweise ein ganzes Stück klüger. Unsere Eltern haben von diesen Grenzüberschreitungen höchstens auf Umwegen (wenn überhaupt) erfahren. Deshalb: Hören Sie auf, hinter Ihren Kindern herzuschnüffeln. Schenken Sie sich die Ortungsapp auf dem Kinderhandy, den ständigen Tratsch mit anderen Müttern. Lassen Sie es einmal gegen die Wand laufen und holen Sie es in der Polizeiwache ab, wenn etwas ganz schlimm gelaufen ist. Es ist besser, mit 13 Jahren beim Ladendiebstahl erwischt zu werden und daraus seine Konsequenzen zu ziehen, als mit 40 ins Visier der Steuerfahndung zu gelangen und dann ohne Welpenschutz direkt ins Gefängnis zu gehen.

Statt sich also mit Detektivarbeit herumzuschlagen, konzentrieren Sie sich lieber darauf, dass Sie das Wichtigste von Ihrem Kind mitkriegen. Ist es zufrieden und ausgeglichen, versteht es sich mit seinen Freunden? Einen Vokabeltest zu verschlafen ist nicht schlimm, nicht mitzubekommen, dass die Tochter Schulangst und der Sohn Prüfungsbauchschmerzen hat, schon. Hier hilft hinschauen, reden, nachhaken – und vor allem nicht mit Erfolgsabfragen (was hast du heute in Mathe gelernt?) nerven. Ehepartner werden ja auch nicht unter Fragen zur letzten Exceltabelle oder schlauen Redebeiträgen im Meeting mit dem Chef in Empfang genommen.

9. Weg mit dem Müttershaming

Ja – die eine Mutter behelikoptert ihre Tochter von früh bis spät, die andere lässt ihr Kind verwahrlosen. Die dritte kommt überall zu spät, die vierte kommentiert jede Bastelaktion im Elternverteiler und die fünfte, ach, die fünfte, das sind Ihre beste Freundin oder Sie.

Über andere Mütter zu lästern ist einfach, es ist die niedrighängende Frucht der Alltagsbewältigung. Denn Eltern allgemein und Mütter im Speziellen sind eine wandelnde Angriffsscheibe. Entweder haben sie den Nachwuchs nicht im Griff oder sind unmenschlich streng. Vernachlässigen das Kind über die Karriere oder die Karriere über das Kind. Ganz zu schweigen von Figur, Frisur und Ehemann. Da man höchstwahrscheinlich selbst Teil dieser übermüdeten Arbeitsbrigade ist, kann man davon ausgehen, dass es sicherlich auch einen Batzen Kritik gibt, den man nach Ihnen werfen kann. Nun besteht die Antwort auf dieses Dilemma nicht darin, möglichst viel Energie in eine unangreifbare Oberfläche zu investieren, dem präventiven Erstschlag oder der Hoffnung, dass es Sie schon nicht treffen wird. Sie besteht einfach darin, dass Sie selbst aufhören, über die Familienfolklore anderer zu lästern. Wenn Sie es nicht schaffen, dann versuchen Sie zumindest, diesen Gesprächsanteil herunterzufahren. Denn Lästern ist zwar entlastend, aber auch schlecht für die Vibes – das Gespräch kreiselt um persönliche Verfehlungen, was zwar lustig sein kann, aber im Resultat auch dazu führt, dass Ihnen das Image der Klatschtante anhängt. Hinzu kommt, dass der kühle Blick auf andere auch zu einem kühlen Blick auf die eigene defizitäre Existenz beiträgt – und genau das kann man in dieser anspruchsüvollen Lebensphase überhaupt nicht gebrauchen.

Denn was lange als Errungenschaft der Emanzipation gefeiert wurde, nämlich die Tatsache, dass Frauen sich nicht mehr zwischen Kindern und Erwerbsarbeit entscheiden mussten, hat sich in der Realität als zweischneidiges Schwert herausgestellt. Das Schreckgespenst »Rabenmutter« oder »Karrierefrau« wurde abgelöst von der Horrorvorstellung, dass die gut gebildete Akademikerin ein Jahr nach der Geburt ihres Kindes nicht in ihren Halbtagsjob zurückkehrt oder bei mehreren Kindern sogar bis zum Schulbeginn pausiert. Der Druck auf Eltern, aber vor allem auf Mütter, Kindererziehung und Arbeit zu vereinen, ist nicht nur politisch gewollt, sondern auch gesellschaftlich fortgeschrieben – die Existenz als Hausfrau hat sich zum neuen Tabu entwickelt. Doch anstatt mit dem Finger auf die privaten Entscheidungen anderer Familien zu zeigen, ist es hilfreich, einfach einen ganz anderen Sender einzustellen.

Und ohnehin – wo sind eigentlich die Väter in dieser Konstellation? Deren oft grobmaschige Kinderbetreuung steht in den seltensten Fällen zur Debatte, während Mütter hingegen sich schon dafür rechtfertigen müssen, dass sie im Rewe zur falschen Quetschiemarke gegriffen haben. Mütterbekrittelung ist auch Frauenverachtung – und diesen Doppelstandard muss man nicht auch noch weiter bedienen.

Darum halten Sie es beim Lästerreigen mit dem schönen polnischen Sprichwort: »Nicht mein Zirkus, nicht meine Affen« – dem wäre nichts hinzuzufügen. Und für wen ein Lästerentzug ein zu großer Schritt ist, der könnte es mit der mentalen Herausforderung versuchen, über sein Lästerobjekt auch etwas Gutes hinzuzufügen und diesen Anteil dann langsam zu steigern.

10. Weniger ist mehr: Social Media

Wenn es eine Sache gibt, die Kindern, Teenagern und auch Erwachsenen aufs Gemüt schlägt, dann sind es Social Media. Die Zahlen sind eindeutig: Seit der Einführung der sozialen Netzwerke ist die Zahl der Suizide – besonders unter ganz jungen Mädchen – gestiegen. Zwar ist der Druck, der durch sie entsteht, eher ein Symptom als die Ursache. Doch wer sich einmal den Klassenchat einer Gruppe Sechstklässler angeschaut hat, der sieht viel Stress, viel Trash und viel ungelenkes Getippsel, das schnell in Bösartigkeit ausartet – und null brauchbare Informationen. Darum empfiehlt sich auch hier die Stein-Strategie frei nach Bob Marley: no Huawai, no cry. Auch wenn alle anderen ein Telefon haben, so ist dies kein Grund, dem eigenen Kind auch eines zu verpassen – denn wir alle wissen, dass ein bereits geschenktes iPhone wieder einzukassieren einer Amputation gleicht. Schieben Sie die Anschaffung so weit wie möglich nach hinten – eine Smartwatch oder ein normales Handy ermöglichen Ihnen und dem Kind, selbstständig mit Freunden in Kontakt zu sein, unabhängig von den Eltern zu telefonieren und im Notfall erreichbar zu sein. Zusammen mit einer reglementierten Screentime zu Hause vermeiden Sie, dass Ihr Kind jeglichen Anschluss an die digitale Gegenwart verliert. Möglich sind auch Partnerverträge, die mit dem elterlichen Smartphone gekoppelt sind. So können Eltern die Internet- und Spielzeit von ihrem Telefon aus steuern, die Seiten und Apps blockieren, die sie für ungeeignet erachten.

Allerdings sind Kinder sehr gerissen darin, wenn es darum geht, Passwörter auszuspähen oder schnell ihren eigenen Daumenabdruck in die Sicherheitsabfrage einzuprogrammieren. Und die völlige Kontrolle über das Netz ist ohnehin eine Illusion, denn irgendwer im Freundeskreis hat immer unbegrenzten Zugriff auf sein Smartphone und von seinem älteren Bruder gelernt, was ein Porno ist.

Es ist gut, wenn Jugendliche lernen, sich in den sozialen Netzwerken zurechtzufinden und eigene Inhalte zu produzieren, mit denen sie sich nicht in Gefahr begeben. Die heutigen Kinder wachsen mit diesen Plattformen auf, und es kann auch eine Chance sein, es besser und intuitiver zu tun als wir, die als Erwachsene in das Thema hineingerauscht sind. Als Eltern ist man außerdem in der Pflicht, Themen wie Cybergrooming anzusprechen und Kindern zu vermitteln, welche Gefahr für sie besteht, wenn sie Informationen und Bilder von sich und anderen Kindern teilen.

Doch die sozialen Netzwerke bergen die reale Gefahr, Kinder und Jugendliche noch mehr zu verunsichern, sie klauen ihnen die Zeit, die sie sonst in andere Aktivitäten gesteckt hätten, nach denen sie sich ausgeruhter, ausgepowerter, stärker, musikalischer oder einfach nur geliebter und gemochter gefühlt hätten als nach einer Stunde am Smartphone.

Insgesamt sollte man Medien den gleichen Stellenwert wie Ernährung geben. Niemand muss seine Kinder zuckerfrei durchs Leben bringen, doch jeder weiß, dass die Trashcarbs die Spitze der Nahrungspyramide ausmachen sollten und Rumgechatte auf WhatsApp (übrigens für Kinder unter 16 Jahren verboten) weniger förderlich ist als ein Treffen auf dem Bolzplatz oder gemeinsames Höhlenbauen. Sowas weiß man auch ohne einen Abschluss in Kinder- und Entwicklungspsychologie.

11. Weg mit dem Harmoniezwang

Der eine hängt am Esstisch auf Halbmast herum, hält Zähneputzen für eine Wochenaufgabe und macht nur dann Hausaufgaben, wenn man ihm mit WLAN-Entzug droht. Die andere fängt an zu brüllen, wenn sie nicht wie gewünscht als Erste, sondern als Zweite den Nachtisch bekommt, der Fernseher nach dreifacher Ankündigung ausgestellt wurde und die Lieblingsunterhose in der Wäsche ist. Wenn zwei, drei, vier oder fünf Menschen unter einem Dach wohnen, dann kommt es zwangsläufig zu Interessenskonflikten und gelegentlich zu den Clash of Cultures. Kein Wunder, dass viele Eltern ihr Büro als Oase der Entspannung erleben.

In manchen Lebensphasen geht es nun einmal drunter und drüber, zudem sind Familien so empfindliche Ökosysteme wie ein Korallenriff: hier ein Schnupfen, da ein defektes Ladekabel, eine vergessene Lateinarbeit, eine berufliche Krise, ein zu pflegender Elternteil – ständig müssen neue Alltagsprobleme gelöst werden, und oft gibt es mehr Löcher, durch die es hindurchregnet, als Eimer, die man darunter stellen kann. Da ist es hilfreich, sich klarzumachen, dass es in jeder Familie ähnlich zugeht. In jeder. Und jede Familie hat unterschiedliche Stärken: Die einen Eltern sind geduldiger, die anderen kochen besser, die nächsten sind superorganisiert, die übernächsten können toll malen. Es gibt viele Strategien, Kinder großzuziehen, und nicht nur den einen Weg, ihnen Geborgenheit zu vermitteln. Alltagsbewältigung mag einen großen Teil des Familienlebens ausmachen, doch sie ist letztendlich nicht entscheidend. Unterstützung, Verständnis, Stabilität, Zärtlichkeit, das sind doch die Grundgefühle, die uns wie gute Geister durch die Kindheit und das Erwachsenenleben begleiten. Die einen spielen Schach miteinander, die anderen führen Fußballdiskussionen auf dem Sofa, wieder andere gehen jeden Sonntag gemeinsam ins Museum. Die nächsten machen Brettspielmarathons oder haben einen Ort, an dem die Familie zusammen- und runterkommt (Balmoral zum Beispiel).

Jede Familie hat ihre eigenen Traditionen, und egal, wie klein und unbedeutend diese für Erwachsene oft wirken, für die Kinder sind sie alles. Die Vorhersehbarkeit, die Wiederholung, die Selbstverständlichkeit, das Wissen, zu einem Clan dazuzugehören – diese Dinge schenken Familien Identität und Zusammenhalt und lassen holprige Phasen und anstrengende Momente einfach in den Hintergrund rücken.

12. Weg mit dem Glauben, alles richtig machen zu können

Vielleicht ist das eine schlechte Nachricht, vielleicht aber auch eine gute: Wie man es als Eltern macht, man macht es falsch. Egal, ob Panda oder Tiger, Leuchtturm-Papa oder Pinguin-Mama, Feldherren-Eltern oder Hippie-Kommune: Das ist die einzige Garantie, die es gibt. Oder kennt jemand irgendwen, der jenseits der dreißig über seine Eltern sagt, sie hätten alles richtig gemacht (außer er oder sie ist nicht mehr ganz bei Trost oder hat ein Stockholm-Syndrom)? Eben. Kinder wollen und müssen ihre Eltern lieben, um zu überleben, und sie müssen sie in der Pubertät hassen, um ohne sie weiterleben zu können. Sie benutzen ihre Eltern als Matrize, wie man als Erwachsener sein kann, und natürlich auch dafür, wie man nicht sein möchte. Diese On-off-Liebe ist für einen Vater und eine Mutter schwer auszuhalten, und vor allem kann man sich nicht sicher sein, dass sich die Lage entspannt, wenn die Kinder erwachsen sind. Mit diesen widersprüchlichen Gefühlen umzugehen ist so schwer, wie überhaupt herauszufinden, was Kinder glücklich macht. Jedes Kind ist anders, so wie jeder Erwachsene auch. So wie der eine Ordnung und Stabilität, der andere Freiheit und Selbstverwirklichung braucht, so sind die Bedürfnisse von Kind zu Kind verschieden – es sind ja schließlich keine Kaulquappen, die schon gedeihen werden, solange Wassertemperatur und Kalorienzufuhr stimmen. Sondern sie sind Persönlichkeiten, die sich mit jeder Entwicklungsstufe verändern, neue Bedürfnisse entwickeln und Probleme bekommen. Ein Sonnenschein kann in der Pubertät zu einem stummen Trauerschatten werden, und Eltern müssen mit dem Gefühl klarkommen, vielleicht irgendwo einen massiven Fehler begangen und die Erziehung an der einen oder anderen Stelle richtig vergeigt zu haben. Oder noch schlimmer, die Machtlosigkeit der eigenen Erziehung und elterlichen Fürsorge zu akzeptieren. Unglück, Chaos und das Feststecken in der eigenen Verzweiflung gehören eben auch zum Großwerden, wie zum Teufel soll man sich sonst in der Erwachsenenwelt zurechtfinden?

Wenn das Leben mit Kindern so stressig ist, an Schlaf, Schönheit, Selbstverwirklichung, Beziehung, Nerven und Kontostand zehrt, warum tut man sich die ganze Sache überhaupt an? Ist es der Ruf der DNA, sich möglichst effizient zu kopieren? Der Kreislauf des Lebens, präsentiert vom Familienministerium? Weil der Mensch ein Herdentier ist, das einfach seinen eigenen Stamm braucht? Weil alle es tun, weil man es so gelernt hat, weil es immer so war? Oder, wie Frau Merkel es einst über die Geflüchteten sagte: Jetzt sind sie nun mal hier?

Vielleicht gibt es gar keine rationale Erklärung, warum man sich überhaupt auf ein so fragiles Konstrukt wie die Kleinfamilie einlässt. Vielleicht gibt es nur eine diffuse Sehnsucht nach Nähe, ein Versprechen, geliebt zu werden, wenigstens für ein oder zwei oder drei Menschen so wichtig wie das Schicksal zu sein. Wer einmal erlebt, wie die eigene Familie ohne einen für ein paar Tage oder Wochen in den Urlaub fährt, der wird neben der Stille und der vielen Zeit für Serienmarathons vor allem eines bemerken, dass da eine ganz schön große Lücke entstanden ist, bei der man sich sehr anstrengen muss, um sie zu füllen.

Weihnachten – durch 24 Türchen zum zivilisierten Weihnachtsfest

Ach, Weihnachten – kein Feiertag ist mit derart hohen Erwartungen verknüpft wie der 24. Dezember: Heimatgefühle, Familiensinn, Besinnlichkeit, Humanität und Mildtätigkeit sollen uns ergreifen, sogar der Weltfrieden wird herbeizitiert. Gleichzeitig halten uns weltliche Pflichten auf Trab: Dinge wollen organisiert, gekauft, verschickt und wieder zur Post zurückgebracht werden, und warum versperrt der verdammte DHL-Transporter gerade jetzt wieder den Weg? Man verflucht den Konsum und verjubelt das dreizehnte Monatsgehalt; man kaut gedanklich noch einmal jede Familienfehde durch und ist dann doch ergriffen, wenn der Schwager aus der Hölle den Ersatz für die zerbrochene Midcentury-Zuckerdose in den Ramschkisten des Internets entdeckt hat.

So ist man jedes Jahr aufs Neue ebenso erleichtert wie erstaunt, wenn sich die Weihnachtsmagie am frühen Abend des 24. Dezembers entfaltet und man feststellt, wie nah Erschöpfung und Freude beieinanderliegen. Man muss sich Herkules als einen glücklichen Mann vorstellen. Doch der Grad zwischen zufriedener Ermattung und völliger Verausgabung ist schmal, und damit Sie noch Kraft haben, sich am Weihnachtsbaum zu erfreuen, haben wir die Weihnachtsbrennpunkte für Sie schon einmal abgeklappert.

1. Sollen wir den Baum selbst schlagen?

In Bullerbü klingt das so idyllisch und einfach – lärmende Kinder rasseln in Weihnachtsstimmung in den Wald, wählen einen hübschen Baum, zack, wieder ein Punkt weniger auf der vorweihnachtlichen To-do-Liste. Doch das Genre heißt ja nicht umsonst »Fiktion«, und die Kinder von Bullerbü werfen sich auch im Sommer vor Autos, um am Straßenrand ihre Kirschen zu verkaufen. Überlegen Sie sich lieber, ob Sie wirklich die Voraussetzungen mitbringen, um einen Weihnachtsbaum ohne Nervenzusammenbruch zu schlagen. Gut sind: kräftige Oberarme, handwerkliches Geschick im Umgang mit rostzerfressenen Sägen und eine hohe Toleranz gegenüber Schneematsch. Falls eine der Voraussetzungen fehlt, dann könnte sich ein erfahrener Paartherapeut als hilfreich erweisen. Sonst handeln Sie lieber im Sinne der Nervenökonomie und kaufen den Baum beim teuren Händler um die Ecke. Es ist Weihnachten, Sie brauchen Ihre Kräfte für andere Dinge; und wenn Ihnen der Sinn nach avantgardistischem Konsumausstieg steht, dann dekorieren Sie ein paar Tannenzweige, die Schrankwand oder eine Ananas und knicken den Tannenbaum.

2. Wie wähle ich die richtige Musik?

Santa, Baby! Nichts sorgt für so viel Weihnachtsstimmung wie der richtige Soundtrack. Das Schlittengebimmel, der Kinderchor, der Brass-Band-Sound, der Glaube an Jesus und das Gute im Menschen – wer hier keine Weihnachtsvibes empfängt, muss eine Seele aus Trockeneis haben. Allerdings ist Weihnachtssong nicht gleich Weihnachtssong. Es gibt die Glöckchen-Fraktion, die mit Candy-Ohrwürmern mehr Stimmung verbreitet als Lebkuchengewürz, Glühwein und Sprüh-Schnee aus der Dose zusammen. Dazu gehören »All I want for Christmas is you« von Mariah Carey, »Last Christmas« von Wham! oder »Santa Baby« von Eartha Kitt sowie alles von Paul McCartney und Frank Sinatra zu diesem Thema. Für Bildungsbürger gibt es noch den Klassiker, das Weihnachtsoratorium von Bach (der Kenner nennt es WO, ausgesprochen »We-O«) mit dem Evergreen »Jauchzet, frohlocket«. Und egal, wie unmusikalisch Sie sein mögen, nichts, aber wirklich nichts sorgt für sofortigen Weihnachtsspirit wie ein gemeinsames »O du fröhliche« oder »Ihr Kinderlein kommet«. Und wem nicht nach einem besinnlichen Weihnachten ist, der lässt eben die Playlist seiner Wahl durchlaufen – wenn Weihnachten nun der »Stairway to heaven« oder der »Highway to hell« ist, dann ist das eben auch eine Ansage.

3. Muss ich mich schick machen?

Hier gilt das Gleiche wie auf jeder Feier: Die Einladung setzt den Ton, und ein Blick in die Vergangenheit hilft bei der Planung der Zukunft. Soll heißen: Sie wissen, dass Ihre Mutter ihre Weihnachtsobsession voll auslebt und schon seit Anfang November das Silber poliert? Es ist der einzige Tag im Jahr, an dem das gute Service und die Tischdecke gleichzeitig herausgeholt werden? Oder gibt es Kartoffelsalat mit Würstchen, Geschenke gibt es nur in Form von Quatsch-Wichteln, und danach gibt es die zwanzigste Wiederholung von »Die hard«? Insgesamt macht man sich und den anderen das Leben leichter, wenn man sich zwei Runden mehr Mühe mit seinem Look gibt als sonst. Denn wenn die Tafel besser aussieht als die Gäste, dann fühlen sich die Gastgeber nicht ernst genommen, man kann im Glitzerdress hervorragend Playstation spielen und sich danach auch noch auf eine Party der Wahl absetzen. Wer auf den absoluten Flodderlook beharrt, wirkt schnell trotzig und unerwachsen, was er vermutlich auch ist. Besser ist es, im Zweifelsfall lieber ein bisschen zu dick aufzutragen. Der besinnliche Charakter des Festes leidet ja höchstens unter dem Konsumwahnsinn und nicht unter zu gut angezogenen Menschen. Im Gegenteil, es ist doch eine Möglichkeit, dem Anlass Rechnung zu tragen. Gerade in Zeiten von Athleisure, Smart Casual und Dress Down lohnt es sich doch, wenigstens am 24. die Bässe voll aufzudrehen. Im darauffolgenden Süßi-Fernseh-Risiko-Koma ist dann der Schlaf- beziehungsweise Hausanzug das Kleidungsstück der Wahl.

4. Wie sehr darf ich mich über misslungene Geschenke aufregen?

Wer kennt sie nicht – die Geschenke, die so danebenlagen, dass sie Jahrzehnte später noch Sprengstoffpotential haben. Da gibt es intime Geschenke wie Strümpfe und Wäsche, die plötzlich vor Kindern und Schwiegereltern präsentiert werden; Küchengeräte aller Art oder billige Elektroartikel für Kinder, die viel Lärm erzeugen und nach drei Tagen für immer zerbrechen.

Es ist leicht überzureagieren, wenn Geschenke unpassend sind, ahnungslos ausgewählt oder, noch viel schlimmer, sich über vorher besprochene Vereinbarungen hinwegsetzen.

Wer pompöse Gesten ablehnt, statt einer Spende ein goldenes Steak bekommt und sich zudem auch noch anhören muss, dass er ein unsinnlicher Spaßverderber ist, der wird Weihnachten an seine Grenzen kommen. Trotzdem sollte man immer versuchen, »den guten Willen« anzuerkennen, die pädagogische Absicht.

Wer nun ein seltsames Geschenk in den Händen hält, der sollte versuchen, die Sache als mentale Übung für mehr Dankbarkeit zu sehen. Und im Kopf behalten, dass es Weihnachten vor allem darum geht, mit den Unzulänglichkeiten anderer Menschen zurechtzukommen – von den eigenen ganz zu schweigen.

5. Wie sorge ich dafür, dass kein Streit am Tisch entsteht?

Nichts schließt Konversationslücken so elegant wie Gesellschaftsspiele. Gerade simple Spiele wie Uno oder Mensch-ärgere-Dich-nicht sorgen dafür, dass man hervorragend Aggressionen ablassen kann, ohne hinterher die Scherben eines aus dem Ruder gelaufenen Witzes aufkehren zu müssen. Allerdings können lang andauernde Spiele wie Risiko oder Monopoly zu erheblichen Eskalationen führen, wenn nach fünf langen Stunden ein müder Sieger und drei entnervte Verlierer feststehen. Meine Schwiegermutter ist eine große Improvisateurin: Jeder bekommt ein Blatt Papier und schreibt darauf einen Gedichtanfang. Dann faltet er die Zeile um und schreibt das letzte Wort für den Tischnachbarn sichtbar auf das Papier, der darauf einen Reim schreiben muss. Dann wird die Zeile wieder umgeklappt und der Zettel weitergereicht, bis ein mehrzeiliges Gedicht entsteht. Am Ende hat man acht Quatschgedichte beisammen, die sich idealerweise auch noch reimen.

6. Was mache ich, wenn ein Gast mich ständig ärgern möchte?

Jede Familie hat dieses eine Mitglied, das mit der Verve eines Drogenspürhundes den wunden Punkt ansteuert, um die anderen mit einem zielsicher platzierten Einzeiler in den Wahnsinn zu treiben. Jetzt schlägt die große Stunde Ihrer Yogalehrerin,

Ihres Boxtrainers, Ihrer Achtsamkeits-App: Was würden diese Stützen Ihrer geistigen Gesundheit tun? Vermutlich nichts. Sie würden die Provokation an sich vorbeiziehen lassen. Atmen, bis zehn zählen. Beweisen Sie, dass Sie es – ganz im Gegensatz zu dem Troll an Ihrem Esstisch – geschafft haben, sich in einen erwachsenen Menschen zu verwandeln. Widerstehen Sie dem Impuls, jetzt irgendwelche Familienkonflikte klären zu wollen. Wenn Ihnen wirklich etwas auf dem Herzen liegt, dann verschieben Sie die Diskussion auf einen anderen Zeitpunkt (möglichst nicht Ostern). Wer es aber wirklich nicht ertragen kann, sich zum fünften Mal in Folge dafür erklären zu müssen, warum es noch keine Kinder/Partner/Eigentumswohnungen/#goals gibt, der kann mit »Könntest du bitte aufhören, meine Lebensentscheidungen zu hinterfragen, ich tue es bei dir auch nicht. Warum fragst du mich, warum ich keine Kinder habe? Ich frage dich ja auch nicht, warum du dich damals dafür entschieden hast«, eine klare Grenze ziehen. Pauschalansagen sind meist hilfreicher, als auf eine schlagfertige Antwort zu hoffen (fällt einem in der Regel erst nach Neujahr ein) oder an den Humor zu appellieren, weil dieser meist ein verletzendes Element enthält (»Habe mir unseren Genpool genau angeschaut und mich dann gegen Kinder entschieden.«) und die Sache somit weiter eskaliert.

7. Wie komme ich mit meiner rassistischen Tante klar?

Die wenigsten Menschen sind durch und durch schlimme Baseballschläger-Nazis, und diejenigen, die in den einschlägigen Parteien, Organisationen und Telegramm-Gruppen unterwegs sind, sind ja eh meist so entkoppelt vom zivilisierten Rest ihrer Familie, dass gemeinsame Weihnachten schon lange kein

Thema mehr sind. Bleiben aber noch die – meist, aber nicht unbedingt immer – älteren Familienmitglieder, die durch soliden Frauenhass (meist in Form von Mutterkritik), faktenarmes Querdenkertum (»Wann wacht ihr endlich auf?!«) oder rustikalen Alltagsrassismus (»Putzt deine Ayşe auch so gut?«) auffallen. Was aber tut man, wenn Tante Frieda Türken wieder als Ali bezeichnet und der impfkritische Neffe wieder über Bill Gates' Chipping-Pläne informiert? Hier muss man sich fragen, ob man das Thema bereits im Vorfeld mehrfach diskutiert und alle alles zu allem gesagt haben – in diesem Fall legt man sich im Vorfeld darauf fest, dass man dieses Jahr keine Diskussionen über Angela Merkels Geflüchtetenpolitik oder Gendersprache am Tisch führen möchte. Diese kann man dann auch mit genau diesem Argument beim Essen abwürgen. Wenn jedoch Onkel Hermann noch nie mit Diskursen dieser Art in Kontakt gekommen ist, dann sollte man ihn auch Weihnachten ausfechten. Auch wenn einem selbst das Herz blutet, Tante Frieda erklären zu müssen, warum bestimmte Ausdrücke nicht mehr benutzt werden, so sollte man immer in Betracht ziehen, dass sie diese Argumente:

a) vielleicht wirklich noch nie gehört hat und

b) dass ein falscher Ausdruck nur ein Mosaik einer viel komplexeren Persönlichkeit sein kann, die so widersprüchlich, dumm und klug zugleich sein kann, wie man es selbst eben auch ist.

Diese Gespräche sollte man zulassen und versuchen, das Gegenüber zu verstehen, auch wenn man den Standpunkt nicht teilt. Dann kann man für die eigenen Argumente in Anspruch nehmen, dass sie gehört und durchleuchtet werden.

Politische Themen auszuklammern kann nicht die Antwort auf eine zunehmende Radikalisierung und geistige Blasenbildung sein – vielleicht sind Sie der letzte Hort der Vernunft, und da ist es wichtig, dass Sie Ihren Spielraum nutzen. Wahrscheinlich ist dieser gering, möglicherweise gibt es ihn auch gar nicht. Aber für die eigene Psychohygiene ist es wesentlich, einen klaren Standpunkt zu beziehen und die Diskussion nicht im Rahmen des lieben Friedens abzuwürgen. Sobald die Diskussion persönlich wird oder anfängt, sich zu wiederholen, ist es Zeit für einen Themenwechsel.

8. Gilt das auch für meinen AfD-Onkel?

Nein. Gibt es auf der Weihnachtsfeier einen Hardcore-Nazi, einen AfD-Wähler, eine wandelnde Dackelkrawatte: Als Gastgeber ist es in Ordnung, die eigene Feier vor menschenverachtenden Gästen zu schützen. Und als Gast kann man den Gastgeber vor die Wahl stellen, ich oder Onkel Alexander. Wir leben in politischen Zeiten, und wir hängen alle in diesen Diskursen drin, ob wir es wollen oder nicht. Neutralität mag ihren Charme haben – wenn Gehässigkeit und Menschenverachtung den Ton bestimmen, dann darf man sich dem ohne schlechtes Gewissen verweigern. Wo genau diese Trennlinie zwischen »Diskussion ist zwar hart, aber die Sache wert« und »Ohne mich« liegt, kann nur jeder für sich selbst bestimmen. Und wer jetzt beklagt, dies sei Cancel Culture, dem sei gesagt: Menschen, die sich auf Feiern schlecht benehmen, die hat man schon vor hundert Jahren kein weiteres Mal mehr eingeladen.

9. Darf ich Weihnachten schwänzen?

Sie haben nach 39 Jahren einmal Lust auf etwas anderes als Kartoffelsalat und Weihnachtspyramiden aus dem Erzgebirge? Die Kinder haben mittlerweile eigene Familien, und die Frage, wer wann was mit wem isst, würde selbst Machiavelli in eine Agonie stürzen? Die Jagd nach Geschenken und die Berichte über das Leid der Paketboten sorgen bei Ihnen für eine Sinnkrise? Sie sehnen sich nach #JOMO – The joy of missing out? Nicht umsonst fallen die zwei Wochen über Weihnachten und Neujahr bei der Buchung einer Ferienwohnung in die gleiche Preiskategorie wie der Hochsommer. Natürlich können Sie Ihren Koffer packen und sich alleine oder mit Ihrem Liebsten auf den Weg an die Nordsee, in die Berge oder sogar in die Tropen machen. Allerdings hat Verweigerung immer einen Beigeschmack von Trotz, machen Sie sich also auf Erklärungsdruck und Sehnsucht am Sandstrand gefasst.

10. Was soll ich kochen?

Solange Sie kein Kochgenie sind, raten wir zum Althergebrachten. Traditionen haben Vorteile. Zum einen fühlen sich Gastgeber und Gäste als Teil eines größeren Ganzen, zudem ist gerade für Kinder Erwartbarkeit Teil des Weihnachtgefühls. Außerdem entlastet es Sie als Gastgeber immens, wenn Sie nur zubereiten müssen, was seit Jahrzehnten erprobt ist. Bundesweit gibt es einen Kampf zwischen Kartoffelsalat mit Würstchen und Gans mit Klößen, also zwischen Bescheidenheit und Opulenz. Wo Sie sich auf dieser Skala positionieren, entscheiden Sie nach Ihrem eigenen Geschmack. Sarahs Familie serviert Heiligabend alles, was Käsehändler, Fischstand und Metzger anzubieten haben, das nimmt Zeitdruck und Kochstress am Weihnachtsabend, und der gemeinsame Einkauf ist schon das halbe Vergnügen. Dazu Obst und selbstgebackene Plätzchen als Dessert, und jeder Gast ist glücklich. Bei Henriette gibt es jedes Jahr ein Essen für die Großfamilie, und hier wird mit einem Fleischfondue alles so simpel wie möglich gehalten. Gleichzeitig werden Teile der Menüplanung an die Gäste ausgelagert. Dies verhindert bereits im Vorfeld die weihnachtliche Kernschmelze und führt während der Feier dazu, dass mehr Zeit für die Kinder und die Geschenke da ist.

11. Wie behalte ich die Kalorien im Auge?

Niemand wird von Weihnachten dick, sondern von den übrigen 51 Wochen des Jahres. Etwas Umsicht ist im Dezember sicher hilfreich (man muss nicht zu jedem Plätzchen Ja sagen), vor allem im Hinblick darauf, dass man an Weihnachten alle Hemmungen verlieren kann. Während der Feiertage ist Verzicht sinnlos. Die Festtage sind nicht der Zeitpunkt, um den Traum vom Bikinibody zu verwirklichen, sondern um Netflix leerzuschauen oder sich zum 30. Mal »Der kleine Lord« zu geben. Und wer keine Lust auf einen Spaziergang hat, der bleibt eben zu Hause. Dort können Sie sich nun im post-bacchanalen Zustand auf das Sofa legen, Sissi schauen, Plätzchen essen und sich auf die Wiederauferstehung im nächsten Jahr vorbereiten. Irgendwo müssen die guten Vorsätze ja entstehen.

12. Sollte ich in der Adventszeit fasten?

Wenn es weder einen gesundheitlichen noch einen spirituellen Grund zum Fasten gibt, dann spricht zunächst wenig dafür – warum sich das Leben schwerer als nötig machen? Doch gerade in der Vorweihnachtszeit erlebt das Fasten eine Renaissance, weil es ein guter Weg ist, dem Überangebot aus Plätzchen, Stollen und Lebkuchen zu entgehen. Es ist ja auch ganz schön, wenn man das bittersüße Gefühl der Sehnsucht kultiviert, das man benötigt, damit die Geschenke und Geschmäcker an den Festtagen nicht zweidimensional und platt vor uns liegen. Es müssen ja nicht gleich vierzig Tage ohne Essen sein, es reicht ja auch schon, zeitweise etwas zu streichen, was für sich genommen schön und gut sein kann, in erhöhter Dosis zu Selbstekel und Problemen führt: Zucker, Pinot grigio soziale Netzwerke – jeder hat sein eigenes Kryptonit. Natürlich wollen wir niemandem die Freude am Stollen nehmen, wer einen ausgeglichenen Lifestyle hat, hat Restriktionen auch bestimmt nicht nötig. Aber wer gerne mal das Maß verliert, der hat mit dem Fasten eine gute Gelegenheit, es endlich wiederzufinden.

13. Wie viel darf ich trinken?

»Meine Definition von Glück«, sagte einst Harald Juhnke: »Keine Termine und leicht einen sitzen.« Das mag auch auf Sie zutreffen, und, nein, sobald das Essen über die Bühne gebracht ist, haben Sie auch keine weiteren Verpflichtungen mehr. Doch wenn sich das Energiefeld der Familie irgendwo zwischen Denver-Clan und Israel-Palästina-Konflikt befindet, sollten Sie davon absehen, Weihnachten bis ans Limit zu gehen. Denn wichtige Techniken im Umgang mit heiklen Situationen (Pokerface, Gelassenheit, innere Emigration) verlangen Konzentration und Selbstkontrolle – und 0,8 Promille sind dabei nicht hilfreich. Wer seine Familie nur betrunken ertragen kann, sollte sich schon sechs Wochen vorher ein Ticket auf die Balearen oder eine Feiergelegenheit bei den besten Freunden besorgen. Zwangsweihnachten kann niemals der Sinn der Sache sein und sind nicht nur für die eigene Seele eine Zumutung, sondern auch für jene, denen die Rolle des Horrorpublikums zugelost wurde.

14. Wie sehr darf ich es auf der Weihnachtsfeier in der Firma krachen lassen?

Während Festangestellte der Weihnachtsfeier mit einer Mischung aus Horror und Voyeurismus entgegensehen, sind Freelancer und Co-Working-Kollegen mittlerweile schon so weit, dass sie freiwillig Feiern organisieren, weil Strukturen und Tradition eben auch Halt geben. Das hat für die Feiernden ganz unterschiedliche Folgen: Während der Festangestellte auf der Weihnachtsfeier immer noch unter Beobachtung und somit ein Teil einer Machtstruktur ist, befinden sich Soloselbstständige in einer Bürogemeinschaft auf einer Hierarchieebene. Oft beackern sie unterschiedliche Nischen, sodass sie sich mit den Auftraggebern nicht in die Quere kommen und sich entspannter begegnen können. Darum haben sie mehr Spielraum auf der Feier, was Alkohol, Flirtverhalten, heimliche Küsse und generell heavy partying angeht. Zwar weiß auch jeder Firmenchef und jeder Abteilungsleiter, dass die Weihnachtsfeier eine ähnliche Ventilfunktion wie Karneval oder das Oktoberfest hat. Hier muss jeder selbst abwiegen, ob er sich für freiwillige Selbstkontrolle (man hat am nächsten Tag weniger Ärger) oder den gepflegten Rausch entscheidet (die totale Vernunft ist ja auch keine Lösung). Insgesamt sollte man mit liebevoller Nachsicht auf die enthemmten Kollegen blicken – erstens ist Enthemmtheit wesentlich unterhaltsamer als Protestantismus, und zweitens wird man irgendwann selbst das Opfer zu vieler klebriger Drinks, die einem mitten beim Tanz mit der Personalleitung den Boden unter den Füßen wegziehen.

15. Darf ich den Kollegen etwas schenken?

Büro- oder Treppenhausgeschenke für Kolleginnen und Nachbarn sind zwar nett gemeint, ziehen aber den Rattenschwanz des Horrors nach sich, weil sich nun alle Kollegen unter Zugzwang sehen und nun eine Mini-Geschenk-Battle im Büro beginnt, die nur in Trash-Kaskaden enden kann. Wer Plätzchen backt, kann eine Dose für alle in die Küche stellen, wer seine Lieblingskollegin außerhalb des Büros sieht, übergibt das Geschenk dann genau dort: außerhalb des Büros.

16. Wie viele Geschenke sollen die Kinder kriegen?

Die »Millersche Zahl« ist ein stehender Begriff der Psychologie und beschreibt die Tatsache, dass das menschliche Kurzzeitgedächtnis nicht mehr als sieben Dinge auf einmal speichern kann. Für Ihre Geschenke heißt das: Schenken Sie weniger – der Rest geht ohnehin unter. Auch bei Kindern lohnt es sich, die Materialschlacht in Grenzen zu halten – ein Angebot wäre die Viererregel: Etwas Notwendiges, einen Wunsch, ein Buch und etwas zum Anziehen (obwohl diese »weichen Geschenke« bei den meisten Kindern für wenig Enthusiasmus sorgen).

17. Darf ich mich der Geschenkorgie verweigern?

Sich nichts zu schenken, ist meist nur ein frommer Wunsch, um das Paketaufkommen nicht komplett eskalieren zu lassen. Hier ist ein allgemeiner Konsens nötig, damit Oma Traudl nicht doch mit einem Kaschmirpullover um die Ecke kommt und alle sich nicht nur beschenkt, sondern auch blamiert fühlen. Hier muss man damit rechnen, dass das Prinzip nicht im ersten Jahr zu hundert Prozent durchgesetzt wird, man nach drei Jahren so weit sein sollte, dass alle mitmachen.

18. Spenden, aber richtig

Auch Spenden werden immer beliebter, allerdings sollte jedem klar sein, dass auch hier schnell eine Asymmetrie entstehen kann zwischen jenen, die »alles haben und nichts brauchen«, und jenen, die sich sehr wohl über Geschenke freuen würden, sich aber nicht trauen, angesichts akuter konkreter Notlagen und offensichtlicher Katastrophen dazu zu stehen. Darum sollte man Spendenaufrufe lieber an den eigenen Geburtstag koppeln und nicht jüngere Generationen oder materiell weniger gut aufgestellte Familienmitglieder moralisch unter Druck setzen. Auch bei der Wahl des Spendenzieles sollte man sich einig sein und etwas möglichst wenig Kontroverses wählen. Die Quittung für die Spende ist übrigens steuerlich absetzbar und kann somit als Geldgeschenk in einer sozialen Verpackung weiterverwertet werden.

19. Darf ich Geschenke umtauschen oder bei eBay einstellen?

Wer seine Präsente nicht mag, der kann sich am nächsten Morgen diskret erkundigen, ob es die Möglichkeit gibt, sie umzutauschen, kluge Käufer haben dieses Problem stets im Kopf und die Quittung griffbereit in der Schublade. Niemand muss Dinge behalten, die er weder braucht noch mag – Platz ist auch eine Ressource, und in Zeiten des Überkonsums ist es nur geboten,

Irrläufer und Fehlkäufe an Menschen weiterzuleiten, die damit etwas anfangen können. Dinge am 25. bei eBay einzustellen ist zwar gang und gäbe, aber auch kränkend für den Schenker. Die Monetarisierung des Geschenks lässt den Beschenkten schnell kühl, berechnend und undankbar aussehen. Allerdings gilt auch hier: lieber weitergekreiselt als in den Müll geworfen oder in einen traurigen Staubfänger verwandelt.

20. Ich gehe nie in die Kirche, darf ich in den Gottesdienst gehen?

Dass Gottesdienste hauptsächlich an Hochzeiten, Trauerfeiern und Weihnachten gefragt sind, ist ja kein Geheimnis. Niemand muss ein schlechtes Gewissen haben, wenn der 24. der einzige Tag im Jahr ist, an dem er einen Gottesdienst besucht. Erstens fällt die christlich gestimmte Einzelperson in der Herde der Schönwetter-Gläubigen kaum auf, zweitens könnte man dies ja zumindest als eine Chance sehen, a) den Kindern die Grundzüge der Liturgie zu vermitteln und b) sich zu fragen, ob die Sache so attraktiv ist, dass man sie auch ohne Jingle Bells regelmäßig unternehmen möchte. Vermutlich eher nicht, denn wer gerne in den Gottesdienst geht, der ist auch schon vorher auf die Idee gekommen. Wer also die Kirche aus Folkloregründen nutzt, um sich Weihnachten etwas erhabener zu fühlen, den Tag zu strukturieren und die Kinder vor der Bescherung aus dem Haus zu räumen, der kann es ruhig tun. Allerdings verlangt es der Anstand, bei diesem doch eher egoistischen Motiv in guter alter Kirchentradition mit einer großzügigen Ablasszahlung via Klingelbeutel zu reagieren, zumal Weihnachten die Kollekte meistens für *Brot für die Welt* und *terre des hommes* gesammelt wird und nicht für die Kirchenmusik oder das Rentnerprogramm der Gemeinde. Wer sonst zu Weihnachten nicht mit den Ärmsten teilt, sollte es zumindest hier tun – denn wenn am christlichen Glauben irgendetwas konsensfähig ist, dann Mitgefühl und Nächstenliebe.

21. Ich bin nicht christlich, darf ich trotzdem feiern?

Wer einfach nur gemäßigt desinteressiert am Christentum ist, fällt bei den Weihnachtsmitläufern kaum ins Gewicht. Würden nur jene Weihnachten feiern, die tatsächlich das Vaterunser auswendig können, wäre der 24. eine Nischenveranstaltung und der Einzelhandel tot. Ohnehin hat Weihnachten heidnische Wurzeln, die Vorweihnachtszeit wird immer weiter säkularisiert (siehe die emotionale Debatte darum, »Sankt Martin« in »Lichterfest« umzubenennen). Insofern hat sich das Fest eh schon halbwegs vom Christentum entkoppelt und steht somit jedem offen, der Lust hat mitzumachen (ähnlich wie das Oktoberfest, wo sich auch jede Australierin ein Fake-Dirndl anziehen und sich als Teil eines großen Ganzen fühlen kann).

Allerdings hat das Christentum als missionarischer Glaube ja nicht nur folkloristischen Wert, sondern eine Jahrtausende alte antisemitische und antimuslimische Tradition, von der Plattwalzung aller anderen Religionen durch missionarischen Eifer ganz zu schweigen. Wer sich da als Minderheit nicht so unbekümmert einreihen will und kann, kann sich davon gerne fernhalten. Und solange Christen nicht auch selbstverständlich ihren Kindern zu Zuckerfest und Purim etwas schenken und freibekommen, ist und bleibt Weihnachten das Fest der Mehrheitskultur – und irgendwie auch exkludierend.

22. Wie viel Weihnachten ist zu viel?

Die SUVisierung des Weihnachtsfests ist ja keine Neuigkeit; mittlerweile geht es in den Wohnzimmern der bürgerlichen Mittelschicht zu wie auf einer ausgefallenen Hochzeit. Der größte Baum, der filigranste Schmuck, das prachtvollste Papier – man muss kein Parteimitglied der ÖPD sein, um angesichts der Klimakrise ein Problem damit zu bekommen. Wer also Anflüge von Tannenbaum-Scham hat, sollte seinen Beitrag dazu leisten, das Fest wieder etwas niedriger zu hängen. Das Schöne an der Idee: man leistet ja schon was, indem man gar nichts (oder weniger) tut. Wer aber feiern möchte, kann dies auch runterkochen: einen Baum im Topf statt eines abgeschlagenen Weihnachtsbaums wählen; Geschenke in rezyklierbarem Papier oder ein schönes Tuch einwickeln. In einem umweltfreundlichen Verkehrsmittel zum Fest reisen, Unternehmungen schenken oder gleich bei eBay-Kleinanzeigen einkaufen. Wir alle müssen das Fest neu denken, damit Weihnachten nicht die Welt kostet.

23. Wie überstehe ich Weihnachtskrisen?

Während die einen am 24. mit dem eigenen Clan ringen, haben die anderen vielleicht noch nicht einmal das Geld, um ein schönes Fest zu feiern, oder überhaupt eine Familie, mit der sie sich streiten können. Wieder andere müssen Trauerfälle und Verluste verarbeiten, die sich nicht mit der schrillen X-mas-Stimmung oder der westeuropäischen Harmonielehre vereinbaren lassen. Für sie ist Weihnachten das Problem und nicht die Lösung, auch wenn das Narrativ der gängigen Christmas-Movies uns das Gegenteil erzählen will.

Darum hilft es, Weihnachten auch nach denen zu schauen, die weniger Glück, Geld und Liebe auf den Weg mitbekommen haben als man selbst– sei es, indem man die Tafel für entfernte, aber einsame Familienmitglieder oder Freunde erweitert. Oder sich erkundigt, wo man Weihnachten helfen kann (in jeder Stadt gibt es Organisationen, die sich über tatkräftige Unterstützung freuen). Dies ist übrigens auch eine gute Strategie gegen Einsamkeit – sich gemeinsam für ein übergeordnetes Ziel einzusetzen geht mit Fremden genauso gut wie mit Freunden.

24. Ist Weihnachten wirklich das Fest der Liebe?

Ja. Das sagt zumindest Facebook, und die wissen ja bekanntlich alles über uns. Die wenigsten Trennungen (sprich: Statusänderungen) finden an Weihnachten statt, die meisten zwei Wochen vorher. Wenn Sie es als Paar bis Mitte Dezember geschafft haben, dann wird die Zeit bis zum 24. Dezember ein Kinderspiel. Und noch viel besser: Weihnachten und die faulen Tage danach scheinen ein hervorragender Zeitpunkt zu sein, um Sex zu haben – Statistiken aus den USA, Österreich und Deutschland belegen, dass Ende September bis Anfang Oktober die meisten Kinder zur Welt kommen. Das Resultat liebevoll ausgewählter Geschenke, der Zwangslangeweile zwischen den Jahren oder vorgezogener guter Vorsätze? Egal – Weihnachten wird wunderbar.